अयोध्या की लोक कला : एक अध्ययन

अयोध्या की लोक कला

एक अध्ययन

राधिका देवी

वाणी प्रकाशन

वाणी प्रकाशन

4695, 21-ए, दरियागंज, नयी दिल्ली 110 002

फ़ोन : +91 11 23273167 फ़ैक्स : +91 11 23275710

शाखाएँ

अशोक राजपथ, पटना 800 004, बिहार

कॉफ़ी हाउस कैम्पस, महात्मा गांधी मार्ग, इलाहाबाद 211 001, उत्तर प्रदेश

महात्मा गांधी अन्तरराष्ट्रीय हिन्दी विश्वविद्यालय, वर्धा 442 001, महाराष्ट्र

सुल्तानिया रोड, मोतिया पार्क, भोपाल 462 001, मध्य प्रदेश

www.vaniprakashan.com
marketing@vaniprakashan.in
sales@vaniprakashan.in

In Association with

ESTD.-1986

Ayodhya Shodh Sansthan

presents

AYODHYA KI LOK KALA : EK ADHYAYAN
by Radhika Devi

ISBN : 978-93-89915-80-8
Art/Culture

प्रथम संस्करण 2020

मूल्य : ₹ 399

सिटी प्रेस, दिल्ली-110 095 में मुद्रित

वाणी प्रकाशन का लोगो मक़बूल फ़िदा हुसेन की कूची से

शोध-कार्य का उद्देश्य

किसी स्थान विशेष की अस्मिता की सही पहचान पाने के लिए न केवल वहाँ के साहित्यिक एवं सांस्कृतिक मूल्यों का आन्तरिक परीक्षण आवश्यक है, वरन् वहाँ की लोक कला का मूल्यांकन भी आवश्यक एवं उपयोगी है, क्योंकि मानवीय मूल्यों के मानकीकरण में इनकी भूमिका सदैव प्रमुख रही है। गुलामी की ज़ंजीरों में बँधे रहने के कारण हमारी कला का वह प्राचीन स्वरूप जो विलुप्तप्राय हो चुका था उसको समाज के सम्मुख लाने के लिए ही मुझे अयोध्या की लोक कला पर शोध-कार्य करने की प्रेरणा मिली।

अयोध्या आर्यों की सांस्कृतिक राजधानी रही है, इसे विश्व का प्रथम राज्य केन्द्र होने का गौरव प्राप्त है। अयोध्या की संस्कृति और लोक जीवन, प्राचीन भारतीय संस्कृति एवं लोक जीवन का आदर्श रूप प्रस्तुत करते हैं। अत्यन्त प्राचीन काल से अयोध्या के निवासियों का दैनिक जीवन तथा उनके मनोभाव एवं आदर्श, उनकी लोक कलाओं के माध्यम से अभिव्यक्त हुए हैं।

लोक मानव की अदम्य आकांक्षा एवं उसका सांस्कृतिक विलोड़न जब नित्य प्रति की ज़िन्दगी में प्रयुक्त होने वाले उपकरणों एवं जन-जन के कला नैपुण्य का सहारा पाकर अपने धार्मिक एवं साम्प्रदायिक जीवनानुभवों को सौन्दर्यमय आकार देने का प्रयत्न करता है तब जिस कला का उदय होता है उसे लोक कला कहते हैं। लोक कलाकार की साधना किसी सजग इरादे से नहीं बल्कि सर्वांश में एक आन्तरिक प्रेरणा से होती है। लोक कलाकार समाज का कोई विशिष्ट प्राणी नहीं होता है। लोक कला के क्षेत्र में यह सर्वमान तथ्य है कि रचनात्मक प्रतिभा प्रत्येक मनुष्य के पास होती है, किन्तु उसकी समुचित अभिव्यक्ति के लिए उचित अभिप्रेरणा और अनुशासित निर्देशन आवश्यक होता है। इसीलिए लोक कला के इतिहास की शुरुआत मनुष्यता के इतिहास के साथ मानी जाती है। सच यह है कि जिस दिन मनुष्य ने अपने को पशु से ऊपर उठाने की पहली सार्थक चेष्टा की होगी, उसी दिन धरती पर लोक कला का जन्म हुआ होगा। इस प्रकार मनुष्य मात्र जैविक आवश्यकताओं

की पूर्ति से ही सन्तुष्ट नहीं होता, वह आत्मिक सुख-सन्तोष के लिए भी कुछ करता है। उदाहरणार्थ, वह अपने रूप-स्वरूप को सँवारता है, घर-द्वार को सजाता है और अपने द्वारा प्रयुक्त सामानों को सुन्दर बनाकर रखता है। तात्पर्य यह है कि मनुष्य की जीविका के साथ उसके रचनात्मक प्रयत्न का सामंजस्य प्रारम्भ से ही शुरू हो गया। इसीलिए लोक कला की अभिव्यक्तियों में जन्म के आश्चर्य, मृत्यु के रहस्य, प्रेम की समाधि-दशा और मनुष्य के आत्मीय सम्बन्धों की मधुरमय अभ्युन्नति छिपी रहती है। अस्तु, सभ्यता के विकास के साथ लोक कलाओं की महत्ता निरन्तर बढ़ती जाती है, जबकि उसकी साधना कठिनतर हो जाती है।

कृतज्ञता-ज्ञापन

याऽयोध्या जगती तले तुमनुना बैकुण्ठतो ह्यानिता।
याचित्वा निज सृष्टि पालन परं, बैकुण्ठनाथं प्रभुम्।।
या वै भूमि निधाय सेब्य विमला चेक्ष्वाकवें चापिता।
साऽयोध्या परमात्मनों बिजयते वाम्नापरा मुक्तिदा।।

(रामानुज दिग्विजय)

अयोध्या भगवान बैकुण्ठनाथ की थी। इसे महाराजा मनु पृथ्वी के ऊपर अपनी सृष्टि का प्रधान केन्द्रस्थान बनाने के लिए बैकुण्ठनाथ से माँग लाये थे। बैकुण्ठ से लाकर मनु ने अयोध्या को पृथ्वी पर अवस्थित किया और फिर सृष्टि की रचना की। उस विमल भूमि की बहुत काल तक सेवा करने के बाद महाराजा मनु ने उस अयोध्या को इक्ष्वांकु को दे दिया। इस प्रकार यह अयोध्या जहाँ साक्षात् भगवान राम ने अवतार लिया सभी तीर्थों में श्रेष्ठ एवं परम मुक्तिधाम है।

विष्णोः पादमवन्तिकां गुणवतीं मध्यश्च कांचीपुरी।
नाभिंदवारवती पठन्ति हृदयं मायापुरी योगिना।।
ग्रीवा मूलमुदा हरिन्त मथुरा नासांच वाराणसीम्।
एतद ब्रह्मपद बदन्ति मनुयोऽयोध्या पुरी मस्तकम्।।

(रुद्रयामल)

'रुद्रयामल' के अनुसार, समस्त गुणों से युक्त अवन्तिकापुरी (उज्जैन) भगवान विष्णु का चरण और कांचीपुरी कटि भाग है। द्वारिकापुरी नाभि है, मायापुरी (हरिद्वार) हृदय है। गर्दन का मूल भाग मथुरा है, काशीपुरी नाभिका है तथा अयोध्यापुरी भगवान का मस्तक है। ...विभिन्न गुणों के कारण ही अयोध्या आठ नामों से पुकारी जाती है। अर्थात् इसके आठ नाम हैं—हिरण्या, चिन्मय, जया, अयोध्या, नन्दिनी, सत्या, राजिता और अपराजिता।

मनुस्मृति में अयोध्या को साकेतपुरी बताया गया है। अयोध्या शब्द का अर्थ है—जिसे शत्रु जीत न सके।

अयोध्या की महानता विभिन्न पुराणों, महाकाव्यों में पढ़कर तथा अयोध्या क्षेत्र के भ्रमण स्वरूप उसकी कलाओं, प्रथाओं एवं परम्पराओं से प्रभावित होकर मैंने अपने शोध का विषय अयोध्या की लोककला को चुना। अयोध्या तो कलाओं का भण्डार है जितनी गहराई में हम इसका अध्ययन करते हैं, उतनी ही इसकी गहराई बढ़ती जाती है, अतः यथाशक्ति मैं इस पवित्र पावन अयोध्या नगरी की लोक कला के बारे में जितना भी अध्ययन कर सकी, वह इस क्षेत्र के लिए सागर में मोती ढूँढ़ने के सदृश्य है।

प्रस्तुत शोध-कार्य को पूर्ण करने के लिए विषय से सम्बन्धित सामग्री मुझे संग्रहालयों, पुस्तकालयों एवं सर्वेक्षण से पूर्णरूपेण प्राप्त हुई है। अयोध्या के दैनिक जीवन की तथा पर्वोत्सव की चित्राकृतियों, स्थापत्यकला, मूर्तिकला, नृत्यकला एवं संगीत कला ने मुझे इस विषय पर शोध-कार्य करने को प्रेरित किया। जैसे-जैसे मैं इस क्षेत्र में अध्ययन करती गयी तथा भ्रमण करती गयी, वैसे-वैसे मुझे यहाँ की कला के प्रति लगाव होता गया। चूँकि मेरा जन्म स्थान अयोध्या क्षेत्र के निकट ही है और मेरा जीवनयापन भी यहीं पर हो रहा है, इसलिए मुझे इस क्षेत्र विशेष से अधिक लगाव है। इस पवित्र नगरी के बारे में मैं अपने तुच्छ परिश्रम से समाज को कुछ दे सकने में समर्थ रही एवं ऐसा करने का सुअवसर प्राप्त हुआ तो मैं अपने सहयोगियों को विस्मृत नहीं कर सकूँगी, जिन्होंने पग-पग पर मुझे प्रेरित एवं प्रोत्साहित किया है।

सर्वप्रथम मैं अपने प्रेरक गुरुदेव श्री कृष्ण गोपाल श्रीवास्तव (प्रवक्ता कला राजकरण वैदिक इंटर कॉलेज, फ़ैज़ाबाद) तथा निर्देशिका डॉ. श्रीमती आई.वी. रुविन (प्रवक्ता, दयानन्द गर्ल्स डिग्री कॉलेज, कानपुर) की हृदय से कृतज्ञ हूँ। जिनकी प्रेरणा से मुझे साहस, उत्साह एवं आत्मविश्वास प्राप्त हुआ। प्रस्तुत शोध-ग्रन्थ उन्हीं के सफल निर्देशन का सशक्त प्रमाण है। मैं अपनी सहपाठिनी श्रीमती प्रेमलता त्रिपाठी (एम.ए. बी.एड., पीएच.डी, साहित्याचार्य, वेदान्ताचार्य अयोध्या निवासिनी) तथा राजपरिवार (राजसदन अयोध्या) को भी आभार व्यक्त करती हूँ, जो मुझे समय-समय पर उत्साहित, प्रेरित करने के साथ-साथ शोध-कार्य में सहयोग भी प्रदान करते रहे।

इसके अतिरिक्त मुझे विभिन्न संग्रहालयों एवं पुस्तकालयों तथा शोध-संस्थानों का भी सहयोग प्राप्त हुआ, जिनमें—अयोध्या शोध-संस्थान, अयोध्या; वाल्मीकि भवन (संग्रहालय), अयोध्या; गंगानाथ झा शोध-संस्थान, इलाहाबाद; आचार्य नरेन्द्रदेव लाइब्रेरी, लखनऊ; निदेशालय सांस्कृतिक कार्य भवन, लखनऊ; राजकीय संग्रहालय, लखनऊ तथा इलाहाबाद एवं अनीष-व-चकबस्त लाइब्रेरी जमुनियाँ बाग़ फ़ैज़ाबाद, प्रमुख हैं। जहाँ से मुझे पुस्तकों एवं पत्रिकाओं के अध्ययन में सहायता मिली।

मैं श्री सीतारामशरण दास जी (महन्त, लक्ष्मण क़िला, अयोध्या) की भी आभारी हूँ, जिन्होंने मुझे गोस्वामी तुलसीदास जी के ग्रन्थों में अयोध्या की लोक कला के वर्णन के चयन में सहयोग एवं प्रेरणा प्रदान की।

मैं श्री चन्द्र कुमार पाण्डेय (व्यक्तिगत आशुलेखक, जनपद न्यायालय फ़ैज़ाबाद) के सहयोग की आभारी हूँ जिन्होंने अत्यन्त अल्प समय में शोध प्रबन्ध को टाइप करने में अत्यन्त परिश्रम किया।

अपने शोध-कार्य में मुझे बहन स्वरूप श्रीमती शोभा (निवासिनी लखनऊ), श्रीमती मधुलिका सिंह एवं उनके पति श्री राजेन्द्र कुमार सिंह (निवासी स्वरूप नगर, कानपुर), मेरे छोटे भ्राता श्री राधेश्याम एवं उनकी पत्नी श्रीमती सन्ध्या (निवासी हैदरगंज, फ़ैज़ाबाद), पूज्यनीय भाई अशोक कुमार गुप्ता (एडवोकेट), एवं उनकी पत्नी श्रीमती गीता गुप्ता (निवासी हैदरगंज, फ़ैज़ाबाद) का भी सहयोग और प्रोत्साहन मिला। इन सबका स्नेह ही मेरा संबल रहा है।

अन्त में, मैं अपने कला विद्यालय (साकेत कला भारती, फ़ैज़ाबाद) की प्रबन्धिका श्रीमती सुकृता श्रीवास्तव, वहाँ की शिष्याओं तथा मेरे साथ कार्यरत प्रधानाध्यापिका एवं शिक्षिकाओं (कनौसा कॉन्वेंट प्राइमरी स्कूल, फ़ैज़ाबाद) के प्रति भी अपना हार्दिक आभार व्यक्त करती हूँ जिन्होंने मुझे समयानुसार सहयोग प्रदान किया।

इन सबके सहयोग से आज मुझे यह ग्रन्थ प्रस्तुत करने में जो सफलता मिली है उसके लिए मैं 'ईश्वर-स्वरूप गुरुदेव' को बार-बार धन्यवाद देती हूँ।

अनुक्रम

प्रस्तावना

(क) लोक कला का अर्थ

लोक (Folk) शब्द के दो अर्थ प्रचलित हैं, एक समाज और दूसरा जन-साधारण अथवा जन-समुदाय। इन समुदायों द्वारा प्रस्तुत टेढ़े-मेढ़े परन्तु भावना से पूर्ण रेखाचित्रों को ही लोक कला कहते हैं। जन-समुदाय की कला केवल ग्रामों तक ही सीमित नहीं है, वरन् नगरों, जंगलों, पहाड़ों एवं टापुओं पर बसे हुए लोगों की भावाभिव्यक्ति भी लोक कला के अन्तर्गत आते हैं। यह कला अपनी परम्पराओं, रीति-रिवाजों एवं आदिम विश्वासों के प्रति आस्थाशील होती है जिसके कारण यह अशिक्षित एवं असभ्य लोगों की कला कहलाती है। यही लोग इस कला का प्रतिनिधित्व करते हैं।

लोक कला लोक शब्द से जुड़ा हुआ है तथा लोक को आगे बढ़ाता है। लोक कला अंग्रेज़ी के (Folk Art) का पर्यायवाची है। लोक कला केवल लोक-मानस के सौन्दर्य-बोध से सम्बन्धित परम्परागत अभिव्यक्तियों तक ही सीमित नहीं है। बल्कि अब इसमें लोक गीत, लोक नृत्य, लोक-कथाएँ, अन्ध-विश्वास, स्थानीय गाथाएँ, लोकोक्तियों और पहेलियाँ का भी सम्मिलित कर ली गयी हैं और नवीन सीमा विस्तार से किसी को कोई असहमति भी नहीं है–

श्री जे.एल. मिश्र के अनुसार, "ऐसी सभी प्राचीन विश्वासों, प्रथाओं और परम्पराओं का सम्पूर्ण भोग जो सभ्य समाज के अल्पशिक्षित लोगों के बीच आज तक प्रचलित है, 'लोक फोर' है। इसकी परिधि में परियों की कहानियाँ, लोकोक्तियों, लोकानुभूतियों, पुराण-गाथाएँ, अन्ध-विश्वास, उत्सव-रीतियाँ, परम्परागत खेल या मनोरंजक लोक-गीत, प्रचलित कहावतें, कला-कौशल, लोक नृत्य और ऐसी अन्य सभी बातें सम्मिलित की जा सकती हैं।"[1]

"लोक कला, लोक-मानस की सहज और स्वाभाविक अभिव्यक्ति है। यह बहुधा अलिखित ही रहती है और अपनी मौलिक परम्परा के द्वारा एक पीढ़ी से दूसरी पीढ़ी तक आगे बढ़ती रहती है। इस कला के कलाकारों का नाम प्रायः अज्ञात

रहता है। लोक प्राणी जिस भी कृति का निर्माण करता है उसे समूह की रुचि के अनुसार ही समूह में घुल-मिलकर प्रस्तुत करता है। सम्भवतः लोक कला लोक संस्कृति का वास्तविक प्रतिबिम्ब ही होती है। लोक कलाएँ अभिजात परिष्कृत रचना अथवा कृत के प्रतिकूल, परिमार्जित भाषा, शास्त्रीय रचना पद्धति और व्याकरणिक नियमों तथा सिद्धान्तों से मुक्त रहती हैं। लोक कला, लोक-कृति और लोक रचना का माध्यम लोक चिन्ता की अकृत्रिम अभिव्यक्ति आदि लोक कला की सबसे बड़ी विशेषता है।"[2]

लोक कला की एक सुनिश्चित परिभाषा दे सकना थोड़ा कठिन है यह कहना कि लोक कला सहज, मौखिक, अलिखित और परम्परागत होती है, आज के युग में कला के कुछ क्षेत्र जैसे—लोक-गीत आदि में असत्य प्रतीत होती है, क्योंकि आज ऐसी लोक कलाओं, लोक-गीतों, लोक-नृत्यों लोकोक्तियों तथा लोक-कथाओं की कमी नहीं है जो लिपिबद्ध हैं अथवा बहुत दिनों से लिखित रूप से चली आ रही हैं। इस प्रकार मध्ययुगीन सन्त भक्तों की बहुत सारी रचनाएँ अत्यन्त सहज और सरल हैं तथा भावुक भक्तों एवं धार्मिक मनोवृत्ति वाले व्यक्तियों के बीच उनकी एक मौखिक परम्परा भी है फिर भी हम इन गीतों को लोक-गीत नहीं मानते हैं।

डॉ. हजारी प्रसाद द्विवेदी के शब्दों में, "ऐसा मान लिया जा सकता है कि जो चीज़ें लोकचित्त से सीधे उत्पन्न होकर सर्वसाधारण को आन्दोलित, चालित और प्रभावित करती हैं, वे ही लोक-साहित्य, लोक-शिल्प, लोक-नाट्य, लोक-कथानक एवं लोक कला के नामों से पुकारी जा सकती हैं। लोक चित्त से तात्पर्य उस जनता के चित्त से है जो परम्परा प्रथित और बौद्धिक विवेचनापरक शास्त्रों और उन पर की गयी टीका-टिप्पणियों के साहित्य से अपरिचित होता है।"[3]

अस्तु, लोक कला पोथी ज्ञान से विलग रहने वाले लोक-मानस की अभिव्यक्ति की कला है। लोक-कृति को ठीक ढंग से समझने के लिए दो अन्य प्रकार के कला प्रकारों को भी ध्यान में रखना होगा—एक लोक-भाषा की कृति और दूसरी लोक-चेतना की कृति।

लोक-भाषा कृति व्यक्ति विशेष द्वारा जनता की बोली में लिखी अथवा रची गयी कृति है। इसे न तो लोक की मौखिक परम्परा का संरक्षण प्राप्त होता है और न इसमें वास्तविक लोक-संस्कृति के दर्शन ही हो पाते हैं।

लोक-चेतना कृति अथवा रचना अपनी मूल प्रेरणा लोक-कृति से ग्रहण करती है किन्तु इनका ऊपरी ढाँचा कला की शास्त्रीय मर्यादाओं पर आश्रित होता है। इस कलाकृति को पॉलिश किया हुआ रूप कह सकते हैं किन्तु यह वास्तविक लोक-कृति अथवा कला नहीं होती है।

"लोक कला के उद्‌भव एवं विकास की कहानी बहुत लम्बी है। विभिन्न युग के अनुसार इस पर विचार किया जाये तो ज्ञात होता है कि विभिन्न युगों पर उसके अस्तित्व की छाप एक जैसी नहीं रही है। उसके जो आदर्श, प्रतिमान, उद्देश्य और प्रयोग वैदिक युग में थे बाद के युगों से उनका तारतम्य नहीं बैठता और इसी प्रकार आज का कला-दर्शन अपने अतीत से कुछ भिन्न है। किन्तु इसका यह आशय नहीं है कि कला के विकास की दीर्घकालीन परम्परा एवं परिस्थितियों में कोई क्रमबद्धता है ही नहीं। साहित्य में, समाज में तथा राजनीति में जिस प्रकार अपने अतीत की अपेक्षा वर्तमान भिन्न रहता है, ठीक उसी प्रकार कला में मनुष्य की सौन्दर्यानुभूति अपने अतीत की अपेक्षा अपने वर्तमान से सदा ही नयी दिखाई देती रही है इसलिए उसमें युग दृष्टि से भिन्नता होते हुए भी क्रमबद्धता सदैव बनी रही।"[4]

वैदिक युग में मानव की सौन्दर्यानुभूति के जो आदर्श थे आगे के युगों में उनका स्वरूप बदल गया। मौर्य युग की जो कला थाती आज प्राचीन अवशेषों के रूप में जीवित है उसको देखकर यह जानने को मिलता है कि उस समय का लोक जीवन कल्पित देवलोक तथा वैदिक युग के प्राकृतिक आचार्यों की अपेक्षा प्रत्यक्ष एवं व्यावहारिक जीवन पर अधिक निष्ठा रखने लगा था। इसी कारण उस युग की लोक-शैली में तथा शास्त्रीय कला में भी देवताओं की भीड़ का समावेश न होकर सामान्य जन-जीवन के दैनिक क्रियाकलापों का वर्णन मिलता है। इसी प्रकार अजन्ता-एलोरा और बाघ के गुफा चित्रों में भारत की परम्परागत कला साधना की छाप अंकित है। यदि ऐसा न हुआ होता तो इन गुफा चित्रों को आज इतनी अधिक ख्याति और इतनी अधिक स्थायी मान्यता प्राप्त न हुई होती।

"लोक कला के परम्परागत अभ्युदय की यदि साहित्य के अभ्युदय से तुलना करके देखा जाये तो वस्तु स्थिति को अधिक स्पष्ट रूप से जाना जा सकता है। जिस प्रकार हमारे वाङ्मय की समृद्धि के मूल में दो समान कारण विद्यमान रहे हैं, उसी प्रकार हमारी कला की उन्नत थाती भी दो रूपों को लेकर आगे बढ़ी। हमारी प्राचीन वैदिक संस्कृति ने एक ओर तो लोक-भाषाओं को जन्म दिया तथा उनका पोषण किया और दूसरी ओर संस्कृत को अभिरक्षण दिया। भारतीय वाङ्मय के विकास के लिए जो कार्य प्रत्यक्ष रूप से संस्कृत ने किया वही कार्य जन-जीवन में सुरक्षित वाङ्मय के लिए परोक्ष रूप से प्राप्त अपभ्रंश और उनकी अनेक विभाषाओं ने किया। हमारे लोक-मानस द्वारा मौखिक रूप से सुरक्षित यह लोक-साहित्य हमारे लिए उतना ही ग्राह्य, उपयोगी और महत्त्वपूर्ण है, जितना कि संस्कृत साहित्य। संस्कृत साहित्य की ही भाँति हमारा लोक-साहित्य भी इतना व्यापक है कि उसकी सीमाएँ निश्चित करना सम्भव नहीं।"[5]

"ठीक यही स्थिति लोक कला पर भी चरितार्थ होती है। भारतीय कला की जो थाती आज हमें उपलब्ध है वह दो रूपों में आगे बढ़ी। उसका एक रूप तो शास्त्रीय रहा, जिसके निर्माता या तो पेशेवर कलाकार रहे या स्वतन्त्र रूप से कला की साधना में अभिरत रहते हुए आगे बढ़े। इस शास्त्रीय कला के दोनों रूप पहले तो अजन्ता, बाघ आदि के भिति चित्रों में रूपायित हुए और बाद में उनका पूर्ण विकास मुग़ल, राजपूत तथा पहाड़ी आदि आगे की चित्र शैलियों के रूप में हुआ।"[6]

कला का दूसरा रूप अपने इतिहास और अपनी ख्याति की अपेक्षा किये बिना हमारे आँगनों के निराले एवं स्वच्छन्द वातावरण में पलकर आगे बढ़ा। भारत की कोटि-कोटि जनता के जीवन में एक प्राण होकर यह लोक कला न जाने अतीत की किस स्वर्णिम बेला से हमारे उल्लास के सम्बन्धों से जुड़कर हमसे बँधी हुई हमारे साथ चली आ रही है।

बिना किसी अवलम्ब, आश्रय, प्रोत्साहन और प्रलोभन के स्वतन्त्र, स्वच्छन्द एवं सौम्य गति से वह निरन्तर आगे बढ़ती रही। हमारे ममतामय तथा मधुर घरेलू सम्बन्धों की भाँति उसकी अटूट एकता हमारे साथ आरम्भ से ही बनी रही।

ईसा की कुछ शताब्दियों पहले के भारत में अनेक प्रकार की कल्पवल्लियों का उल्लेख पाया जाता है। घरों की स्वच्छ धवल भित्तियों पर सूक्ष्म रेखा-विशारद कलाकार नाना भाव, रसों से युक्त इन कल्पवल्लियों का अंकन किया करते थे। ये कल्पवल्लियाँ प्राचीन लोक कला के जीवित प्रमाण हैं। लोक कला की प्राचीनता के दूसरे प्रमाण धूलि चित्रों में भी देखने को मिलते हैं, जिनका निर्माण मौर्य युग (300 ई. पूर्व) में व्यापक रूप से होता रहा। लोक कला की प्राचीन परम्परा की उपलब्धि शुंगकालीन साँची के तोरणों में अंकित लोक-चित्रों से होती है, जो कि जातक कथाओं के आधार पर बनाये गये हैं। साँची की कला को लोकप्रियता प्राप्त होने का कारण यही था और यही बात अजन्ता आदि के भित्ति चित्रों पर भी चरितार्थ होती है। इन भित्ति चित्रों में अल्पना के नमूनों को लेकर सुन्दर अलंकरण बनाये गये हैं। अजन्ता की इस लोक कलाकारिता को राजपूत, मुग़ल और पहाड़ी शैली के चित्रकारों ने ग्रहण किया। यहाँ तक कि यामिनी राय तथा अमृता शेरगिल जैसे आधुनिक शैली के चित्रकारों ने भी अजन्ता की उक्त लोक भावना को अपनी कृतियों में रूपायित किया।

लोक कला परम्परा प्राप्त कला का एक ऐसा महत्त्वपूर्ण रूप है जिसकी उपेक्षा भोंडी एवं गँवार कला कहकर नहीं की जा सकती जैसे एक मनोवैज्ञानिक परिच्छेदक बाल बुद्धि की प्रेरणाओं को प्रौढ़ मानव के चेतनाधीन भाग में सुरक्षित पाता है और उसके स्वभाव प्रवृत्ति की परीक्षा कर सकता है, उसी प्रकार आदिम लोक कला जो

प्रागैतिहासिक युग में उत्पन्न हुई, उसकी अन्तरसारगर्भिता की खोज करके भारतीय संस्कृति तथा कला के असली मूल का भी पता लगाया जा सकता है। यदि कला में ऐतिहासिक विकास का सावधानी से अध्ययन करें तो हम इस परिणाम पर पहुचेंगे कि लोक कला तथा ग्राम और नगर क्षेत्र की बनावटी ललित कला का निर्माण कदापि आकस्मिक नहीं हुआ। कला का अपना कार्यक्रम सम्बन्धित अनुक्रम मनुष्य जाति के उद्‌गम से हुआ था। कला ने वास्तव में मानव को शिष्टता दी। अन्ध युग के दूरवर्ती काल में दिन-प्रतिदिन के जीवन संग्राम के बीच भी मानसिक विकास का प्राचुर्य घटित हुआ। यह यद्यपि अस्त-व्यस्त प्रतीत होता है, परन्तु इसने आदिम जाति को कलापूर्ण विषयों के निर्माण करने के लिए उत्तेजना अवश्य दी।

आदिम कला अभिव्यंजना में शिशु के समान सरल एवं स्वाभाविक थी जिस प्रकार बालक ग्राम के मेलों में खिलौना पाकर अत्यन्त प्रसन्नता का प्रदर्शन करता है। इसके अतिरिक्त वह अन्य वस्तुओं की भी कल्पना करता है जो हम ऐसी अकलात्मक रचना में नहीं पा सकते। वास्तव में ऐसे खिलौने हमारे घरेलू जीवन को आनन्दमय बना देते हैं। हम इनमें सृजन करने की ऐसी परमावश्यक आदिम प्रेरणा पाते हैं, जिसे ग्रामवासियों ने युगों से जीवित रखा है और जिसे वे घनिष्ठता के साथ हमारे दैनिक जीवन के संसर्ग में लाते हैं। कला में ऐसी समस्त आदिम चेष्टाएँ विश्व भर में समान रूप से रही हैं। उदाहरणार्थ—स्पेन में सन् 1879 ई. में अल्टामीरा के कन्दरा चित्रों की सर्वप्रथम खोज ने उस युग के, जबकि एशिया, मिस्र तथा यूनानी सभ्यता अज्ञात थी, अनुभवहीन आदिम जातियों के इस प्रकार के सम्पादित कार्यों की यह कहकर अवहेलना नहीं की जा सकी कि वे मानव जाति के घृणित तथा असभ्य संकेतों के उदाहरण हैं, बल्कि इन कन्दरा चित्रों में उनका जीवन इतिहास उपस्थित है कि वे अपनी जीविका के लिए दैनिक शिकार क्रिया तथा पशु शरीर के लिए किस प्रकार संघर्ष करते थे।[7]

"भारत में इस प्रकार की आदिम कला के उदाहरण सिंघनपुर की रायगढ़ रियासत में, होशंगाबाद में मिर्ज़ापुर ज़िले के या लिखुनियाँ तथा विजयगढ़ की कन्दराओं में पाये जाते हैं। यह चित्रकारी प्रायः लाल तथा पीले रंग में चर्बी मिलाकर की गयी है। मृग, करकेटे तथा भैंसे बहुतायत से चित्रण किये गये हैं।"[8]

"कई शताब्दियों के अवकाश के पश्चात भारत में पूर्व वैदिक सिन्धु नदी की घाटी में मोहनजोदड़ो तथा हड़प्पा की संस्कृति दृष्टिगोचर होती है। मिट्टी के बर्तनों पर चित्रकारी के कुछ अंश विभूषित करने योग्य मिट्टी की रकाबियाँ और मूर्तियाँ अक्षुण्ण कलात्मक चातुर्य के अस्तित्व को प्रदर्शित करती हैं और वे वर्तमान समय के कला निरीक्षकों की परीक्षा में भी उत्तीर्ण हो सकीं। मिट्टी के बर्तनों पर चित्रित किये

गये कुछ अभिसमय द्वारा निर्धारित किये हुए मानव आकार उन कन्दरा निवासियों की कृतियों से कुछ-कुछ समानता रखते हैं जो उनसे सहस्रों वर्ष पूर्व की थीं। प्राकृतिक पदार्थों की लय और आकार के ललित ज्ञान द्वारा यथार्थता सहित प्रतिपादन ने सिन्धु नदी की घाटी में ऐसी कला का निर्माण किया जो अपनी श्रेणी में अद्वितीय है।"[9]

इसके अतिरिक्त यूरोप की यूनानी कला के समान सिन्धु नदी घाटी की कला भी ऐसा स्रोत प्रतीत होती है जिससे भारत की सारी लोक कलाओं की उत्पत्ति हुई। अनेक पौधे, वृक्ष, पशु तथा मानव मूर्तियों के समय द्वारा निर्धारित आकार उस तत्त्व की ओर संकेत करते हैं जो इन पूर्व-आर्य कलाओं द्वारा विकसित सारी लोक कलाओं में अन्तर्लीन है।

"यूरोप में प्रागैतिहासिक युग की ऐसी असभ्य, धार्मिक तथा आदिम कला में यूनान में मूर्तिपूजक शैली की उस महान नगरीय कला का परिचालन किया जो ईसाई धर्म के आगमन पर अन्ततः ईसाई कला के उच्चतम शिखर पर पहुँच गयी। अतएव ग्रामीण लोक कला एक आदर्श रीति से नियमबद्ध होकर विश्व में सर्वत्र व्याप्त हो गयी। यह खानदानी धन्धा होकर कलाकारों की पीढ़ियों द्वारा पुनरावृत्ति रीति से तथा रूढ़िगत ढंग से उत्तरवर्ती वंशजों को प्राप्त हो गयी। चमकदार मूल रंग तथा चित्ताकर्षक भड़कीले आकार ग्रामीण लोगों के ध्यान को आकर्षित करते हैं। भारत में नगरीय कला में आदिम पद्धति मुग़ल युग तक स्थिर रही। रेखा तथा समतल रंग की ही यह पद्धति थी। पश्चिमी देशों में इस प्रकार की पद्धतियाँ प्राचीन जर्मनी की गोथिक तथा कॉन्सटेंटिनोपल की बाइज़ेंटाइन कला के पश्चात समाप्त हो गयी और जागृति युग के पश्चात अधिक वास्तविक तथा यथार्थ प्रतिपादन का आविष्कार किया गया।"[10]

"Folk art creation is a free and unfetterd record of the human spirit and the human mind."

Karel Saudek

संस्कृति का जीवन में मुख्य स्थान है। संस्कृति से ही संस्कारों का जन्म हुआ है। किसी जाति अथवा देश की संस्कृति के ज्ञान से ही उसकी आर्थिक और सामाजिक दशा का ज्ञान हो सकता है। अधिक त्योहारों और उत्सवों की व्यवस्था समाज की सम्पन्नता और उस समाज की आर्थिक समृद्धिशीलता की सूचक है। समस्त विश्व के लोक जीवन के माध्यम से यह निष्कर्ष निकलता है कि भारतीय लोक जीवन अधिक समृद्धिशाली रहा। यहाँ की भूमि शस्य श्यामला है, पशु पूजा के कारण ही यहाँ दूध की नदियाँ बह रही हैं। भारत की नारी अलंकारों से इतनी सुसज्जित रही है कि इस सम्बन्ध में विश्व की किसी देश की नारी से उसकी तुलना नहीं की जा

सकती। अधिक सामाजिक सम्पन्नता में लोक कला अधिक विकसित होती है। सुन्दर आभूषणों पर विभिन्न आलेखनों की रचना भी लोक कला के विकास का एक चित्र है।

जीवन को शुद्ध और पवित्र बनाने में संस्कारों का विशेष हाथ होता है और इन्हीं संस्कारों पर लोक कलाओं का प्रदर्शन देखने को मिलता है। हमारे देश में सोलह संस्कार हैं। मानव जीवन के साथ-साथ कला का जन्म हुआ और उसके विकास के साथ उसका विकास। जिस प्रकार मानव के विकास की कहानी अद्‌भुत और अनेक परिवर्तनों से युक्त है, उसी प्रकार कला के विकास में भी अनेक परिवर्तनों का स्पष्टतः अनुमान किया जा सकता है।

लोक कला के अभ्युदय की तुलना यदि हम साहित्य के अभ्युदय के साथ करके देखें तो अधिक उपयुक्त होगा। हमारी प्राचीन वैदिक संस्कृति ने साहित्य की अभिवृद्धि के लिए एक साथ ही जिन दो भाषाओं को जन्म दिया उनमें से एक थी संस्कृत और दूसरी थी लोक-भाषा। संस्कृत की भाँति लोक बोलियाँ भी बड़े वेग से अनेक शाखा-प्रशाखाओं में पल्लवित होकर निरन्तर आगे बढ़ती गयीं और साहित्य की भाषा संस्कृत ने जितना दिया, इन लोक बोलियों की देन हमारे लोक-मानस के बीच उससे किसी भी अंश में कम नहीं रही। हमारे लोक-मानस के बीच मौखिक रूप से सुरक्षित यह लोक-साहित्य कितना व्यापक एवं बृहद है, इसके प्रमाण हमें आज मिल रहे हैं जबकि हम उसके अनुसन्धान-अन्वेषण में अग्रसर हैं।

यही स्थिति लोक कला की भी रही। उसने अपना विकास विभिन्न रूपों में किया। उसका एक रूप परम्परागत विश्वासों, रहस्यात्मक संकेतों और अतीत के संस्कारों पर आधारित था, उसका दूसरा रूप था जिसमें सामाजिक रीति-रिवाजों की प्रमुखता थी। इसके अतिरिक्त अपनी अनुभूतियों की स्वतन्त्र अभिव्यक्ति की ओर भी कलाकार का ध्यान था। इस दृष्टि से प्रतीकात्मक शैली के अमूर्त आलेपन चित्र, सामाजिक रीति-रिवाजों को अभिव्यक्त करने वाले बाँस, बेंत तथा सूत की वस्तुओं का आलेखन तथा रेखांकनों का उल्लेखनीय योग रहा है।

(ख) लोक कला की उपयोगिता व उद्देश्य

1. आनुष्ठानिक
2. आलंकारिक
3. मनोविनोदार्थ
4. कौशल शोभार्थ

इसके अतिरिक्त अन्य प्रकार भी हो सकते हैं। अनुष्ठान सदैव अपने उद्देश्य की

पूर्ति के लिए होता है। धार्मिक प्रवृत्तियों में भी अनुष्ठान का मुख्य स्थान है। अतः अनुष्ठान के पूर्व स्थान को अलंकृत किया जाना स्वाभाविक है। इस अलंकरण में ही लोक कला का जन्म है। यही कारण है कि लोक कला जीवन की संगिनी है—चौक पूरना, आसन आदि को सजाना इसके अन्तर्गत आते हैं। अनुष्ठान में महान उद्देश्य की भावना निहित होती है, अतः रुचि और श्रद्धा की पराकाष्ठा होती है।

मनुष्य स्वभावतः सौन्दर्य और कलाप्रेमी है, वह प्रतिदिन प्रयोग में आने वाली वस्तुओं की सुन्दरता से प्रभावित होता है। वह दैनिक जीवन में अनेक तरह की डिज़ाइन के कपड़े और बर्तनों आदि का प्रयोग करता है। इन डिज़ाइनों की विशेषता यह होती है कि वे लोक रुचि को अपनी ओर आकर्षित करें। लोक कला की सबसे बड़ी विशेषता यह है कि इससे हमें राष्ट्र की सांस्कृतिक एकता का आभास भी मिलता है। इस प्रकार हम कह सकते हैं कि लोक कला का अपना राष्ट्रीय महत्त्व है। सांस्कृतिक एकता के राष्ट्रीय महत्त्व के कारण ऐसा प्रतीत होता है कि लोक कला विशाल सागर के समान गम्भीर और किसी ओर-छोर से विमुक्त है।

मनोविनोदार्थ से तात्पर्य है कि लोक कला अनुष्ठानों आदि में उपयोगी होने के साथ-साथ मनोरंजन भी करती है। लोक-गीत, लोक-नृत्य मन बहलाव के साधन भी हैं, जिनके संसर्ग में आने से लोक मानव कुछ क्षण के लिए अपने दुख-दर्द से छुटकारा पा जाता है और पूर्णरूपेण उस लोक कला में लिप्त होकर भावना की लहरों के साथ बह जाता है।

लोक कला मानवीय चेष्टाओं अथवा कौशलों को भी दर्शाती है, क्योंकि कौशल शोभार्थ के बिना उसे प्रोत्साहन नहीं मिल सकेगा। और प्रोत्साहन न मिलने पर वह काल के गाल में समा जायेगी। चूँकि लोक कला समाज का एक अंग है अतः कला प्रदर्शन भी लोक कला का उद्देश्य है।

इस प्रकार लोक कला का तात्पर्य लोक भावनाओं, परम्पराओं, रीति-रिवाजों आदि को समाज में दर्शाने मात्र से है। प्रदर्शन की भावना मानसिक सन्तुष्टि एवं भौतिक सन्तुष्टि दोनों हो सकती है। लोक कला का माध्यम उस स्थान की लोक-भाषा है जो लोक-कृति के प्रचार एवं प्रसार में सहायक होती है।

(ग) लोक कला और लोक कलाकार

जिस प्रकार भारतीय वाङ्मय का इतिहास भारतीय बोलियों के साहित्य के बिना अधूरा है, उसी प्रकार भारतीय चित्रकला का इतिहास उसकी लोक कला के बिना अपूर्ण है। इस लोक कला को जीवित रखने और उसमें नित्य नये जीवन्त तत्त्वों का समावेश करने का श्रेय हमारे नारी समाज को है। व्रतों, त्योहारों और उत्सवों पर

आँगनों, दीवारों, कपाटों और द्वारों पर भाँति-भाँति की आकृतियों को अंकित करके मंगलमय आध्यात्मिक भावनाओं के रूप में इस लोक कला की उल्लासमयी परम्पराएँ हमारे साथ जुड़ी हुई हैं। लोक कला के इसी मंगलमय पक्ष का भारतीय साहित्यकारों, विशेषतः कला पण्डितों ने आज से कई सौ वर्ष पूर्व अपने ग्रन्थों में एकाधिक बार उल्लेख किया है कि घर में सुख, शान्ति और समृद्धि आदि की प्रतिष्ठा के लिए घर को बाहर-भीतर चित्रों से सज्जित होना चाहिए।

हमारी नारियों द्वारा घरों के बाहर-भीतर देवी-देवताओं, आख्यानों, नीति कथाओं, जातकों और पुराण कथाओं से सम्बद्ध चित्रों को अंकित किये जाने की प्रथा प्राचीनकाल से चली आ रही है। आज भी प्रत्येक त्योहार पर उसके अधिष्ठाता देवता और उस देवता के सहचर अन्य देवताओं की छवियाँ अंकित की जाती हैं। इन देवताओं में बहुधा लक्ष्मी और गणेश की प्रमुखता होती है, क्योंकि उन्हें आरोग्य, समृद्धि और मंगल का सूचक माना जाता है। कुछ चित्र प्राकृतिक रूपों और कुछ सामाजिक विषयों से सम्बद्ध होते हैं। धार्मिक विषयों की अधिकता तो होती ही है,

"लोक कलाकार मनुष्य का वह वर्ग है, जो अभिजात्य संस्कार, शास्त्रीयता और पाण्डित्य की चेतना और साहित्य के अहंकार से शून्य है और जो एक परम्परा के प्रवाह में जीवित रहता है।"[11]

"भारतीय लोक जीवन में सत्यवादिता, ईमानदारी, परस्पर स्नेह भाव, अतिथि सेवा, पारस्परिक सेवा भाव, पड़ोसियों के लिए सद्‌भावनाएँ, पारिवारिक जीवन, स्वस्थ और सबल जीने की कामना, आवश्यकताओं की न्यूनता, संघर्ष करने की शक्ति, जीवन में मनोरंजन का महत्त्व, जीवन में कला का स्थान आदि लोक कलाकार के जीवन के सार हैं।"[12]

सृष्टि के प्रथम स्वर्णिम प्रभातों में जब मनुष्य ने शृंगार व उसके बनाव को देखा तो सौन्दर्य के प्रति उसकी भावना जागी और लोक कला का जन्म हुआ। उसमें धार्मिक पुट ने उसके अस्तित्व और आवश्यकताओं को द्विगुणित कर दिया। समाज के पारस्परिक सहयोग से लोक कला का क्षेत्र विस्तृत होता गया। वही लोक संस्कृति बन गयी और संगठित समाज की धार्मिक, आध्यात्मिक, मनोरंजनात्मक व सौन्दर्य प्रसाधनात्मक लोकाभिव्यक्ति साकार होने लगी।

सुन्दरता के लिए कौन इच्छुक नहीं है। प्रत्येक स्वतन्त्र विचारों का विश्वासी है। 'स्वतन्त्रता सर्व सुखस्य मूलं' अर्थात् स्वतन्त्रता सब सुखों की खान है। कला के रहस्य को उद्‌घाटित करने की भावना कलाकार की बलवती भावना है।

प्रत्येक कला में गति होती है। यह सब विद्वान स्वीकार करते हैं। परन्तु उस गति का माध्यम क्या है? यह सभी जानते हैं कि उसका माध्यम कलाकार के अतिरिक्त

कौन हो सकता है। लोक कला व्यक्तिगत न होकर सामूहिक प्रयत्न होता है क्योंकि कला को समझने एवं अनुभव करने के लिए एक समाज की आवश्यकता होती है। कलाकार को भली-भाँति समझने की आवश्यकता है क्योंकि यह आवश्यक नहीं कि कलाकार एक विचारवान व्यक्ति, एक विशेष प्रकार का आकर्षक सामाजिक प्राणी, एक प्रगतिवादी समाज का सच्चा नागरिक आदि गुणों से विभूषित हो, कुछ में इनमें से कोई विशेषता नहीं होती, कुछ की बड़ी प्रतिष्ठा होती है, कुछ का क़ानून से विद्रोह होता है, कुछ संन्यासी होते हैं, कुछ निःसन्देह विषय-सुख की लालसा करने वाले होते हैं, कुछ का ईश्वर में विश्वास होता है, कुछ नास्तिक होते हैं, कुछ ओजस्वी और कुछ स्वास्थ्य का स्वरूप होते हैं। वे किसी प्रकार के भी हों, उनका व्यक्तित्व उनके कार्य से होता है। जिस कलाकार की कृतियाँ जितना समाज को प्रभावित करती हैं वह उतना ही महान कलाकार माना जाता है।

कलाकार की मौलिकता, उसकी भावुक और बौद्धिक प्रसन्नता हर युग में स्वीकार की गयी है। प्राचीन संस्कृति में कलाकार की चातुरी सन्त के जादू के समान स्वीकार की जाती थी। कला का गुण प्राचीन समय में ईश्वर प्रदत्त माना जाता था। उस समय का विश्वास था कि यह गुण साधन से नहीं हो सकता, परन्तु आज यह धारणा विपरीत भाव ग्रहण कर गयी है और साधन के द्वारा कलाकार महान बन सकता है।

कला के प्रति धीरे-धीरे अभिरुचि इतनी बढ़ी कि कलाकार की प्रतिष्ठा अधिक होने लगी, वास्तव में कला मानव मौलिकता की प्रतीकात्मक अभिव्यक्ति है। इन्हीं अभिव्यक्तियों के कारण ही कलाकार अपार कलाओं का ज्ञाता माना जाता है और उसका मूल्य किया जाता है। ह्ययूरर के अनुसार, "कलाकार को एक चरित्रवान व्यक्ति होना चाहिए क्योंकि कलाकार मूलरूप में स्वयं प्रभाव डालने वाला नियन्त्रणकर्ता है। कलाकार राष्ट्र की एक सम्पत्ति होता है, कभी-कभी तो वह जनता की सम्पत्ति माना जाता है क्योंकि ये कलाकार इन्हीं के बीच में अपना कार्य सम्पन्न करते हैं। अधिकतर कलाकार अपने संरक्षक के भावों को व्यक्त करने में अधिक प्रसन्नता का अनुभव करते हैं। कलाकार सदैव तत्कालीन साहित्यकार एवं दार्शनिक के विचारों को तूलिकाबद्ध करता है। यही उसकी मौलिकता है। मौलिक रचना का क्षेत्र भी व्यापक है। कभी-कभी मौलिक रचना करके कलाकार को जीवनयापन के लिए कुछ ऐसे साधन मिल जाते हैं जिससे उसकी मौलिकता में बाधा नहीं पड़ती है, जैसे—गोदना, कुम्हार का कार्य आदि। उनकी कला की सराहना करने वाले इतने अधिक होते हैं कि वह अपनी कलाकृतियों को बेचकर भी जीवन व्यतीत कर सकते हैं।"

आविष्कार का युग होने के कारण कलाकार को मौलिक रचना करने की स्वतन्त्रता है। वह प्रकाश, रंग और संसार सम्बन्धी विचारों में अपने युग से बहुत आगे की

सोचता है। तत्कालीन समुदाय को वह अपने विचारों के द्वारा एक नवीन चेतना से अवगत कराना चाहता है। जनता के दिमाग़ पर पड़े मशीनी प्रभाव को कलाकार अपनी कलाकृतियों द्वारा मिटाने का प्रयत्न करता है। जैसा वह सोचता है उसे उसी रूप में सजा-सँवारकर व्यक्त करने को तत्पर रहता है। इसी से कलाकार की दबी प्रवृत्तियाँ उभरकर सामने आती हैं और वह प्रोत्साहित होता है। कला कलाकार की आत्माभिव्यक्ति का साधन है। लोक कलाकार सामूहिकवाद तथा व्यक्तिवाद दोनों पर बल देता है। जब कलाकार विद्वान और दार्शनिक विचारों की खोज में जुट जाता है तो वह परिस्थितियों से प्रभावित होकर अमरत्व की ओर सोचने लगता है जिसके कारण उसे सांसारिक एवं मानसिक दोनों प्रकार का लाभ प्राप्त होता है। और वह अपने स्वप्न तरंगों को व्यक्त करने लगता है। जिससे वह जन-साधारण के सम्पर्क में आ जाता है।

कलाकार के स्वप्न और कल्पना ने कला सृजन में महत्त्वपूर्ण कार्य किया है। कलाकार सदैव अपूर्ण संसार को पूर्ण करने का कार्य करता है। जिस प्रकार शीत की बड़ी रात और प्रकृति की कृपणता सूर्य के प्रकाश की लालसा को बलवती करती है उसी प्रकार कलाकार झाड़ी, पेड़ों एवं पत्तियों के हरे रंगों को अपनी कृतियों में व्यक्त कर उसी राबृश्य कृतियों में हरियाली लाने की चेष्टा करता है। देश का औद्योगीकरण हो गया और मशीन के युग के कारण जनता गन्दे और सँकरे स्थानों पर रहने लगी। अतः उसकी प्रकृति स्वाभाविक दृश्य को देखकर आनन्दित होने की भावना अधिक बलवती होती गयी।

लोक कलाकार का व्यक्तित्व गुप्त है। कलाकार स्वान्तः सुखाय रचना करता है अथवा जीविकोपार्जन के लिए परान्तः सुखाय। आज के बदलते हुए युग में लोक कलाकार की बड़ी प्रतिष्ठा है। उसकी मौलिक रचना से ही उसका व्यक्तित्व स्पष्ट होता है। रंग, रेखा और कृति के द्वारा ही कलाकार अपने गुप्त विचारों को व्यक्त कर सकता है। लोक चित्रकार तो स्वभावतः प्रदर्शनी की भावना वाला होता है। वह अपनी कल्पना पर नियन्त्रण न रखने के कारण व्याकुल हो जाता है। अतः जब वह स्वच्छ कल्पना को व्यक्त करता है तो वह ऐसे प्रतीकों द्वारा व्यक्त होती है कि दर्शक भली-भाँति विदित हो सके। रचना के नियमों का उस पर पूर्ण नियन्त्रण होता है और एकरूपता की प्रवृत्ति की पूर्णतया माँग होती है। आकृति के क्षेत्र में इस परिवर्तन का स्वच्छ प्रभाव होता है। इन्द्रियजनित और विद्रोही मौलिक भावनाएँ शुद्ध हो जाती हैं। यह एक व्यक्ति के क्षेत्र से परिवर्तित होकर सामाजिक रूप ग्रहण करता है। इस दशा में इसका सामाजिक कार्य पूर्ण होता है।

"मानसिक विश्लेषण करने वाले सिग्मंड फ्रायड ने कलाकार को अत्यधिक

आत्मवादी अथवा ब्रह्मवादी कहा है। वह समाज की आन्तरिक चारित्रिक शक्ति कहा जाता है।"[13]

इस बात को सत्य स्वीकार किया जाता है। इस सम्बन्ध में इस धारणा की आवश्यकता नहीं है कि कलाकार की प्रेरणा किस स्रोत से प्राप्त होती है। समाज में अच्छाई-बुराई सभी प्रकार के गुण होते हैं। विषय-सुख, निर्दयता, अत्याचार, प्रतिक्रिया आदि का अपना स्थान है, समाज इनसे वंचित नहीं है परन्तु इन सबका उद्देश्य किसी भले मार्ग की ओर आदेशित किया जाना आवश्यक है इसको भी सत्य स्वीकार किया जा सकता है क्योंकि ये कलाकार धर्मों का सहारा लेते हैं। ये इन कलाकार के लिए एक बहुत विशाल भित्ति का कार्य करते हैं।

समय ने कला और कलाकार को अपनी निर्दिष्ट अचारित्रिकता के लिए तिरस्कृत कर दिया। आधुनिक कला के शत्रु चित्रकला और मूर्तिकला में पायी जाने वाली बहुत-सी नग्न मूर्तियों और चित्रों को व्यक्त कर सकते हैं। जिनकी भावुकतापूर्ण विवेचन शक्ति है उनके लिए यह बात कला के प्रतिकूल न होकर कला के लिए रसद का कार्य करती है किन्तु प्रेम के प्रति यदि किसी का अधिकारपूर्ण विवरण है तो वह इससे प्रोत्साहित होगा।

जब कलाकार के मौलिक विचार आकृति के तत्त्वों के द्वारा निर्मल हो जाते हैं और तात्त्विक स्मृतियाँ और आनन्द की प्रतिज्ञाएँ स्थापित हो जाती हैं तो दर्शक की अधिक सुख, लालसा सन्तुष्ट हो जाती है। कठोर भावनाओं का प्रभाव इतना दृढ़ होता है कि ये हमारे प्रेम और सहयोग के निर्वाचन में हमको बड़ा प्रभावित करती हैं, परन्तु कला के द्वारा सौन्दर्य के आदर्शों की स्थापना हो चुकी है। वही आदर्श हमारी वर्तमान सभ्यता में स्त्री और पुरुष के पारस्परिक सम्बन्धों के निर्वाचन में अधिक महत्त्व रखते हैं। चारित्रिक विचारों से भौतिक भावनाओं की आध्यात्मिकता का अनुभव किया जा सकता है।

नग्न चित्र दर्शन कामुकता को उत्पन्न करने वाले नहीं होते यह स्वीकार नहीं किया जा सकता, परन्तु वर्तमान व्यक्ति के लिए जिसको मनोवैज्ञानिक ज्ञान किंचित मात्र भी है, भावनाएँ और इन्द्रिय सुखादि की लालसाएँ अपना महत्त्व खो बैठती हैं। इतने पर भी ऐसे बहुत से लोग हैं जो कलाकार को व्यभिचारी मान बैठते हैं। बहुत से लोगों को जीवन में असन्तोष रहा अतः वे कलाकार बनने को उद्यत हो गये। कलाकार की घरेलू आदतें उनके कला प्रेम से भिन्न होती हैं। कलाकार नवीन व्यवस्था में विश्वास करता है उसकी नवीन व्यवस्था से चित्रों का मूल्यांकन कम नहीं होता, धनपरायणता के आरम्भिक कुप्रभाव अवश्य बुरे होते हैं।

कलाकार की सतत् साधना के फल से कलाकार का जीवन ही सार्थक नहीं

होता बल्कि वह समाज को प्रगति और सांस्कृतिक विकास की ओर ले जाता है। अतः कलाकार को साधना प्रेमी भी कहा गया है। कलाकार योगी होता है। 'योगः कर्मस कौशलम्', कर्म की कुशलता में योग है। योगी साधक होता है और कलाकार भी साधक है अतः योगी है। कला में एकरसता की अत्यधिक आवश्यकता है। जब कलाकार किसी उतार-चढ़ाव की बात करता है तो उसको कलाकार न कहकर कला व्यवसायी कहा जाता है। कलाकार को एक प्रकार की उपासना करनी पड़ती है। इस उपासना में उसे सिद्धि प्राप्त हो जाती है। साधना के फल से ही तुलसी, तुलसीदास बने। टोरिक महान बड़ा वैभवशाली और विलासी था। उसने विलासी जीवन को त्याग कर एकान्त में साधना की और उसका जीवन कलामय बन गया। उसकी कला का प्रभाव समस्त विश्व पर पड़ा। प्राचीनकाल में कलाकार अपने को प्रत्यक्ष नहीं करता था। वह अप्रत्यक्ष जीवन में आनन्द का अनुभव करता था। उसकी धारणा थी कि उसकी मृत्यु पर कोई शोक प्रकट न करे। बड़े-बड़े कवियों ने ऐसी कविताओं को जन्म दिया है जिनसे कितने ही असंख्य जीवनों में परिवर्तन हुआ है। उस कविता में कहीं उनका नाम नहीं है। काम के प्रचार की भावना कभी भी सच्चे कलाकार के मन में नहीं आती। कलाकार एक महान स्रष्टा है।

बादशाह शाहजहाँ द्वारा निर्मित ताज को संसार जानता है परन्तु उसको बादशाह ने नहीं बनाया। उसकी रचना कलाकारों ने की। आज उस कलाकृति का लोग मूल्यांकन करते हैं न कि उस धन का जो उसमें व्यय हुआ है। अजन्ता और बाघ की गुफाएँ आज भी दर्शक को विभोर कर देती हैं परन्तु इन सब कलाकृतियों में कलाकार की आत्मा विद्यमान रहती है। कलाकृतियाँ असंख्य लोगों को प्रेरणा देती हैं। किसको यह विदित है कि इन रचनाओं को किन दक्ष हाथों ने सजीव किया है।

कला में गत्यात्मक गुण होते हैं। यह कलाकार की प्रेरणा का फल होता है। कला असीम है। 'वाद' और शैलियाँ इसको सीमित कर देती हैं। सीमित होकर उदात्त भावनाओं की मर्यादा संकुचित हो जाती है। उपयोगिता का महत्त्व भी सीमित हो जाता है। आज कलाकार की आवाज़ है, 'कला, कला के लिए है।'

कला में सत्यं, शिवं, सुन्दरं तीनों गुणों का समावेश होना चाहिए जिस कलाकृति में यह तीनों गुण जितनी अधिक मात्रा में होंगे वह कलाकृति उतनी ही अधिक पूर्ण होगी। शिव की भावना कल्याण की भावना है। जब कलाकार यह सोचता है कि यदि उसमें शिवं का अभाव है तो भी कलाकृति पूर्ण है बस कलाकृति में सत्यं और सुन्दरम् गुण जब अधिकाधिक होंगे तभी वह कला, कला के लिए होगी। वास्तव में शिवं के बिना कलाकृति अधूरी है। **श्री सूर्यनारायण व्यास** के शब्दों में, "यथार्थ अंकन ने आज उसके शील एवं सात्विकता का आँचल उतार दिया है। कला नग्न

बनने लगी है। उसका दर्शन लज्जाशील आँखों के लिए दुर्भाग्य का विषय बन गया है। तथ्यांकन पश्चिम की देन ही नहीं है यह कला की स्वाभाविकता में आरम्भ से ही समाविष्ट रहा है। परन्तु शील और मर्यादा की इस मान भूमि में उसका आँचल नहीं उतारा है। अतीत काल के शिल्पियों ने एकान्त गुफाओं में भी उसकी मर्यादा का मान रखा है परन्तु आज का वास्तववाद उसके चीरहरण को विवश बना रहा है।"[14]

इन शब्दों से स्पष्ट है कि आज की कला का रूप प्राचीन रूप से भिन्न है, यह कलाकार की सूझ है। उस पर यह किसका प्रभाव है। क्या यह उसकी मौलिकता है अथवा विकसित रूप है। यह विषय विवादास्पद है और वर्तमान में भी कलाकारों के दो स्वरूप हैं। इसमें लोकप्रियता का तो बिल्कुल अभाव है। क्लाइव बेल नामक आलोचक का मत है कि "कला जनता तक नहीं पहुँचनी चाहिए बल्कि जनता को कला तक पहुँचना अथवा उसको यों ही छोड़ देना है।" आज का कलाकार जिस कृति को जन्म देता है उसमें दर्शक उसके भाव को ग्रहण नहीं कर पाता। कला का स्तर ऊँचा है परन्तु जनता कलाकार के भाव को समझने में असमर्थ है। कलाकार की साधना ने अभिव्यक्ति में जो मौलिक रूप ग्रहण किया है उसके जनता तक पहुँचने का कोई माध्यम नहीं है। प्राचीनकाल में दार्शनिक और साहित्यकारों के द्वारा जो भावनाएँ प्रतिपादित की जाती थीं कलाकार उन्हीं भावनाओं को मूर्त रूप देता था। उनकी कल्पना कितनी उदार और विशाल थी इस बात को कलाकार की अभिव्यक्ति के पश्चात जनता ने अनुभव किया और कला व्यापक हो गयी। उसमें उपयोगिता का अभाव नहीं था। सुन्दरता और सत्य समान और महत्त्वपूर्ण स्थान रखते थे। वह कलाकृति इतनी सरल, सात्विक और व्यापक भावनाओं से ओत-प्रोत होती थी कि जन-साधारण के हृदय में एक विशेष स्थान कर लेती थी।

भारतीय कला में कल्पना की ऊँची उड़ान है। धार्मिकता का पुट है। अतः कलाकार का व्यक्तित्व उसके साथ प्रत्यक्ष रूप में न होकर गुप्त रूप में है। विचार सार्वदेशिक हैं और निस्वार्थ हैं। यही कारण है कि इन कलाकृतियों ने समाज की विचारधारा में सम्भूत परिवर्तन कर दिया। गुफा चित्रों से यह बात भली प्रकार स्पष्ट है कि कलाकार का उद्देश्य कलाकृति की रचना में 'स्वान्तः सुखाय' नहीं था, उसको स्वयं सन्तोष प्राप्त हो जाता था क्योंकि भावना में विपरीतता नहीं थी। अजन्ता की गुफाओं के निर्माण में परसी ब्राउन के अनुसार यही भावना चरितार्थ होती है। जिस समय भारत में बौद्ध धर्म का पतन हो रहा था उस समय गुफाओं में भित्ति चित्रों की रचना इसी कारण से हुई थी कि जनता इनसे लाभ उठायेगी और धर्म की रक्षा होगी। कलाकार का धर्म यह है कि वह आत्मा के अन्तर में रहने वाली प्रभुता का साक्षात्कार करवाये। कला का रूप सात्विक होता है परन्तु अब कुछ कलाकार इसको

स्वीकार नहीं करते। इसमें मिथ्या की मलिनता या पाप की छाया का स्पर्श नहीं होता है। कला की आराधना का उद्देश्य यह नहीं है कि वह स्थूल की पूजा करे। उसकी पूजा सूक्ष्म की है। उसको ब्रह्म का साक्षात्कार होता है। वह तत्त्वान्वेषी, तत्त्व विवेचक और तत्त्वज्ञानी होता है। वह जिस वस्तु की खोज करता है, वह अगम्य है। काव्य में वाणी के द्वारा अर्थ के अगोचर भेदों के दर्शन होते हैं। गायक शब्द ब्रह्म की साधना करता है। रसिकता और सौन्दर्य को श्रुतिगम्य करवाता है। इसी प्रकार चित्रकार रंग और रेखा के द्वारा अमर रेखाचित्र अंकित करता है। मूर्तिकार स्थूल में चेतनता का रूप देता है। कलाकार का एक विशेष साधना का जीवन है वह जीवन से प्रभावित नहीं होता बल्कि जीवन की लहर में लहराता है। उसका जीवन अतृप्त होता है। जहाँ तृप्ति है वहीं विकास रुक जाता है। इस अतृप्ति में ही कला पनपती है और कलाकार का आत्म विकास होता है। कलाकार के आत्म विकास में जनता का महान हित है।

कलाकार का अपना एक व्यक्तित्व होता है। **प्रोफ़ेसर लेन्टेरी** के अनुसार—"व्यक्तित्व ही कलाकार का निर्माण करता है। कला में विभिन्नता ही कलाकार का अस्तित्व है। व्यक्तित्व मात्र ही महान शक्ति है। यह शक्ति महान और अनुपम सौन्दर्य की दात्री है। इसी अनुपम सौन्दर्य से कला का जन्म हुआ है।" कीट्स के शब्दों में, "सुन्दरता की वस्तु सदैव आनन्ददायिनी होती है। इसी प्रकार प्रत्येक कला की कृति से भी अपार आनन्द प्राप्त होता है क्योंकि कला जीवन के किसी पक्ष का चित्र उपस्थित करती है।"[15]

कलाकार जिस भावना को व्यक्त करता है यदि दर्शक उसका वैसे ही अनुभव कर लेता है तो कलाकृति सार्थक हो जाती है। प्रकाशन के शरीर का भाव की आत्मा से प्रगाढ़ मेल होता है। कला में भावना की उच्चता आवश्यक है। सत्यं, शिवं, सुन्दरम् के आदर्श को लेकर कला की रचना पूर्णता की ओर बढ़ेगी। यदि कलाकृति में चरित्रहीनता अथवा प्राकृतिक भयंकरता है तो कला में पूर्णता का आभास कम लक्षित होगा। कुछ कलाकार कुरूपता में ही कला का अनुभव करते हैं, परन्तु वह कला समझी जायेगी या नहीं। यह एक प्रश्न है। **एडवर्ड होबर्ड ग्रिब्स** का विचार है, "इस प्रकार की कला में इतनी गहराइयाँ हैं और कृति में कलाकार द्वारा ऐसा पर्दा डाला गया होगा कि वह कलाकृति अपुष्ट प्रतीत होगी।"[16]

वास्तव में कला के द्वारा जो कुछ चित्रित होता है वह विषय के अनुकूल होना चाहिए।

इस प्रकार कला मनुष्य के जीवन के किसी एक पहलू का पर्याप्त और अनुरूप

प्रकाशन है, व्यक्तित्व का माध्यम इसमें प्रमुख है। कलाकार एक सीमित भावना को व्यक्त करके किसी असीम की ओर संकेत करता है। भारतीय लोक कलाओं के जीवन में सत्यवादिता, ईमानदारी, पारस्परिक स्नेह भाव, अतिथि सेवा, पारस्परिक सेवा भाव, पड़ोसियों के लिए सद्भावनाएँ, प्रतिज्ञापालन, परिश्रमी जीवन, सरल स्वभाव, सहिष्णुता, मितव्ययिता, सुखद पारिवारिक जीवन, स्वस्थ और सबल जीने की कामना, आवश्यकताओं की न्यूनता, संघर्ष करने की शक्ति, जीवन में मनोरंजन का महत्त्व, जीवन में कला का स्थान आदि लोक कलाकारों के जीवन के सार हैं, सृष्टि के प्रथम स्वर्णिम प्रभातों में जब मनुष्य ने श्रृंगार व उसके बनाव को देखा तो सौन्दर्य के प्रति उसकी भावना जागी और लोक कला का जन्म हुआ। उसके धार्मिक पुट ने उसके अस्तित्व और आवश्यकता को द्विगुणित कर दिया। समाज के पारस्परिक सहयोग से लोक कला का क्षेत्र विस्तृत होता गया। वही लोक-संस्कृति बन गयी और संगठित समाज की धार्मिक, आध्यात्मिक मनोरंजनात्मक व सौन्दर्य प्रसाधनात्मक, लोकाभिव्यक्ति साकार होने लगी।

इसी लोकाभिव्यक्ति के अन्तर्गत आते हैं–

1. भित्ति-चित्र (चित्रावर्ण)
2. माँडना
3. परम्परात्मक उत्सवों और त्योहारों से सम्बन्धित आकृतियाँ
4. गोदना
5. साँझी
6. मेहँदी
7. पशुओं का श्रृंगार
8. कुम्हार की कला
9. वस्त्र छपाई
10. आरती
11. गृह रँगाई व फूल बेल
12. रंगोली या चौक पूरना

इस प्रकार के चित्रों में स्वयं तथा अपने वंश, जाति और देश के लिए शुभ सकुन, वृद्धि एवं समृद्धि और मंगलकामना निहित हैं। इस प्रकार की कलाकृतियाँ उस वृक्ष की एक-एक पत्तियाँ है जिसकी जड़ पाताल में है और समस्त लोक जीवन इससे अनुप्राणित है।

(घ) लोक कलाकार की साधना

जैसे-जैसे भूतत्त्वीय विकास के अनुसार विश्व का परिवर्तन होता गया मानवता सारे विश्व में प्रसारित होती गयी और विशेष परिवृत्ति तथा परिस्थिति के अनुसार उसने

अपने व्यवहार-आदर्श में भी परिवर्तन कर लिया। इस प्रकार के उत्तरोत्तर प्राथक्य के फलस्वरूप छह प्रकार की मूल जातियों का जन्म हुआ जो प्रागैतिहासिक युग में पृथ्वी पर भ्रमण करती रहीं। भौतिक स्थिति तथा उनके रहन-सहन के ढंग सन्तोषजनक न थे। प्राकृतिक कठोरताएँ जैसे–ज्वालामुखी विस्फोट, भूकम्प, वनाग्नि, जल प्रलय, अनावृष्टि तथा तूफ़ान उद्दाम थे और ऐसी अति अनिश्चित स्थिति में किसी भी प्रकार से रहना और समृद्ध होना पड़ता था।"[16]

"इन अद्भुत असुविधाओं ने फिर भी उनको विचार करने तथा इन अशान्तिमय यन्त्रणाओं से बचने की आशा से रहस्यमय शक्तियों की अपनी रक्षा हेतु स्तुति करने को विवश कर दिया। इस प्रकार प्राचीन प्रस्तर युग के आदि मानव ने जंगली जातियों के देवताओं का पूजन, पारस्परिक गुप्त सम्बन्ध सूचक चिह्नों पर सामाजिक रीति-रिवाजों को आधारित करने के सिद्धान्त (Totemism) तथा आत्मवाद (Animism) आरम्भ किया जिसके परिणामस्वरूप असंगत प्रकार की जंगली जाति के देवताओं की प्रतिमाएँ तथा गुप्त सम्बन्ध सूचक चिह्न, देवी-देवताओं के आकृति चिह्न तथा पूर्वजों के पुतले विलक्षण प्रकार के विभूषित करने योग्य प्ररचनाओं से स्वच्छतापूर्वक सुशोभित किये गये। धर्म सम्बन्धित कलाकृतियाँ, असभ्य वनवासियों की कला के रूप में पायी जाती हैं। पशु तथा वनस्पति आकृतियाँ प्रत्यक्ष रूप से वास्तविकता से सम्बन्ध रखती थीं और रेखाचित्र कला के प्राथमिक ज्ञान द्वारा बड़ी सुतथ्यता से बनाये गये थे। चरित्रशास्त्र तथा नृतत्त्वीय विज्ञान सम्बन्धी अन्वेषणों द्वारा प्राचीन प्रस्तर युग के मानव की कला के कुछ ऐसे उदाहरण मिले हैं जो उनकी निपुणता तथा उनकी विविध प्रकार की आकृतियों तथा नमूनों के सृजन करने की योग्यता का प्रदर्शन करते हैं। उनमें प्राकृतिक गुण का कभी भी अभाव न था और आधुनिक समय के जन-साधारण से उनकी तुलना अनुकूल रूप में की जा सकती थी। फिर भी अनेक बाधाओं के होते हुए भी उन्होंने एक निश्चित सीमा तक आदिकाल में अपनी ललित कलात्मक पहुँच में गौरव प्राप्त किया था और अपने आसपास की वस्तुओं को सुन्दर बनाने का प्रयत्न किया। यह प्रत्यक्ष है कि इस प्रकार की सौन्दर्य कला की भावना आदिमानव में शक्तिगर्भित दशा में स्थित थी। अपने जीवन निर्वाह हेतु शिकार में कठिन परिश्रम के पश्चात भी उन्होंने आत्म अभिव्यंजना में अनुरक्त होने को समय निकाला जो कि अन्त में स्थिर होकर शिष्ट मानव के सकल उत्तरगामी कलापूर्ण अभिव्यंजन का स्रोत बन गया। कला में ऐसी सकल आदिम चेष्टाएँ विश्वभर में समान रूप रहीं। वे अभिव्यंजन में शिशुतुल्य तथा निष्पादन में स्वाभाविक थीं। जिस प्रकार बालक अपनी अनुभवहीन विचार शक्ति में उस खिलौने के अतिरिक्त जिसे वह ग्राम-हाट में पाकर वास्तविक प्रसन्नता का

प्रदर्शन करता है अन्य वस्तुओं की भी कल्पना कर सकता है, जो हम अकलात्मक रचना में नहीं पा सकते। वास्तव में ऐसे खिलौने हमारे घरेलू जीवन को आनन्दमय बना देते हैं। हम इसमें सृजन करने की ऐसी परमावश्यक आदिम प्रेरणा पाते हैं जिसे ग्रामवासियों ने युगों से जीवित रखा है और जिसे वे घनिष्ठता के साथ हमारे दैनिक जीवन के संसर्ग में लाते हैं।"[17]

कन्दरा चित्र के द्वारा ही अनुभवहीन आदिम मानव के रहस्यों का उद्घाटन होता है। लोक कला के इतिहास में आदिम जातियों की इस प्रकार की कला अथवा सम्पादित कार्यों की यह कहकर अवहेलना नहीं की जा सकती है कि वे मानव जाति के घृणित तथा असभ्य संकेतों के उदाहरण हैं। बल्कि ये कन्दरा चित्र उनका जीवन इतिहास उपस्थित करते हैं कि वे अपनी जीविका के लिए दैनिक शिकार क्रिया तथा पशु शरीर के लिए किस प्रकार संघर्ष करते थे, इन दैनिक कार्यों का उन लोक कलाकारों ने कितना जीवन्त चित्रण किया है जिन्हें देखकर हम उस युग को पुनः याद करते हैं।

(ङ) प्राचीन प्रस्तर युग से आज तक

"प्राचीन प्रस्तर युग से नव प्रस्तर युग तक अथवा पाषाण युग से ताम्र युग तक उनके उत्तरदान की क्रमानुसार कालक्रम शृंखला का अनुवीक्षण करने से हमको उन विविधरूपी धर्म सम्बन्धित कार्यकलाप का अनुभव होता है जिसने उस काल की प्रचलित कलाकृतियों में समीकरण होने में सहायता दी। अतीत काल में संदिग्ध जीवन तथा क्रूर जीवन संघर्ष के कारणवश उनके सीमित अनुभव तथा उनकी उत्पादक कार्य पूर्ति सभ्य मानव समाज से अति प्रशंसा प्राप्त करते हैं।

जैसे-जैसे समय बीतता गया प्राचीन प्रस्तर युग की आदिम संस्कृति की इस शिला चित्रकारी के पश्चात हम मानव को भिन्न सजातीय वर्गों में विभाजित होते देखते हैं। ग्रामीण तथा नगर श्रेणी की संस्कृति अपनी अन्योन्य लाक्षणिक स्थितियों में साथ-साथ उन्नति करती गयी और हमारी वर्तमान काल की सभ्यता तक चलती जा रही है। प्राकृतिक पदार्थों की लय और आकार के ललित ज्ञान द्वारा यथार्थता सहित प्रतिपादन ने सिन्धु नदी की घाटी में ऐसी कला का निर्माण किया जो अपनी श्रेणी में अद्वितीय है।"[18]

इस प्रकार पाषाणकालीन कला ऐसा स्रोत है जिससे सारी लोक कलाओं की उत्पत्ति हुई। अनेक पौधे, पशु तथा मानव मूर्तियों के समय द्वारा निर्धारित आकार उस तत्त्व की ओर संकेत करते हैं जो इस पूर्व आर्य कला द्वारा विकसित सारी लोक कलाओं के अन्तर्लीन है।

ग्रामीण लोक कला एक आदर्श रीति से नियमबद्ध होकर विश्व में सर्वत्र व्याप्त हो गयी। यह पुश्तैनी कार्य होकर कलाकारों की पीढ़ियों द्वारा पुनरावृत्ति रीति से तथा रूढ़िगत ढंग से उत्तरावर्ती वंशजों को प्राप्त होती गयी। चमकदार मूल रंग तथा चित्ताकर्षक भड़कीले आकार ग्रामीण लोगों के ध्यान को आकर्षित करते हैं। भारत में नगरीय कला में आदिम पद्धति मुग़ल युग तक स्थिर रही। रेखा तथा समतल रंग ही यह पद्धति थी।

प्राचीन प्रस्तर युग की कला तथा लोक कला के दूरवर्ती सम्बन्ध की एक भिन्न प्रकार के गुप्त सूचक चिह्नों तथा व्यवहारों की सूक्ष्म परीक्षा द्वारा तुलना कर सकते हैं। मनसा देवी, शीतला देवी, काली देवी, देवकाली इत्यादि मूल रूप से लोक कलाकारों द्वारा निर्मित हैं और सभ्यता के आगमन के बहुत पहले से आदिम मानव द्वारा पूजी जाती हैं। चक्र और स्वास्तिक दोनों चिह्न हम जंगली तथा सभ्य जातियों की कला में पाते हैं।

वैसे मिट्टी की छोटी मूर्तियाँ लोक कला से बहुत साम्य रखती हैं। सारे प्रागैतिहासिक स्थानों में विषय पदार्थ तथा पद्धति प्रायः समान ही रही है। इसी प्रकार की पकी मिट्टी के खिलौने मध्य पूर्वी देशों से खोदकर निकाले गये हैं। अयोध्या में पक्की मिट्टी की बनी हुई गाड़ियाँ पागी जाती हैं जो बच्चे खेलते हैं।

लोक कलाकार एक विचारवान व्यक्ति, एक विशेष प्रकार का आकर्षक सामाजिक प्राणी, एक प्रगतिवादी राजनीतिज्ञ, एक वीर विद्रोही, एक अच्छे परिवार का सदस्य, एक सच्चा नागरिक हो, इन गुणों से बहुत से लोक कलाकार विभूषित होते हैं। कुछ में इनमें से कोई भी विशेषता नहीं होती, कुछ की बड़ी प्रतिष्ठा होती है, कुछ का क़ानून से विद्रोह होता है, कुछ संन्यासी होते हैं, कुछ निःसन्देह विषय-सुख की लालसा करने वाले होते हैं, कुछ का ईश्वर में विश्वास होता है, कुछ नास्तिक होते हैं, कुछ ओजस्वी और कुछ स्वास्थ्य का स्वरूप होते हैं। वे किसी प्रकार के भी हों उनका व्यक्तित्व उनके कार्य से होता है। जिस कलाकार की कृतियाँ जितना समाज को प्रभावित करती हैं वह उतना ही महान कलाकार होता है।

कलाकार की अलौकिकता, उसकी भावुकता और बौद्धिक प्रसन्नता हर युग में स्वीकार की गयी है। प्राचीन संस्कृति में, कलाकार की चातुरी सन्त के जादू के समान स्वीकार की जाती थी। अजन्ता की गुफाओं को देखकर उसके प्रभाव से आज भी लोग दाँतों तले अँगुली दबाते दिखाई देते हैं। कला का गुण प्राचीन समय में ईश्वर प्रदत्त माना जाता था। उस समय का विश्वास था कि यह गुण साधन से नहीं हो सकता परन्तु आज यह धारणा विपरीत भाव ग्रहण कर गयी है और साधन के द्वारा कलाकार महान बन सकता है। अध्यवसाय की आवश्यकता है।

रंग, रेखा, प्रतीक और अव्यावहारिक आकृतियों के द्वारा कलाकार किस प्रकार भावना को व्यक्त करता है, किस प्रकार समाज के मस्तिष्क को परिवर्तित कर देता है; यह सब विचारणीय है।

कलाकार के स्वप्न और कल्पना ने कला सृजन में महत्त्वपूर्ण कार्य किया है। कला ने सदैव अपूर्ण संहार को पूर्ण करने का कार्य किया। पुनरुत्थान काल में उत्तरी यूरोप में दृश्य चित्रण उतना ही महत्त्वपूर्ण रहा जितना दक्षिणी यूरोप में था। शीत की बड़ी रात और प्रकृति की कृपणता ने सूर्य के प्रकाश की लालसा को बलवती कर दिया। कलाकार झाड़ी और पेड़ों में हरा रंग और सतत् बसन्त देखने लगा।

जिस वस्तु को हम असुन्दर कहते हैं उसे चित्रकार अपना मनोबल देकर, रुचि देकर, अपनी कार्यकुशलता से उसमें भी सौन्दर्य दिखा देता है। इस प्रकार एक तरह से कलाकर ने साबित कर दिया कि कोई भी वस्तु असुन्दर नहीं है, हमारे दृष्टिकोण का अन्तर है। परन्तु फिर भी साधारण दृष्टि में तो सुन्दरता हमें दिखाई नहीं पड़ती है और बहुत-सी वस्तुएँ हमें असुन्दर भी लगती हैं। यही कारण है कि हम सदैव अपने कार्यों से वातावरण को सुन्दर बनाने में प्रयत्नशील रहते हैं अर्थात् असुन्दरता से सुन्दरता की ओर प्रयत्नशील हैं। कलाकार इस कार्य में दक्ष होता है एक प्रकार से वह समाज का पथ-प्रदर्शक है कि असुन्दर को सुन्दर कैसे बनाया जाये। इसका अर्थ यह है कि असुन्दर वस्तु भी होती है और इसे कला द्वारा सुन्दर किया जा सकता है अर्थात् सुन्दरता असुन्दरता बाह्य रूपों में होती है।

कलाकार अपने परिश्रम और अनुभव से कुछ खोजकर अपने चित्र में रखता है, उसी का आनन्द दूसरों को भी लेना है। जो कार्य व्यक्ति परिश्रम से करता है उससे अक्सर दूसरों को भी आनन्द मिलता है। इस प्रकार परिश्रम और स्नेह को हम सुन्दरता कह सकते हैं। जिस प्रकार बाग़ का माली अपने परिश्रम से तथा स्नेह से जब अपने बगीचे के पौधों को सींचता है और वे खिल उठते हैं तो उसमें सुन्दरता गोचर होती है।

कलाकार ने बर्तन बनाये जिनका कार्य वस्तुओं को अपने अन्दर रखे रखना, घर बनाये जिनका कार्य उनके अन्दर रहने वाले मनुष्यों को धूप, पानी, हवा इत्यादि हानिकारक वस्तुओं से बचाना है। रथ या सवारी बनी जो मनुष्य या वस्तुओं को एक जगह से दूसरी जगह ले जाती है। इसी प्रकार बड़ी-बड़ी मशीनें, मोटर, इन्जन, वायुयान, पानी का जहाज़ इत्यादि मनुष्य के कार्य करने के लिए बनाये गये, अर्थात् मनुष्य ने जितनी वस्तुओं का निर्माण किया सभी उसका कार्य करते हैं। वे सभी वस्तुएँ मनुष्य ने अपने आनन्द तथा सुविधा के लिए बनायीं। इन सबका आधार मनुष्य की क्रियात्मक प्रवृत्ति है। मनुष्य हर समय कुछ-न-कुछ कार्य करता है अर्थात् कार्य

करने वाले मानसिक जीवन को हम मनुष्य कहते हैं जो कार्य करता है वह मनुष्य है अर्थात् कलाकार है। मनुष्य अपने इन्हीं कार्यों के कारण कलाकार कहलाता है।

कलाकार शब्द मनुष्य का बनाया हुआ है वह कलाकार के अर्थ में उस व्यक्ति को समझता है जो कला का कार्य करता है, इसमें केवल मनुष्य आता है प्रकृति के अन्य कलाकार नहीं। यही नहीं मनुष्यों में भी साधारणतः हम सभी को कलाकार नहीं कहते। कलाकार वह विलक्षण रचना करता है जो सभी मनुष्य नहीं करते जैसे संगीत कार्य, चित्र का कार्य, नृत्य का कार्य, मूर्ति कार्य, काव्य कार्य, साहित्य कार्य इत्यादि। इतने से ही हम सन्तुष्ट नहीं होते और कलाकार का अर्थ संकुचित करते हैं उसी को लोक कलाकार समझते हैं जो सत्यं, शिवं और सुन्दरं का ज्ञाता होता है। सबसे सूक्ष्म कलाकार हम परमात्मा या ईश्वर को समझते हैं। यह हमारी मानसिक बाज़ीगरी का स्वरूप है। कलाकार तो सम्पूर्ण मनुष्य जाति है, सृष्टि की प्रत्येक वस्तु है। अर्जुन को श्रीकृष्ण ने कहा—"त्रिलोक सम्मिलित था इस दृष्टिकोण से कलाकार ईश्वर ही नहीं त्रिलोक है।" अर्थात् त्रिलोक की प्रत्येक वस्तु कलाकार है, प्रत्येक जीव कलाकार है, प्रत्येक मनुष्य कलाकार है जिसे हम लोक कलाकार कहते हैं।

गीता में कर्म को मनुष्य के जीवन में सबसे महत्त्वपूर्ण स्थान दिया गया है। कर्म करना मनुष्य का धर्म बताया गया है। कर्म करने वाला ही कलाकार हो सकता है जो भी कर्म करता है वह कलाकार है अर्थात् कला का कार्य करना ही मनुष्यत्व है, प्रत्येक मनुष्य के लिए कलाकार बनना आवश्यक है, प्रत्येक मनुष्य के लिए कला का कार्य करना आवश्यक है, कला का कार्य करने का अधिकार केवल कुछ चुने हुए व्यक्तियों के लिए ही नहीं है अपितु, सम्पूर्ण मनुष्य जाति के लिए है। मनुष्य का लक्ष्य कलाकार बनना है। मनुष्य के प्रत्येक व्यवहार में कलाकृति आवश्यक है। मनुष्य की सुकीर्ति, विकास, प्रगति तथा जीवन सभी कला पर आधारित है। संसार की प्रत्येक जाति का उत्थान कला के कार्य पर आधारित है।

(च) लोक कलाकार का समाज में स्थान

मानव सामाजिक प्राणी है और कला समाज की रीढ़ है। प्रत्येक कलाकार की उसके समाज के प्रति कुछ मान्यताएँ हैं। कलाकार कल्पित कथा और अध्यात्म विद्या के आधार पर अपने विषय को निश्चित करके अपनी कृति को जन्म देता है। वह ऐसे प्रतीक और आलेखनों का निर्माण करता है जिनका आधार समाज की सांस्कृतिक पृष्ठभूमि होती है। प्रायः देखा गया है कि वर्तमान में श्रमजीवी, सर्वहारा, दलित वर्ग के दुखी प्राणी को चित्रित करके चित्रकार सुख का अनुभव करता है। पहले ऐसा नहीं था क्योंकि कला और साहित्य पर देशकाल का प्रभाव पड़ता है।

वातावरण सदैव एक-सा नहीं रहता है। यही विचार कृति के रूप में कलाकार प्रस्तुत करता है। नृत्य, नाटक, संगीत और चित्रकला के जो रूप आज ग्रहण किये गये हैं, आरम्भ में इस रूप में नहीं थे। धार्मिक प्रभाव के कारण भक्त भगवान को रिझाने के लिए प्रयत्नशील होता है। अपने-आप को अपने आराध्य देव को अर्पण कर देता है लेकिन समाज में उस रूप की आवश्यकता नहीं होती। वह रूप सान्त्वना नहीं दे पाता। अतः कलाकारों, साहित्यकारों तथा दार्शनिकों ने नवीन विचारधाराओं को प्रतिपादित किया और वही विचार आकार बनकर कलाकार के द्वारा समाज के समक्ष आये। जो नृत्य भगवान को प्रसन्न करने के लिए होता था वह आज चित्रालयों में और साधारण नाचघरों में, साधारण जनता के लिए होता है। अतः आज जनता जनार्दन हो गयी और जर्नादन का अस्तित्व लोप होता जा रहा है। यह बात आज पूरे संसार में इसी रूप में बलवती है। अतः कला समाज में उत्पन्न हुई है और कलाकार भी एक सामाजिक प्राणी है जो समाज के विभिन्न रूपों का चित्रण अपनी भावनाओं से करता है।

"कलाकृति समाज के तत्कालीन ऐतिहासिक, धार्मिक पृष्ठों पर प्रकाश डालती है, समाज उससे सदैव प्रभावित होता रहता है। कला देश के गौरव की ओर संकेत करती है जिससे कभी उसका रूप उपदेशात्मक होता है और कभी कलात्मक तथा कभी विनोदात्मक एवं कभी-कभी मनोरंजनात्मक। इस प्रकार भावना प्रधान होने पर कला भावनात्मक हो जाती है। मानव जीवन उसमें सदैव प्रतिबिम्बित होता है।"[19]

कलाकार की कृति ही समाज में विप्लव पैदा करती है। रूप देने वाली कला में समाज द्वारा निर्धारित आलेखन सीमित रहते हैं, परन्तु जैसे ही जीवन का नवीन विचार जीवनयापन की नवीन विधि का स्वरूप बनता है, कलाकार उसमें काल्पनिक प्रचारक का कार्य करता है। कला धार्मिक, सामाजिक और चारित्रिक आधारों पर ही नहीं बल्कि आर्थिक आधार पर भी विशेष स्थान रखती है। कलाकृति की रचना में आर्थिक दृष्टिकोण का विशेष महत्त्व तभी है जब कलाकार रचना करके उसे उदर पोषण का माध्यम बनाये। वैसे कला समाज और युग में ही पनपती है। सामूहिक व्यवस्था और प्रवृत्ति, धार्मिक अवरोध और सन्देह तथा सांस्कृतिक समस्याओं में मिश्रित तत्त्व विशेष प्रकार के आकारों और शैलियों पर प्रतिबन्ध लगा देते हैं, परन्तु जो आकार और शैली संघर्षों के रहते हुए भी पनपती है वह समाज पर आधिपत्य कर लेती है। किसी देश-स्थान के सामाजिक, सांस्कृतिक और धार्मिक परिवर्तन तथा समाज के आर्थिक सम्बन्ध उस देश की कलाकृति में स्पष्ट प्रतिबिम्बित होते हैं।

"समाज के संगृहीत ज्ञान, तकनीक और परम्परा के सहारे कला जीवन में पीढ़ी-दर-पीढ़ी पनपती रहती है। व्यक्तिगत कलाकार की कृति का मूल्य समाज की

भूतकाल की धरोहर से बहुत तुच्छ होता है। परन्तु समय पाकर जब वह समाज का प्रमुख अंग बन जाती है, वह भूतकाल तक की स्थिति का आवश्यक अंग हो जाती है। अतः व्यक्तिगत रचना की विशेषता सामूहिक समाज का अंग बनकर ही अधिक महत्त्वपूर्ण होती है। उसमें मानव जीवन का जो प्रकाशन है वह समाज का एक प्रमुख अंग हो जाता है। प्रतीक कला में परम्परा का विशेष प्रभाव है क्योंकि उनकी कलाकृति मानव जीवन को स्पर्श करती है। उत्साहमयी स्फूर्ति जिस भावना से जाग्रत होती है वह कलाकार की कला है। प्रकृति का स्पष्टीकरण, मानव जीवन के हर पहलू का प्रत्यक्षीकरण जिस माध्यम के द्वारा होता है वही कला है। कला मानव जीवन की संगिनी है। कलाकृतियाँ भिन्न-भिन्न युगों में रची गयी हैं। कलाकार ने तूलिका, छेनी, लेखनी आदि से कला की भिन्न-भिन्न प्रकार की कृतियों को जन्म दिया है, सब में कला का एकीकरण मिलता है। भिन्न-भिन्न समय की रचना होने पर भी कला में एकरूपता है। इस प्रकार कला मानव जीवन के किसी पहलू को व्यक्त करने का साधन है और कलाकार साधक है।"[20]

संस्कृति का जीवन में मुख्य स्थान है। संस्कृति से ही संस्कारों का जन्म हुआ है। किसी जाति अथवा देश की संस्कृति के ज्ञान से ही उसकी आर्थिक और सामाजिक दशा का ज्ञान हो सकता है। अधिक त्योहारों और उत्सवों की व्यवस्था सामाजिक सम्पन्नता की द्योतक है, समाज में उत्तम खानपान की सम्पन्नता ही उस समाज की आर्थिक समृद्धिशीलता की सूचक है। समस्त विश्व के लोक जीवन के अध्ययन से यह निष्कर्ष निकलता है कि भारतीय लोक जीवन अधिक समृद्धिशाली रहा। यहाँ की भूमि शस्य श्यामला है। पशु पूजा के कारण दूध की नदियाँ बहती रही हैं। भारत की नारी अलंकारों से इतनी सुसज्जित रही है कि इस सम्बन्ध में विश्व की किसी देश की नारी से उसकी तुलना नहीं की जा सकती। अधिक सामाजिक सम्पन्नता में लोक कला अधिक विकसित होती है। सुन्दर आभूषणों पर विभिन्न आलेखनों की रचना भी लोक कला के विकास का वही चित्र है।

जीवन को शुद्ध और पवित्र बनाने में समाज के विभिन्न संस्कारों का विशेष हाथ होता है जिस देश में संस्कार होते हैं वहाँ संस्कृति होती है, अन्यत्र सभ्यता कहलाती है, जैसे—भारत में 16 संस्कारों माने जाते हैं जो यहाँ के सामाजिक जीवन के मुख्य अंग हैं। अयोध्या एक धार्मिक स्थान है जिसके कारण यहाँ के धार्मिक जीवन में लोक कला का स्थान है।

धार्मिक जीवन के साथ-साथ सामाजिक जीवन में भी लोक कला व्याप्त है। दैनिक दिनचर्या की वस्तुओं की आकृतियों का प्रयोग अलंकार के लिए करते हैं। यही कारण है कि दैनिक जीवन के प्रत्येक पहलू में आनन्द और मनोरंजन का

प्राधान्य है और वह नृत्य-गान समारोह, त्योहार और सामाजिक उत्सवों और पर्वों में निहित है। अतः किसी देश के सांस्कृतिक जीवन का विवरण जानने के लिए उसके निवासियों की रहन-सहन की विधि, वेशभूषा का अलंकरण, निवास स्थान, शिक्षा-दीक्षा, धर्म-कर्म, खान-पान, रीति-रिवाज, आजीविका के साधन और आर्थिक परिस्थितियों का परिचय प्राप्त करना आवश्यक होता है। सामाजिक जीवन में उनका सामाजिक बातों से कितना सम्बन्ध है। आनन्द मंगल के लिए उनकी मनोवृत्तियाँ कितनी चंचल रहती हैं।

कला, समाज और विश्व हितैषी होने के अतिरिक्त व्यक्ति के कल्याण का माध्यम है। सामाजिक और पारिवारिक अस्त-व्यस्तता तथा विप्लव से ऊबकर हम कला की ओर पलायन करने से शान्ति पाते हैं। साधारणतः हमारी प्रवृत्तियाँ अन्तस्थल में ही छिपी रह जाती हैं, दबी रह जाती हैं। किन्तु जब कलाकार कविता, चित्रकला, संगीत कला, नृत्य कला एवं मूर्तिकला में पूर्ण मनोयोग से लीन हो जाता है तब अपनी उस कृति में अपने अन्तःस्थल की सुप्त और पीड़ित भावनाओं को शिष्टतापूर्वक ही सही उड़ेल देता है। इस प्रकार उसका अवरुद्ध व्यक्तित्व मुक्ति का अनुभव करता है। भावुकता में भी मनुष्य अपनी पीड़ित भावनाओं को उद्वेग पूर्ण रूप से प्रकट करता है पर कला के माध्यम से भावनाओं की अभिव्यक्ति अत्यन्त मितव्ययिता से होती है। इस प्रकार कला केवल पीड़ाओं से छुटकारा ही नहीं देती बल्कि शक्ति भी देती है। उच्छृंखलता के बदले आत्मसंयमपूर्वक दबी भावनाओं के अभिव्यक्तिकरण में संबल बनती है। वह उसे उत्साह और स्फूर्ति देती रहती है। कला परमात्मा का ओजपूर्ण और आनन्ददायक आत्म प्रदर्शन करने का माध्यम है, इसलिए वह वास्तव में पीड़ित आत्मा और समाज के लिए शक्तिदायक और कष्ट निवारक आनन्दप्रद औषधि है।

(छ) लोक कलाभिव्यक्ति का कारण

कला परजन सुखाय के उद्देश्य से बनायी जाती है जिससे दूसरे का मनोरंजन होता है। लोक कला अपने भाव में स्वच्छन्द होती है साथ ही यह जनसामान्य के व्यवहार की भी कला है।

लोक कला की अभिव्यक्ति के उद्देश्य अधिकतर चार प्रकार के होते हैं– आनुष्ठानिक, आलंकारिक, मनोविनोदार्थ एवं कौशल शोभनार्थ। इसके अतिरिक्त अन्य प्रकार की भी हो सकती है। जीवन में सुख और दुख का समान समावेश है। अनुष्ठान सदैव अपने उद्देश्य की पूर्ति के लिए होते हैं। धार्मिक प्रवृत्तियों में भी अनुष्ठान का मुख्य स्थान है। अतः अनुष्ठान के पूर्व स्थान को अलंकृत किया जाना स्वाभाविक है। इस अलंकरण में ही लोक कला का जन्म है। यही कारण है कि लोक

कला जीवन की संगिनी है। चौक पूरना, आसन आदि को सजाना इसके अन्तर्गत आते हैं। अनुष्ठान में महान उद्देश्य की भावना निहित होती है। अतः रुचि और श्रद्धा की पराकाष्ठा होती है। भारतवर्ष में विभिन्न पर्वों पर प्रत्येक परिवार में लोक कला का स्थान है। प्रतिदिन नवीन आलेखन का प्रयोग लोक कला की मौलिकता की ओर संकेत करता है। महाराष्ट्र में नारियाँ गृह स्वच्छ करने के पश्चात एक पवित्र स्थान पर कुछ आलेखन बनाकर उसी मध्य में 'श्री गणपति प्रसन्न' आदि शब्द अंकित करती हैं। यह उनकी दैनिक क्रिया है। इन आलेखनों में प्राकृतिक फूल-पत्तियों की अपेक्षा उनका आलंकारिक रूप होता है बंगाल में अल्पना के द्वारा इसी प्रकार का स्थान अलंकरण होता है। महाराष्ट्र में आटा, खड़िया, रोली आदि से सजाया जाता है। बंगाल में अलंकृत करने वाली सामग्री भी यही है। उत्तर प्रदेश के अयोध्या क्षेत्र में यह अलंकरण जिसे चौक पूरना कहते हैं, प्रत्येक पर्व, त्योहार, अनुष्ठान एवं मांगलिक कार्य में किया जाता है। यहाँ पर चौक पूरने में गेहूँ का आटा, रोली, हल्दी तथा विभिन्न प्रकार के फूलों का प्रयोग किया जाता है।

आलंकारिक लोक कला में फ़र्श को गाय के गोबर से लीपकर चौक पूरा जाता है। दीवारों तथा चौखटों को पिसे चावल और हल्दी के घोल से अयपनों द्वारा सजाया जाता है। ज़्यादातर यह अलंकरण अथवा अयपन श्रावण के महीने में देवी के मन्दिर के दरवाज़ों एवं कपाटों पर दिखाई देता है। भादों की हरछठ को यह प्रथा पुत्रों की पीठ पर (नये कपड़ों पर) हाथ के थापे के रूप में दिखाई देती है।

मनोविनोदार्थ जो रचनाएँ होती हैं उनमें धार्मिक पुट कम होता है। प्रायः नारियाँ कपड़ों पर विभिन्न प्रकार की फूल-पत्तियों के आलेखन बनाती हैं। इन आलेखनों में प्राकृतिक चित्रण अधिक न होकर आलंकारिक भाग ही अधिक होता है। किसी फूल का सम्बन्ध किसी पत्ती से नहीं होता। उसमें प्रचलित पक्षी जैसे—मोर, तोता और ऐसी चिड़ियों की आकृति बनी होती है जिनको एक नाम नहीं दिया जा सकता है, परन्तु देखने में बड़ी सुन्दर प्रतीत होती हैं। पशुओं में हिरन, खरगोश और ऐसे ही पशुओं की आकृतियों को विभिन्न रंग के धागे से ऐसा सजाया जाता है कि कहीं-कहीं तो उनमें सजीवता आ जाती है।

कौशल शोभार्थ जो लोक कला का चित्रण होता है उसमें प्रदर्शन की भावना अधिक रहती है। यह कौशल शोभनार्थ लोक कला दीवार, फ़र्श, चमड़ा, कपड़ा और लकड़ी आदि पर विभिन्न विधियों से चित्रित की जाती है। प्राकृतिक वस्तुएँ जैसे—सिरकण्डा, घास आदि से प्रयोगात्मक वस्तुएँ जैसे मौनी, डलिया, पिटारा, पंखा आदि की रचना की जाती है उनमें विभिन्न आलेखनों से सजाया जाता है। नारियाँ पंखे, डलिया, आसन, बन्दनवार आदि की रचना करके कहीं उनमें

विभिन्न प्रकार के आलेखनों को चित्रित करती हैं, कहीं उन्हीं वस्तुओं को रँगकर प्रयोग कर लेती हैं।

आमोद-प्रमोद के बिना जीवन नीरस रहता है। मनोविनोद प्राणी को दुख से छुड़ाते हैं। प्रत्येक प्राणी के जीवन में कुत्सित वृत्तियाँ तथा नुकीले कोने सदृश्य दुख के क्षण होते हैं इनसे जीवन की स्वाभाविक दशा लोप हो जाती है तथा जीवन में स्वाभाविक सुख का अनुभव नहीं होता। लोक कला जीवन को स्वाभाविक सुख प्रदान करती है। सभी मनोवैज्ञानिकों और शिक्षाविदों ने इसका महत्त्व अनुभव किया है। यही कारण है कि बालक की आरम्भिक शिक्षा में इसका प्रमुख स्थान है। क्योंकि बच्चों में कला भी स्वाभाविक होती है। इसे स्वतन्त्र भाव प्रकाशन का रूप भी दिया जाता है। लोक कला में स्वतन्त्र भाव प्रकाशन होता है। भाव अवश्य किसी शृंखला से सम्बद्ध होता है।

लोक कलाकार की प्रकृति गुप्त रहती है, लोक कलाकार स्वान्तः सुखाय रचना करता है परन्तु कभी-कभी परान्तः सुखाय के लिए भी कार्य करता है। रंग, रेखा और रचना के दूर होने के कारण चित्रकार गुप्त विचारों को व्यक्त करता है। चित्रकार स्वभाव से प्रदर्शनी की भावना वाला होता है वह अपनी कल्पना पर नियन्त्रण न रखने के कारण व्याकुल हो जाता है। अतः जब वह स्वच्छ कल्पना को व्यक्त करता है तो वह ऐसे प्रतीकों द्वारा होती है कि दर्शक भली-भाँति जान सकें। रचना के नियमों का उस पर कोई नियन्त्रण नहीं होता। परन्तु एकरूपता की प्रवृत्ति होती है। आकृति के क्षेत्र में इस परिवर्तन का स्वच्छ प्रभाव होता है। इन्द्रियजनित और विद्रोही मौलिक भावनाएँ शुद्ध हो जाती हैं, यह एक व्यक्ति के क्षेत्र से परिवर्तित होकर सामाजिक रूप ग्रहण करता है, इस दशा में इसका सामाजिक कार्य पूर्ण होता है।

लोक कलाकार अत्यधिक आत्मवादी होता है। वह समाज की आन्तरिक चारित्रिक शक्ति कहा जाता है। कलाकार का प्रेरणास्रोत क्या है इसके बारे में कुछ कहा नहीं जा सकता। समाज में अच्छाई-बुराई सभी प्रकार के गुण होते हैं। विषय-सुख, निर्दयता, अत्याचार, प्रतिक्रिया आदि का अपना स्थान है। लोक कला में व्यभिचारी कल्पना को त्यागकर चारित्रिक विचारों को महत्त्व दिया जाता है।

इन कलाकारों को विभिन्न शैलियों का सहारा नहीं लेना पड़ता। उसकी कृति और दर्शक की लालचपूर्ण निर्दयी प्रवृत्ति के लिए आकृति और रूप ही एक बहुत विशाल भित्ति का कार्य करते हैं। इन लोगों ने कलात्मक गुप्त रहस्यों को जन्म दिया।

कलाकार की सतत् साधना के फल से कलाकार का जीवन ही सार्थक नहीं होता बल्कि वह समाज को प्रगति और सांस्कृतिक विकास की ओर ले जाता है।

अतः कलाकार साधना प्रेमी भी होता है। कलाकार योगी भी होता है 'योगः कर्मस, कौशलम्' अर्थात् कर्म की कुशलता में योग है। जिस प्रकार योगी साधक होता है उसी प्रकार कलाकार भी साधक होता है। कलाकार को एक प्रकार की उपासना करनी पड़ती है। इसी उपासना से ही उसे सिद्धि प्राप्त हो जाती है।

कलाकार की रचना में कलाकार की आत्मा विद्यमान रहती है जिससे वह असंख्य लोगों को प्रेरणा देती है। इनमें गत्यात्मक गुण भी होते हैं, कला में सत्यं शिवं सुन्दरं तीनों का समावेश होता है। शिव की भावना कल्याण की भावना है जब कलाकृति इतनी सरल, सात्विक और व्यापक भावनाओं से ओत-प्रोत होती है तो वह जन-साधारण के हृदय में विशेष स्थान कर लेती है।

लोक कला में धार्मिकता का पुट है जिससे कलाकार का व्यक्तित्व उसके साथ प्रत्यक्ष रूप में न होकर गुप्त रूप में होता है।

कलाकार अपनी कला में जिन भावनाओं को मूर्त रूप देता है वह चाहता है कि लोग अथवा दर्शक उसके उसी भाव को ग्रहण करें। उनकी कल्पना कितनी उदार और विशाल होती है, इसको दर्शक अनुभव करते हैं। कला में उपयोगिता है तथा सरलता एवं सत्य अपना समान स्थान रखते हैं उनकी कलाकृति इतनी सरल, सात्विक और व्यापक भावनाओं से ओत-प्रोत होती है कि जन-साधारण के हृदय में एक विशेष स्थान कर लेती है। विचार सार्वदेशिक और निःस्वार्थ होते हैं।

कलाकृति में स्वान्तः सुखाय नहीं होता है बल्कि उसे स्वयं सन्तोष प्राप्त हो जाता है क्योंकि भावना में विपरीतता नहीं होती है। कलाकार का धर्म यह है कि वह रसात्मक के अन्तर में रहने वाली प्रभुता का साक्षात्कार करवाये। इस प्रकार कला का रूप सात्विक होता है, उसमें मिथ्या की मलिनता या पाप की छाया का स्पर्श नहीं होता है। उसकी पूजा सूक्ष्म होती है। उसको ब्रह्म का साक्षात्कार होता है। वह तत्त्वान्वेषी, तत्त्व विवेचक और तत्त्वज्ञानी होता है। वह जिस वस्तु की खोज करता है वह अगम्य होती है। जिस प्रकार काव्य में वाणी के द्वारा अर्थ के अगोचर भेदों का दर्शन होता है। गायक शब्द ब्रह्म की साधना करता है और रसिकता तथा सौन्दर्य को श्रुतिगम्य करता है। इसी प्रकार चित्रकार रंग और रेखा द्वारा अमर रेखाचित्र अंकित करता है, मूर्तिकार स्थूल में चेतनता का रूप देता है। कलाकार का जीवन एक विशेष साधना का जीवन है। वह जीवन से प्रभावित नहीं होता बल्कि जीवन की लहर में लहराता है। उसका जीवन अतृप्त होता है। जहाँ तृप्ति है वहीं विकास रुक जाता है, उस अतृप्ति में ही कला पनपती है और कलाकार का आत्मविकास होता है। कलाकार के आत्मविकास में ही दर्शक का महान हित है।

लोक कलाभिव्यक्ति का उद्देश्य जनता के दिलों में रस उत्पन्न करके उसकी भावनाओं को झकझोरकर उसे मनोरंजन की सामग्री प्रस्तुत करना है। इनका उद्देश्य किसी सामयिक मर्यादा या आदर्श की स्थापना कभी नहीं रहा। वह लोक जीवन के वास्तविक यथार्थ का सही चित्रांकन करने की सामर्थ्य रखते हैं।

लोक कला की यह विशेषता कि लोक कलाकार अपनी कृति में अपने पूर्व की कलाकृतियों का अनुकरण तो करते हैं परन्तु इसके साथ-साथ अपनी भावनाओं एवं कुशलता का भी प्रदर्शन करते हैं।

प्रत्येक कलाकार अपनी रचना में आत्मिक सुख अथवा मानसिक सुख का मार्ग अवश्य अपनाता है, उसी के अनुसार चलता है या कर्म करता है और वैसा ही उसका व्यक्तित्व बनता है। ये मार्ग संसार के प्रत्येक कार्य में प्रयुक्त होते हैं। कला भी एक कार्य है और उसमें भी यही मार्ग है। इन सभी का लक्ष्य आत्मिक सुख या आनन्द है। इनमें से किसी को भी अच्छा या बुरा नहीं कहा जा सकता, क्योंकि ये सब मार्ग हैं, किसी को कोई प्रिय लगता है, किसी को कोई इसलिए यह निर्धारित करना कि कला का क्या मार्ग होगा, अत्यन्त कठिन है। कला आत्मिक लक्ष्य है और वह इनसे प्राप्त हो सकता है, परन्तु यदि हम यह विश्वास करते हैं कि ये दो नहीं एक है तो हमारी समस्या बहुत ही सीधी हो जाती है। अर्थात् यदि हम यह विश्वास करते हैं कि मनुष्य अकेले कुछ नहीं है तो झगड़ा समाप्त हो जाता है, मार्ग सुगम हो जाता है। ऐसी स्थिति में एक ही मार्ग हो सकता है वह है एक और दो में सामंजस्य स्थापित करना। अर्थात् हममें और उसमें अभिन्नता का बोध करना। जब हम और वह एक हैं तो हमारा पथ भी एक है, यही पथ कलाकार का होगा या वह अपनी रचना आत्मिक सुख के लिए करता है।

कला काम करने की वह शैली है जिससे हमें सुख या आनन्द मिलता है। वैसे कला का नाम लेने पर हमें ललित कलाओं जैसे संगीत कला, चित्रकला, काव्य कला, नृत्य कला आदि का बोध होता है। परन्तु ये सभी कलाएँ जीने की कला के अन्तर्गत हैं या हम यों कह सकते हैं कि जीने की कला इन सभी की माता है। जीने की कला में अच्छी तरह सफल होना हमारा जीवन लक्ष्य है और सब कलाएँ इसमें योग देती हैं, जिस प्रकार एक बड़ी नदी में छोटी-छोटी अनेकों नदियाँ आकर मिल जाती हैं और अपना योग देती हैं। यदि छोटी नदियाँ आ-आकर बड़ी नदी में न मिलें तो बड़ी नदी उस तेज़ी से आगे नहीं बढ़ सकती, जैसा उसे बढ़ना चाहिए।

इस प्रकार चेतन रचनाएँ भी दो प्रकार की हैं। एक रचना वह जो भौतिक सुख के लिए होती है और दूसरी वह जो आत्मिक सुख के लिए होती है। जैसे खेती करना भौतिक सुख के लिए है और माली का सुन्दर उपवन लगाना आत्मिक आनन्द के लिए है। भिक्षा

माँगने वाली नर्तकी का नृत्य भौतिक सुख के लिए होता है, पर आत्मा के आनन्द के लिए भी नर्तकी नृत्य करती है। भौतिक कामों में आने वाली रचना में अधिक अभ्यास तथा कल्पना की आवश्यकता नहीं रहती, पर आत्मिक आनन्द प्राप्त करने के लिए अभ्यास तथा कल्पना की और भी आवश्यकता पड़ती है। इसलिए लोक कलाएँ जैसे संगीत कला, नृत्यकला, चित्रकला आदि उत्कृष्ट आत्मिक सुख प्रदान करने वाली कलाएँ हैं।

सन्दर्भ

1. हिन्दी भक्ति साहित्य में लोकतत्त्व, रवीन्द्र भ्रमर।
2. वही।
3. विचार और वितर्क, प्रयाग 1954, पृ. 206
4. भारतीय चित्रकला का संक्षिप्त इतिहास वाचस्पति गैरोल, पृ. 103
5. वही, पृ. 103, 104
6. वही, पृ. 104
7. भारतीय चित्रकला, गोपाल मधुकर चतुर्वेदी, पृ. 36
8. वही, पृ. 38
9. वही, पृ. 38
10. वही, पृ. 38, 39
11. हिन्दी साहित्य कोश, ज्ञान मण्डल, वाराणसी संवत् 2015, पृ. 685-686
12. कला एक मीमांसा, डॉ. चिरंजी लाल झा, पृ. 261
13. वही, पृ. 29
14. वही, पृ. 34
15. कला में मानव जीवन का प्रकाशन, पृ. 5
16. भारतीय चित्रकला, गोपाल मधुकर चतुर्वेदी, पृ. 36
17. वही, पृ. 37
18. वही, पृ. 28
19. कला के दार्शनिक तत्त्व, पृ. 8
20. वही, पृ. 10

अयोध्या की लोक कला की ऐतिहासिक पृष्ठभूमि

(क) लोक कला का क्षेत्र

अयोध्या का इतिहास—राजा दशरथ को कोशलेश कहा गया। इससे स्पष्ट होता है कि किसी समय कोशल राज का विस्तृत भू-भाग दूर तक फैला रहा होगा। विशाल साम्राज्य कब और कैसे विखण्डित हुआ इसकी खोज निरन्तर जारी है। विलुप्त प्राचीन खँडहरों का ज्यों-ज्यों पता लगता जाता है त्यों-त्यों उनके अनेकानेक प्रमाण मिलते जाते हैं। प्रो. कृष्ण दत्त बाजपेयी (पुरातत्त्ववेत्ता) भी वर्षों तक उत्खनन के कार्यों में लगे रहे हैं। उन्होंने विविध प्रमाणों ने सिद्ध किया है कि ईसा से एक सहस्र वर्ष पूर्व वर्तमान उत्तर प्रदेश में हस्तिनापुर, मथुरा, श्रावस्ती, कौशाम्बी आदि की खुदाई करने पर यह परिणाम निकला कि उस समय जनता का जीवन सीधा-सादा था। लोगों के आवास प्रायः मिट्टी के बने होते थे। अनेक बड़े नगरों का निर्माण भी इस काल के अन्त अर्थात् 600 ईसा पूर्व हो चुका था। इन नगरों में सबसे प्रसिद्ध थे वाराणसी, अयोध्या हरिद्वार और मथुरा।

इतिहास साक्षी है कि इस काल की निर्मित इन्द्र, विष्णु, ब्रह्मा के अतिरिक्त अनेक देवी-देवताओं की प्रतिमाएँ इन तीर्थों में स्थापित थीं। कोशलराज की कलाओं का उल्लेख 'हर्षचरित' (छठी शताब्दी) तक मिलता है। बाणभट्ट ने 'हर्षचरित' में लिखा है—

"कौशलस्य कला न पर्याप्तो विषयः।"

कोशल के दो भागों का वर्णन बुद्ध के समय मिलता है। उत्तर कोशल महाजनपद की राजधानी श्रावस्ती थी। इस स्थान का जीवन से अटूट सम्बन्ध था। इसी महाजनपद में वशिष्ठ और भृगु के आश्रम थे। भगवान बुद्ध का सम्बन्ध इस कोशल से रहा होगा। कोशल राज्य कब दो भागों में बँटा, कब अयोध्या का नाम कोशल जनपद का स्थानापन्न बना यह मालूम करना कठिन है।

अयोध्या राज्य का नाम ह्वेनसांग के समय में प्रसिद्ध हो चुका था। ऐसा जान

पड़ता है कि जिस प्रकार काशी राज्य और काशी नगरी का बोध एक ही काशी शब्द से हुआ, उसी प्रकार अयोध्या राज्य और अयोध्या नगरी का बोध एक ही शब्द अयोध्या, (अयुत) से हुआ होगा। ह्वेनसांग जब अयोध्या पहुँचा तो उसने देखा यह नगरी वैदिक और बौद्ध देवी-देवताओं, राम आदि की प्रतिमाओं से सुशोभित मन्दिरों से आकर्षक बनी हुई थी। भवभूति के समय में तो प्रतिमाओं के अतिरिक्त चित्रशालाओं में भी राम सम्बन्धी घटनाओं के विविध चित्र निर्मित हो चुके थे।

विद्वानों का मत है कि गुप्तकाल (चन्द्रगुप्त प्रथम) अर्थात् चौथी शताब्दी में अयोध्या नगरी राम, लक्ष्मण, भरत, शत्रुघ्न, सीता आदि की प्रतिमाओं से सुसज्जित रही। राम के पौरुष और रावण वध के प्रसंगों का स्थान-स्थान पर अभिनय भी होता रहा होगा। इसके कारण गुप्त वंश के एक राजा का नाम ही पिता ने रामगुप्त रखा। यह परिस्थितिजन्य और संस्कारजन्य संयोग रहा कि वह दुर्बल सिद्ध हुआ। सम्राट समुद्रगुप्त बड़ा प्रतापी राजा हुआ। उसने काशी, मथुरा, अयोध्या आदि तीर्थस्थलों में राम, कृष्ण, बुद्ध की प्रतिमाएँ स्थापित करायीं।

गुप्त साम्राज्य के पतन के उपरान्त महाराज प्रभाकर वर्धन ने पुनः वैदिक धर्म की प्रतिष्ठा बढ़ायी। अयोध्या, मथुरा और काशी के जो मन्दिर बौद्ध राजाओं के कारण उपेक्षित हो रहे थे उनका जीर्णोद्धार कराया।

वेद, उपनिषद्, रामायण, महाभारत तथा विभिन्न पुराण आदि धर्मग्रन्थों के अनुसार भगवान श्रीराम का अवतार आज से नौ लाख वर्ष पूर्व त्रेता युग में अयोध्या की पावन भूमि पर हुआ था। अयोध्या का इतिहास अत्यन्त प्राचीन है। अथर्ववेद में अयोध्या के विषय में कहा गया है—आठ चक्र (गोल बाज़ार) और नव दरवाज़ों वाली साक्षात् देवपुरी अयोध्या नगरी है। उसमें स्वर्णमय कोश (ख़ज़ाना) स्वर्गीय ज्योति (श्री रामभगवान) से प्रकाशित है—

"अष्ट चक्रा नवद्वारा देवानां पुरयोध्या।
तेषां हिरण्मयः कोशः स्वर्गो ज्योतिषावृतः।"[1]

सरयू तट पर बसी यह नगरी परमात्मा श्रीराम की प्राकट्य भूमि होने से मानव के लिए सांस्कृतिक, धार्मिक और आध्यात्मिक रूप से परम पवित्र तीर्थस्थली है। अतः यह हमारी पुण्य भूमि है। भारतवर्ष की सात मोक्षदायिनी पुरियों में इसका स्थान प्रथम है। शास्त्रों के अनुसार अयोध्या, मथुरा, (माया) हरिद्वार, काशी, कांची, अवन्तिका (उज्जैनी) तथा द्वारिका मोक्ष प्रदान करने वाली सात पुरियाँ हैं—

"अयोध्या मथुरा माया काशी कान्ची ह्यवन्तिका।
पुरी द्वारावती चैव सप्तैता मोक्षदायिकाः।"[2]

मत्स्य पुराण (1-54-65) के अनुसार अयोध्या का आकार मत्स्य के समान था। इसका विस्तार एक योजन पूर्व, एक योजन पश्चिम, एक योजन सरयू के दक्षिण और एक योजन तमसा के उत्तर में था। ऐसा निम्नलिखित उदाहरण से पुष्ट होता है–

"आयता दश च हे च योजनानि महापुरी।
श्रीमती श्रीणि विस्तीरणा सुविभक्त महापथा।।"[3]

तीर्थकल्प (अ. 34) के अनुसार यह बारह योजन लम्बी और नौ योजन चौड़ी है। श्री वाल्मीकि रामायण (1-5) के अनुसार, कोशल नाम से प्रसिद्ध एक बहुत बड़ा जनपद है, जो सरयू के किनारे बसा हुआ है। वह प्रचुर धन-धान्य सम्पन्न, सुखी और समृद्धशाली है। उसी जनपद में अयोध्या नाम की नगरी है जो समस्त लोकों में विख्यात है। उस पुरी को स्वयं मनु महाराज ने बनवाया था। वह शोभाशालिनी महापुरी बारह योजन लम्बी और तीन योजन चौड़ी थी। वहाँ बारह जनपदों को जाने का जो विशाल राजमार्ग था वह दोनों ओर विविध वृक्षावलियों से विभूषित होने से अन्य मार्गों से भिन्न ज्ञान पड़ता था। सुन्दर विभाग पूर्वक बना हुआ महान राजमार्ग उस पुरी की शोभा बढ़ाता था। उस पर खिले हुए फूल बिखेरे जाते थे तथा प्रतिदिन उस पर जल का छिड़काव होता था जैसे स्वर्ग में देवराज इन्द्र ने अमरावती पुरी बसायी थी, उसी प्रकार धर्म और न्याय के बल से अपने महान राष्ट्र की वृद्धि करने वाले राजा दशरथ ने पुरी को पहले की अपेक्षा विशेष रूप से बसाया था।

महर्षि वाल्मीकि की रामायण से यह ज्ञात होता है कि अयोध्या उस समय मर्त्यलोक की अमरावती थी। यह भूमण्डल की सबसे पहली लोकप्रसिद्ध राजधानी थी जिसे स्वयं आदि राज महाराज मनु ने बसाया था जैसाकि वाल्मीकि जी ने रामायण के बालकाण्ड में वर्णन किया है–

"अयोध्या नाम तत्रास्ति नगरी लोक विश्रुता।
मनुना मानवेन्द्रेण या पुरी निर्मिता स्वयं।।"

श्री वाल्मीकि रामायण की भाँति अन्य पुराणों तथा धर्मशास्त्रों में भी अयोध्या का वर्णन हुआ है अयोध्या नित्य भगवद् धाम है। बौद्ध धर्मग्रन्थ 'दिव्यावदान' में अयोध्या के बारे में स्पष्ट लिखा है–

"स्वयमागता स्वयमागता स्वयमागतोति साकेत संज्ञा संज्ञिता"

बौद्ध ग्रन्थों में अयोध्या को 'साकेत' और 'विशाखा' कहते हैं। यह आप ही आया, आप ही आया इसलिए इसका नाम साकेत पड़ गया। संस्कृत में 'केत' का अर्थ होता है बुलाना, 'आ' उपसर्ग लगा देने से अर्थ उलट जाता है इसलिए 'आकेत' का अर्थ हुआ, 'आप से आप आना' और 'स' लगा देने से अर्थ हुआ, 'किसी के साथ आप से आप आना'।

साकेत भगवान राम का प्रिय स्थान है जो स्वयं धरती पर उतरा। साकेत को अयोध्या, अपराजिता, कोशल, नन्दिनी, विमला, विशाखा, सत्या, ब्रह्मपुरी और पिसोकिया तथा अदथ के नामों से पुकारा गया है।

वेदों में अयोध्या को 'सीतारामयोः विहारस्थलम् इति अयोध्या' ऐसा कहा गया है। यह सन्दर्भ अथर्ववेद में मिलता है।

"कोशलो नाम मुदितः स्फीतो जनपदो महान।
निविष्टः सरयू तीरे प्रभूत धन धान्यवान।।"[4]

मानव जाति में सामाजिक, सांस्कृतिक और राजनीतिक चेतना को जाग्रत करने वाले महामानव मनु ने पहचाना था कि ब्रह्मा ने सृष्टि का आरम्भ यहाँ से किया था। मनु महाराज ने अयोध्या को अपनी राजधानी बनाया जो संसार के राजनीतिक इतिहास में प्रथम राजधानी है।

"मनुना मानवेन्द्रेण या पुरी निर्मिता स्वयं।"[5]

"Long before the down of authentic history Ayodhya stands out in the full blaze of legend and poetry."

आदि पुराण जैन धर्म का बड़ा प्रामाणिक ग्रन्थ है जिसके अनुसार विश्व की कर्मभूमि में अयोध्या पहला नगर है जिसे इन्द्रदेव तथा अन्य देवताओं ने बसाया था। आदि पुराण के अनुसार अयोध्या के पहले राजा ऋषभदेव थे जिनको आदिनाथ भी कहते हैं, यही पहले तीर्थंकर भी थे। जैन धर्म के पाँच तीर्थंकरों की जन्मभूमि अयोध्या मानी जाती है और उन्हीं पाँचों तीर्थंकरों के नाम पर पाँच मन्दिर अब तक विद्यमान हैं।

तुलसी कृत रामचरितमानस में अयोध्या का वर्णन निम्नलिखित चौपाइयों में है–

"अवध पुरी मम पुरी सुहावनि। उत्तर दिसि सरजू बह पावनि।
राजा राम अवध रजधानी। यश गावत सुरनर मुनि ज्ञानी।।"

इस प्रकार अयोध्या श्रीराम की जन्मस्थली है जो पावन, पवित्र सरयू नदी के किनारे बसी हुई है और साथ-ही-साथ यह भगवान श्रीराम के राज्य की राजधानी भी रही है।

डॉ. कैलाशनाथ द्विवेदी के अनुसार, "भारत के असीम सांस्कृतिक क्षितिज को अपने उदात्त धर्म जीवन दर्शन और लोकोन्मुख ललित लीला कलाओं से जिन महापुरुषों ने अनुप्राणित कर निरन्तर परिभाषित किया, उनमें मर्यादा पुरुषोत्तम श्रीराम का नाम मूर्धन्य है। महापुरुषों की जन्मभूमि निःसन्देह लोक जीवन को आदर्शोन्मुख कर सदैव स्मरण दिलाकर श्रद्धापूरित करते हुए जीवन्त बनाती है। इस दृष्टि में पावन सरयू तट के समीपस्थ साकेत (अयोध्या) नगरी भारतीय सांस्कृतिक अस्मिता के रूप में उल्लेखनीय है।"

अयोध्या की सीमा–मर्यादा पुरुषोत्तम भगवान राम की जन्मभूमि अयोध्या का महत्त्व लोक में व्याप्त है। अयोध्या सात मोक्षदायिनी पुरियों में प्रथम है। स्कन्द पुराण के वैष्णव खण्ड के अयोध्या महात्म्य के अनुसार, यह विष्णु भगवान के सुदर्शन चक्र पर बसी है। अन्य शास्त्रों के अनुसार, यह भगवान श्रीराम के धनुषाग्र पर स्थित है।

मत्स्य पुराण (1-54-65) के अनुसार, अयोध्या मत्स्य के समान है इसका विस्तार एक योजन पूर्व, एक योजन पश्चिम, एक योजन सरयू से दक्षिण और एक योजन तमसा के उत्तर में है।

वायु पुराण में लिखा है कि रामचन्द्र जी के पुत्र कुश जी कोशल देश के राजा थे जिन्होंने विन्ध्य पर्वत पर कुशस्थली या कुशावती नाम की राजधानी बनायी थी इससे स्पष्ट होता है कि उस समय कोशल देश का विस्तार विन्ध्य पर्वत तक फैला था। कोशल के राजा दिलीप के सम्बन्ध में कहा जाता है कि उन्होंने पूरी पृथ्वी पर एक नगरी के समान राज्य किया था अर्थात् पूरी पृथ्वी ही कोशल नगरी थी।

वाल्मीकि रामायण में अयोध्या (कोशल) की सीमा सरयू नदी के दोनों किनारों तक बतायी गयी है।

"कोसलो नाम विदितः स्फीतो जनपदो महान।
निविष्टः सरयू तीरे प्रभूत धन धान्यवान्।।"

अर्थात् कोशल सरयू के किनारे एक धन-धान्यवान देश था। 'निविष्टः' शब्द से ज्ञात होता है कि यह देश सरयू के दोनों किनारों पर था।

कनिंघम के अनुसार, अयोध्या एक प्राचीन नगरी है जो सरयू नदी के किनारे बसी थी। उसका घेरा 12 योजन था लगभग 100 मील। किन्तु अब यह केवल 12 कोस या 24 मील ही रह गया है। पश्चिम में गुप्तार घाट से लेकर पूर्व में रामघाट तक की दूरी सीधी 6 मील है अर्थात् अयोध्या की पश्चिमी सीमा गुप्तार घाट तक, पूर्वी सीमा 'विल्लहरि' तक, दक्षिणी सीमा भदरसा के पास भरतकुण्ड और उत्तर में सरयू नदी तक बतायी जाती थी। (मानचित्र सं. 1)

'आइन-ए-अकबरी' में इस नगरी की लम्बाई 148 कोस और चौड़ाई 32 कोस है। अंग्रेज़ी राज्य में अयोध्या की सीमा अक्षांश तथा देशान्तर रेखाओं में बतायी गयी। इसका अक्षांश 26 डिग्री 27" उत्तर और देशान्तर लन्दन से 82 डिग्री 15" पूर्व और बनारस से 6 डिग्री 30" पश्चिम है।

वर्तमान में अयोध्या की सीमा कार्तिक मास शुक्ल पक्ष नवमी को होने वाले परिक्रमा पर्व से निर्धारित की जाती है जो सीमा जानने के लिए सबसे उत्तम प्रमाण है। यह परिक्रमा सरयू के किनारे स्वर्ग द्वार से आरम्भ होकर नदी के किनारे होते हुए मनीराम छावनी, दर्शन नगर, मिर्ज़ापुर, भीखापुर, जनौरा, खोजनपुर, सआदत गंज,

निर्मली कुण्ड, गुप्तार घाट, यमथरा धारा तथा खुर्दाबाद होती हुई पुनः स्वर्ग द्वार पर पूरी होती है। परिक्रमा की परिधि गोल होने के कारण अब परिक्रमा इनके अन्तर्गत आने वाले किसी भी स्थान से आरम्भ तथा वहीं आकर पूरी की जाती है।

अयोध्या तीर्थ का विस्तार 28 मील के घेरे में है जिसमें का कुछ भाग फ़ैज़ाबाद ज़िला परिषद् में है और अधिकांश मार्ग फ़ैज़ाबाद नगर पालिका के अन्तर्गत है जो 14 कोसी परिक्रमा की परिधि में आता है। (मानचित्र सं. 1)

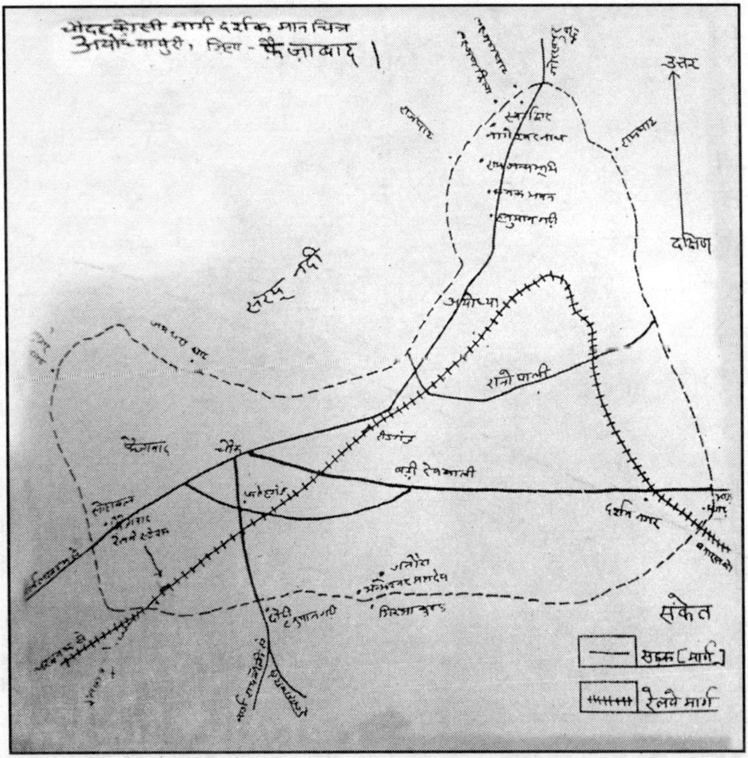

प्रमुख अयोध्या नगर जो स्वयं अपनी नगरपालिका द्वारा ही प्रशासित होता है वह केवल 10 मील के घेरे में बसा है। यह क्षेत्र 'पंचकोसी' परिक्रमा के भीतर आता है। इसी परिधि के अन्दर अयोध्या के अधिकांश मन्दिर, राजभवन एवं अखाड़े हैं।

अयोध्या की कला (अन्य कलाओं के साथ)—सभी कलाओं के दृष्टव्य एवं अध्यायों से यह मालूम होता है कि हमारी सम्पूर्ण सृष्टि अन्धकार और प्रकाश के संगम का परिणाम है।

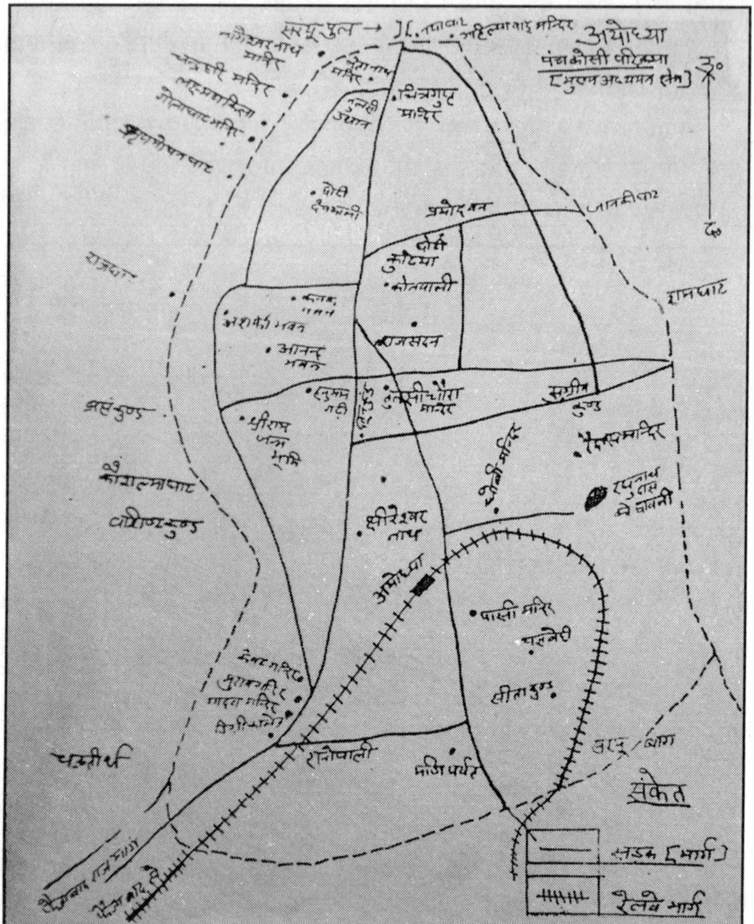

डॉ. सर्वानन्द पाठक के अनुसार, "जब ज्योति ने तिमिर को ज्योति की माला पहनायी तब सृष्टि का उद्‌भव उत्पन्न हुआ। कला की सृष्टि भी उसी परिस्थिति में सम्भव होती है, जब मानव चेतना अज्ञान की कुहेलिका को कारयित्री कल्पना की किरणों से बेधकर मूर्त आधारों के माध्यम से अभिव्यक्ति के पथ को प्रशस्त करती है।"

पुराण में सम्पूर्ण कलाओं का स्पष्ट रूप से अथवा न्यूनाधिक मात्रा में प्रतिपादन हुआ है। किन्तु मुख्यतः वास्तु, संगीत, वाद्य और नृत्य कलाओं का दिग्दर्शन हुआ है। इन सभी कलाओं का संगम अयोध्या में पूर्णरूपेण है।

वास्तुकला : भवन निर्माण एवं शिल्प विधान का नाम वास्तुकला है। वास्तुकला

का विकास मानव विकास के साथ-साथ हुआ ऐसी कल्पना स्वाभावतः की जा सकती है। संसार के प्राणियों में आत्मरक्षा, सुख-साधन का ज्ञान, धार्मिकता नैसर्गिक रूप से पाये जाते हैं। हम देखते हैं कि पक्षी नीड़ का निर्माण करते हैं, चूहे आदि बिल खोद लेते हैं। इस प्रकार बुद्धिशून्य कहे जाने वाले जीव-जन्तुओं और पशु-पक्षियों में भी आत्म-रक्षा के लिए सुन्दर से सुन्दर कलापूर्ण निवास निर्माण की भावना पायी जाती है, तो यह कल्पना स्वाभाविक है कि मानव में यह भावना, यह आकांक्षा और भी तीव्र रही होगी। जन्म के साथ ही सर्दी, गर्मी और वर्षा से रक्षा की आवश्यकता पड़ती है और इस आवश्यकता के कारण वास्तुकला का जन्म हुआ। पौराणिक कथन है, "सम्पूर्ण प्रजा ने द्वन्द्व, ह्रास और दुख से आतुर होकर शीतोष्णादि से सुरक्षा के लिए मरुभूमि, पर्वत और जल आदि के स्वाभाविक तथा कृत्रिम दुर्ग और पुर तथा खर्बर (पर्वत और नदी के तट पर स्थित छोटे टीले) आदि स्थापित किये। उन पुर आदि में शीत और आतप आदि बाधाओं से रक्षा के लिए आरम्भकालीन प्रजा ने यथायोग्य गृह निर्माण किया।"

वेदों में प्राचीन अयोध्या की वास्तुकला का वर्णन निम्नलिखित प्रकार से किया गया है–

"अष्ट चक्रा नवद्वारा देवानां पुरअयोध्याः।
तस्या हिरण्मयः कोशः स्वर्गो ज्योतिषावृतः।"

अयोध्या में आठ महल, नवद्वार और लौहमय धन-भण्डार है इसकी रचना स्वर्ग की भाँति समृद्धिपूर्ण है।

अयोध्या एक धार्मिक स्थल है। जिसके कारण वहाँ पर मन्दिरों की स्थापत्य कला देखते ही बनती है। धार्मिक वास्तु के रूप में यज्ञवेदी और यज्ञशाला मुख्य हैं। इसे भारतवर्ष का आदिम धार्मिक वास्तु कह सकते हैं। तत्कालीन एवं समकालीन यज्ञवेदी, मिट्टी और कुश के बने चबूतरे और यज्ञशाला, प्रारम्भिक छाजन वाली झोपड़ियाँ रही हैं। तत्पश्चात् वेदिका को कलात्मक रूप दिया जाने लगा। कुछ वास्तुकला के उदाहरण जो अत्यन्त प्राचीन हैं, केवल खँडहर मात्र हैं। कुछ टूटे-फूटे हैं जो संरक्षणाभाव के कारण है। अयोध्या के प्राचीन मन्दिरों में हनुमान गढ़ी, जन्मभूमि, विभिन्न अखाड़ों के भवन, कनक भवन, बड़ा स्थान, राजसदन, मनीराम छावनी, मणि पर्वत, लक्ष्मण क़िला का मन्दिर आदि-आदि है।

संगीत कला : संगीत कला जीवन को सुरम्य एवं रसमय बनाती है। बिना संगीत के मनुष्य का जीवन पशु के जीवन सदृश्य कहा जाता है। अयोध्या की संगीत कला में–वादन में–पखावज वादन, जिसके वादक बाबा पागलदास जी हैं, विश्वप्रसिद्ध हैं।

इसके अलावा हारमोनियम, करताल, झाँझ, मंजीरा, तबला, ढोलक, सितार आदि का प्रयोग प्रतिदिन मन्दिरों में भजन-कीर्तन गाने में किया जाता है।

संगीत कला का मुख्य रूप रामचरितमानस की चौपाइयों को ताल एवं स्वर सहित गाने-बजाने में सुनने को मिलता है। अयोध्या संगीत कला का भी प्राचीन केन्द्र है। प्रतिदिन मन्दिरों में भजन-कीर्तन व राम से सम्बन्धित गीतों का गान होता है। लोक गीतों में संस्कार गीत, ऋतु गीत तथा क्रीड़ा गीत, जिसे मनोरंजन के गीत भी कहते हैं, सम्मिलित हैं।

नृत्य कला : कला में नृत्यकला अपना एक महत्त्वपूर्ण स्थान रखती है। जिस प्रकार चित्रकला में रेखाओं, रंगों द्वारा भाव प्रकाशन होता है, उसी प्रकार नृत्य कला में शारीरिक मुद्रा द्वारा भाव दर्शाये जाते हैं। अयोध्या में नृत्य कला में होने वाले नृत्य का नाम कथक नृत्य है जो कलाकारों द्वारा भगवान के भजन के साथ-साथ दर्शाया जाता है। अयोध्या के मन्दिरों में नृत्य सावन के मेले तथा रामनवमी के अवसर पर देखने को मिलता है। ये नृत्य भगवान राम के जीवनलीला गान एवं यशगान के भाव से किये जाते हैं। इस क्षेत्र के अन्य नृत्यों में, अहीर नृत्य, धोबिया नृत्य, कहरवा नृत्य, चमारों के नृत्य सम्मिलित हैं।

मूर्तिकला : मन्दिरों का देश अर्थात् धार्मिक स्थान जो भगवान राम का जन्मस्थान भी है वह अयोध्या है। मन्दिरों में मूर्तियाँ स्थापित है। ये मूर्तियाँ भगवान राम, लक्ष्मण, भरत, शत्रुघ्न, सीता जी, राजा दशरथ तथा उनकी तीनों रानियों, अन्य देवी-देवताओं जैसे (शिव-पार्वती, हनुमान, वाल्मीकि, काकभुषुण्डि, देवकाली, सरयू जी आदि की हैं।) कुछ मूर्तियाँ तो बहुत प्राचीनकाल की हैं परन्तु ज़्यादातर मूर्तियाँ नवीन हैं। इनमें हनुमान गढ़ी के हनुमान जी की मूर्ति, काले राम की मूर्ति चारों भाइयों एवं माता सीता जी के साथ, मतगजेन्द्र की मूर्ति छोटी देवकाली की मूर्ति आदि अति प्राचीन हैं। यहाँ की मूर्तियाँ अष्टधातुओं की, सोने की, चाँदी की तथा पत्थरों की हैं।

मन्दिरों की मूर्तियों के अतिरिक्त मिट्टी की मूर्तियाँ जैसे—भगवान राम एवं सीता जी तथा अन्य देवी-देवताओं की मूर्तियाँ, जन-जीवन एवं व्यावसायिकों से सम्बन्धित मूर्तियाँ, खिलौने आदि भी मूर्तिकला में आते हैं, इनका निर्माण यहाँ अयोध्या में ही होता है। सीमेंट एवं पत्थर की मूर्तियों को मन्दिर के अन्दर एवं बाहरी ढाँचे में तथा मकानों के बाहरी ढाँचे में लगाया जाता है। अधिकतर मन्दिरों में मूर्तियों का निर्माण पत्थरों पर खुदाई एवं नक़्क़ाशी करके किया गया है जो चित्ताकर्षक है। भगवान एवं देवी-देवताओं की मूर्तियाँ तो अपने अलौकिक सौन्दर्य एवं भावना से आकर्षित करती हैं।

अयोध्या की लोक कला—अयोध्या की लोक कला का वर्णन हमें गोस्वामी

तुलसीदास के विभिन्न ग्रन्थों में देखने को मिलता है। जैसे रामचरितमानस, गीतावली, रामलला नहछू आदि।

गीतावली में अयोध्या की लोक कला का वर्णन : कविचक्र चूड़ामणि गोसाई श्री तुलसीदासजी के ग्रन्थों में दूसरा स्थान गीतावली का है। इसमें सम्पूर्ण रामचरित्र का वर्णन पदों में किया गया है। इसमें अयोध्या के त्योहारों, रहन-सहन, खानपान, धर्म, संस्कृति, कला के साथ-साथ अयोध्या की सुन्दरता का वर्णन है। ऐसा लगता है कि मानो कामदेव रूपी बढ़ई ने स्वयं आकर निर्माण किया है। इसमें तरह-तरह के खिलौने, घुँघरू और मनोहर मोती की मालाएँ लगी हैं। श्री दशरथ राजप्रासाद की लोक कला का वर्णन गीतावली में निम्नलिखित प्रकार से किया गया है–

"हाटक-मनि-रत्न-खचित रचित इन्द्र-मन्दिराम।"[6]

अयोध्या का राजभवन, उसके बाज़ार आदि मणियों एवं रत्नों से जड़े हुए हैं जो देखने में इन्द्र भवन के समान हैं।

बच्चों के द्वारा खेले जाने वाले विभिन्न खेलों जिनको भगवान राम अपने बाल्यावस्था में खेलते हैं उनका कितना सजीव वर्णन नीचे लिखी पंक्तियों में किया गया है–

"खेलत अवध खोरि, गोली, भौंरा चक डोरि।"[7]

अवध की गलियों में भगवान राम अपने बाल रूप में अपने साथियों के साथ गोली जो आजकल काँच की बनी होती है, गोल-गोल भँवर के सदृश्य घूमने वाले लट्टू तथा डोरी से विभिन्न प्रकार के खेल खेल रहे हैं।

रावण विजय के बाद राम के वापस अयोध्या लौटने पर अयोध्यावासियों ने अपने भवनों, द्वारों एवं गलियों की सजावट जिस प्रकार की है उसका अवलोकन निम्नलिखित पंक्तियों से होता है–

घर-घर चारू चौक चन्दन मनि, मंगल-कलस सबनि साजै।
ध्वज पताक तोरन बितानबर, विविध भाँति बाजन बाजैं।[8]

अयोध्यावासियों ने भगवान राम के पुनः अयोध्या आगमन के स्वागत में अपने गृहों के बाहर, गलियों में चौक पूरे, अल्पना बनायीं द्वार पर मांगलिक कलश सजाकर रखे हैं, ध्वजा, पताका, तोरण और अच्छे-अच्छे चँदोवा भी सजाये हैं।

इस प्रकार गीतावली में वर्णित अयोध्या की लोक कला वर्णन के आभास मात्र से हमारे शरीर पुलकित हो जाते हैं और उस समय का दृश्य चलचित्र के समान नेत्रों के सामने घूमने लगता है।

रामचरितमानस में अयोध्या की लोक कला : गोस्वामी जी ने अयोध्या की कलाओं का वर्णन रामचरितमानस की चौपाइयों में भी किया है जो निम्नलिखित है–

"ध्वज पताक तोरन पुर छावा, कह न जाय जेहि भाँति बनावा।।"[9]

अयोध्या में राम जन्मोत्सव पर ध्वजा, पताका और तोरण आदि इतने सुन्दर ढंग से सजाये गये कि उनकी सजावट से पूरा नगर ही ढँक गया है उसकी सजावट अवर्णनीय है।

"मृगमद चन्दन कुंकुम कीचा। मची सकल बिथिन्ह विच वीचा।।"[10]

नगर की गलियों में कस्तूरी, चन्दन और केसर जैसे सुगन्ध युक्त पदार्थों का छिड़काव इतना अधिक हुआ है कि हर तरफ़ इसी की सुगन्ध व्याप्त है चाहे कोई गली हो, मार्ग हो या बाज़ार हों।

"मन्दिर मनि समूह जनु तारा। नृप गृह कलस सो इन्दु उदारा।"[11]

ऊपर लिखी चौपाई में महलों की शोभा व सुन्दरता का वर्णन किया गया है महलों में विभिन्न स्थानों पर जड़े हुए मणियों से तारागण का भ्रम हो रहा है तथा राजभवन में रखे सजावटयुक्त कलशों से चन्द्रमा का भ्रम उत्पन्न हो रहा है।

"गली सकल अरगजा सिचाई, जहँ तहँ चौके चार पुराई।।"[12]

गलियों में जगह-जगह सुगन्धित पदार्थ को छिड़ककर उस पर चौक (अल्पना) पूरी गयी है।

"सकल पूग फल कदलि रसाला। रोके बकुल कदंब तमाला।
लगे सुभग तरू परसत धरनी। मनिमय आल बाल कल करनी।।"[13]

इन पंक्तियों में फलों के वृक्षों, लताओं आदि का कितना सुन्दर वर्णन किया गया है, ऐसा प्रतीत होता है कि ये वृक्ष अपने फलों से इतने लदे हैं, बोझिल हैं कि उनकी डालें भूमि को स्पर्श कर रही हैं। इन वृक्षों के नीचे बने थालों को मणियों से सजाया गया है।

आजकल विभिन्न अवसरों पर सजाये जाने वाले पूजा थाल तथा आरती थाल का वर्णन गोस्वामी जी ने कितने सुन्दर ढंग से किया है–

"हरद दूब दधि पल्लव फूला। पान पूग फल मंगल मूला।।
अच्छत अंकुर लोचन लाजा, मंजुल मंजरि तुलसि विराजा।
छूहे पुरट घट सहज सुहावे, मदन सकुन जनु नीड़ बनाए।।

× × ×

रची आरती बहुत विधाना। मुदित करहि कल मंगल गाना।।"[14]

पूजा की थाली में सजी हुई हल्दी, दूब, दही, पत्ते, फल-फूल, पान और सुपारी आदि मंगल की मुख्य वस्तुएँ तथा अक्षत (चावल) गोरोचन, लावा और तुलसीदल (तुलसी की पत्ती) की सुन्दर गजरिया आदि ऐसे प्रतीत हो रहे हैं मानो विभिन्न प्रकार के

रंगों से थाल को सजाया गया है, साथ में वे मंगलगान भी कर रही हैं। कलशों पर रखे आम के पल्लव कामदेव के पक्षियों के घोंसले का आभास करा रहे हैं।

गोस्वामी जी ने कलशों की कला का कितना सुन्दर वर्णन अपनी कृति रामचरितमानस की उपरोक्त पंक्तियों में किया है–

"ध्वज पताक तोरण कलश, सजहु तुरग रथ नाम।"[15]

ध्वजा, पताका, तोरण कलश, घोड़े, रथ और हाथी सबको सजाया गया है।

"कंचन थार आरती नाना, युवती सजे करे शुभ गाना।"[16]

अवध की स्त्रियाँ सोने की थाल में अनेकों प्रकार की आरती सजाकर मंगलगान कर रही हैं।

नीचे की पंक्तियों में महलों, अटारियों की कला का वर्णन कितने सुन्दर ढंग से किया गया है जो उस समय की भवन कला को दर्शाता है–

"जात रूप मनि रचित अटारी। नाना रंग रुचिर गच ढारी।
पुर चहु पास कोट अति सुन्दर। रचे कँगूरा रग रग वर।।"[17]

सुवर्ण और रत्नों से बनी अटारियाँ, अट्टालिकाएँ हैं। उनमें अनेक रंगों की ढली हुई सुन्दर फ़र्शें है। नगर के चारों ओर सुन्दर परकोटा बना है जिसपर रंग-बिरंगे कँगूरे बने हुए हैं।

"नवग्रह निकर अनीक बनाई। जनु घेरी अमरावति आई।।
महि बहु रंग रचित गच कांचा। जो बिलोकि मुनिबर मननाचा।।"[18]

अयोध्या की दिव्य सुन्दरता को देखकर ऐसा प्रतीत होता है मानो नवग्रहों ने बड़ी भारी सेना बनाकर अमरावती रूपी अयोध्या को घेर लिया हो। पृथ्वी पर अनेक दिव्य रंगों के काँच, माणिक-रत्न गलियों में इस प्रकार ढाले गये हैं (लगाये गये) कि उनकी सुन्दरता को देखकर ऋषि-मुनियों के भी मन-मयूर नाच उठते हैं।

"धवल धाम ऊपर नभ चुम्बत। कलस मनहु रवि ससि दुति निन्दत।
बहु मनि रचित झरोखा भ्राजहि। गृह-गृह प्रति मनि दोय विराजति।"[19]

उज्जवल महल की ऊँचाई आकाश चूम रही हैं। महलों के ऊपर लगे क़लश अपने दिव्य प्रकाश से मानो सूर्य, चन्द्रमा के प्रकाश की भी (निन्दा तिरस्कार) करते हैं। महलों में मणियों से रचे हुए झरोखे सुशोभित हैं और घर-घर में मणियों के दीपक शोभा पा रहे हैं।

"मनि दीप राजहि भवन भ्राजहि, देहरी विद्रुभ रची।।
मनि खंभ भीति विरंचि बिरची, कनक मनि मरकत खची।।
सुन्दर मनोहर मन्दिरायत अजिर रुचिर फटिक रचे।
प्रति द्वार-द्वार कपाट पुरट बनाई बहु बज्रन्हि खचे।।"[20]

घर में मणियों के दीपक शोभा दे रहे हैं। मूँगों की बनी हुई देहलियाँ चमक रही हैं। मणियों (रत्नों) के खम्भे हैं। मरकत मणियों (पन्नों) से जड़ी हुई सोने की दीवार ऐसी सुन्दर है मानो ब्रह्मा ने ख़ास तौर से बनवायी हो। महल सुन्दर, मनोहर और विशाल है। उनमें सुन्दर स्फटिक के आँगन बने हैं। प्रत्येक द्वार पर बहुत से ख़रादे हुए हीरों से जड़े हुए सोने के किवाड़ हैं।

"चारू चित्रसाला गृह गृह प्रति लिखे खनाई।
रामचरित से निरख मुनि ते मन लेहि चोराई।।"[21]

घर-घर में सुन्दर चित्रशालाएँ हैं जिनमें श्रीरामजी के चित्र बड़ी सुन्दरता के साथ सँवार कर अंकित किये गये हैं। जिन्हें मुनि देखते हैं तो वे उनके चित्त को चुरा लेते हैं।

वर्तमान समय में अयोध्या की कला की शैली में समयानुसार प्रगति हुई है। इनके स्वरूप हमें विभिन्न प्रकार के मन्दिरों की आकृतियों, उनके ऊपर बनी डिज़ाइनों तथा गुम्बदों की आकृतियों से आज की लोक कला की शैली में दिखाई देता है। इसके अतिरिक्त अयोध्या में समय-समय पर होने वाले महोत्सवों पर फूलबँगलों की झाँकी, जिसके अन्तर्गत भगवान राम एवं अन्य देवी-देवताओं को पुष्प के बने महल में सुसज्जित करके अपने-अपने मनोरथों की पूर्ति की जाती है। में भी लोक कला का पूर्ण-रूपेण चित्रण होता है।

अयोध्या धार्मिक स्थान होने के कारण वहाँ अनुष्ठानिक कला अधिक दिखाई देती है क्योंकि धार्मिक प्रवृत्तियों में अनुष्ठान का मुख्य स्थान है, अतः अनुष्ठान से पूर्व भूमि को अलंकृत किया जाना स्वाभाविक है। इसी अलंकरण में ही अयोध्या की लोक कला धार्मिक जीवन की संगिनी के रूप में दिखाई देती है। चौक पूरना, आसन सजाना, भगवान की मूर्ति पर चन्दन का शृंगार, स्वयं अपने माथे पर चन्दन का प्रयोग आदि इसके अन्तर्गत आते हैं। इनमें रुचि और श्रद्धा अपनी चरम पराकाष्ठा पर होती है क्योंकि अनुष्ठान में महान उद्देश्य की भावना निहित होती है। जिस प्रकार बंगाल में अल्पना, महाराष्ट्र तथा तमिलनाडु में रंगोली आटा, खड़िया, रोली आदि से सजायी जाती है, उसी प्रकार अयोध्या में चौक पूरने में आटा, रोली, हल्दी आदि वस्तुओं का प्रयोग होता है।

लोक-नाट्य कला का प्रदर्शन राम-सीता के रूप में दिखाई देता है। लोक नृत्य जो भगवान को समर्पित होकर करते हैं, सावन के मेले में देखने को मिलता है। झूले की सजावट भी सावन के झूले में देखी जा सकती है। फूलबँगला की झाँकी ज्येष्ठ और आषाढ़ के महीनों में विभिन्न मन्दिरों में देखी जा सकती है।

इस प्रकार अयोध्या की लोक कला प्रत्येक क्षेत्र में चाहे वह संगीत कला हो, वास्तुकला हो, या चित्रकला हो, सराहनीय एवं दर्शनीय है। इसका वर्णन लिपिबद्ध

करना अत्यन्त कठिन कार्य है। दैनिक जीवन के क्रियाकलापों से लेकर उत्सवों, व्रतों, पर्वों एवं अनुष्ठानों आदि में वह समाई हुई है। अयोध्या कला का सम्पूर्ण भण्डार है।

वर्तमान में अयोध्या क्षेत्र में लोक कला में प्रगति : वर्तमान में नगरों का व्यवसायीकरण होने के कारण मनोरंजन की पद्धति में परिवर्तन हो गया है परन्तु लोक कला वहाँ भी अपना स्थान रखती है, जैसे चित्रलेखों की सजावट, कपड़ों पर विभिन्न आलेखनों का प्रयोग (फेब्रिक पेंटिंग), उत्सवों पर भित्तियों का अलंकरण, पंखों में डिज़ाइन, मेहँदी अलंकरण आदि देशकाल और परिस्थिति के अनुसार—विभिन्न रूप में पायी जाती है। आज भी ग्रामीण क्षेत्र में मनोरंजन का साधन वही प्राचीन है परन्तु इसका रूप हमें नगरीय क्षेत्र में भी देखने को मिलता है। ये लोक कलाएँ गली-गली में सड़कों पर तथा मेलों एवं प्रदर्शनियों में देखी जा सकती हैं। कहीं-कहीं तो मनोरंजन में आजीविका की झलक दिखाई देती है। जैसे नाटक-नौटंकी और नाचने-गाने का व्यवसाय, बाज़ीगरी, रीछ और वानरों का नाच आदि कुछ लोग जीवनयापन ही लोक वाद्ययन्त्र जैसे ढोलक, सारंगी, हारमोनियम एवं झाँझ बजाकर करते हैं।

हमारे देश में लोक कला उच्च कोटि की नगरीय कला के साथ-साथ सभ्य नागरिक जन समूह के संरक्षण में फलती-फूलती रही। ये प्रधानतः ग्रामों, हाटों के लिए ही थी, परन्तु इस लोक कला ने मानव को अनेक धार्मिक उत्सवों पर भी अछूता नहीं छोड़ा है। इसका अस्तित्व वहाँ भी दिखाई देता है। आजकल लोक कला के विकास एवं प्रसार के कारण ग्रामीण जीवन के साथ-साथ नगरीय जीवन भी अधिक आनन्ददायक और स्फूर्तिदायक बन गया है।

अयोध्या क्षेत्र में लोक कला के विकास एवं प्रगति के लिए धार्मिक मेलों में इनके प्रदर्शन को बढ़ावा दिया जाता है तथा लोक कला की प्रदर्शनियाँ भी आयोजित की जाती हैं।

(ख) लोक कला का इतिहास

लोक कला का मानव जीवन के इतिहास से घनिष्ठ सम्बन्ध रहा है। इसका विकास एवं पतन मानव जीवन के विकास एवं पतन के साथ हुआ है। किसी समय की लोक कला अपने युग की सभ्यता का प्रतीक होती है, लोक कला की प्राचीन परम्परा प्राचीनकाल से भारत में दिखलाई पड़ती है। इसी के द्वारा आज भी हम समाज की परम्परा, सभ्यता और भावना इत्यादि का इतिहास क्रमबद्ध रूप से पाते हैं।

"कला मानव जीवन की सौन्दर्यानुभूति के आदर्शों को प्रकट करती है। जैसे मोहनजोदड़ो एवं हड़प्पा से प्राप्त वस्तुओं से प्राचीनता के महत्त्व का पता चलता है। वैदिक काल से आज के युग तक मानव की सौन्दर्यानुभूति के आदर्शों का रूप

बदलता ही गया है परन्तु प्रत्येक युग की कला पर उस युग की छाप हमें आज भी देखने को मिलती है। लोक कला के विकास को हम साहित्य के विकास के साथ देखें तो अधिक उचित होगा। जिस प्रकार साहित्य के दो रूप हैं, लोक-भाषा एवं संस्कृत भाषा, उसी प्रकार भारतीय चित्रकला के भी दो रूप हमें देखने को मिलते हैं। लोक कला एवं चित्रकला।"[22]

"शास्त्रीय (Classic) चित्रकला का विकास राजाओं पर आश्रित कलाकारों द्वारा हुआ जो स्वतन्त्र रूप में काम नहीं कर सकते थे। इसके इतिहास का पता हमें अजन्ता, एलोरा, बाघ, राजपूत, मुग़ल इत्यादि भारतीय चित्रकलाओं द्वारा चलता है, परन्तु लोक कला का विकास प्रचलित कला के रूप में हुआ जिसका व्यावहारिक रूप हम समाज में, उसके प्रचलन में देखते हैं जैसे लोक कला, लोक-भाषा, लोक बोली, लोक-कथा इत्यादि। यह कलाकार की स्वतन्त्र भावना पर आधारित होती है न कि किसी दूसरे की इच्छा से बनायी जाती है। लोक शब्द से हम समाज की व्यावहारिक भावनाओं को समझते हैं और कथा शब्द से शास्त्रीय कला का हमें अनुमान होता है। कला के अन्तर्गत संगीत, चित्रकला, काव्यकला, मूर्तिकला एवं वास्तुकला आती है। सभी का लोक एवं शास्त्रीय रूप देखने को मिलता है। इस कला का लोक स्वरूप भारतीय जीवन के साथ निरन्तर बिना रोक के धीरे-धीरे बढ़ता रहा, क्योंकि इसका बहुत निकट का सम्बन्ध हमारे घरेलू जीवन से था।"[23]

हमारी लोक कला की परम्परा को आगे बढ़ाने का श्रेय हमारी ग्रामीण महिलाओं को दिया जाता है जिनके कारण इसे विश्वकला की प्रगतिशील भावनात्मक धारा के साथ लिया गया है और साथ ही इसने उस ओर प्रगति भी की है। लोक कला का उदय समाज के रीति-रिवाजों पर आधारित है क्योंकि यह परम्परागत धाराओं, विश्वासों, आस्थाओं और संकेतों पर आधारित है। यह समाज के रीति-रिवाजों, विवाह, धार्मिक पूजन इत्यादि अवसरों पर शामिल की जाती है, साथ ही इसका सम्बन्ध हमारी सांस्कृतिक भावनाओं से भी है। समाज के रीति-रिवाजों के बदलने पर लोक कला में भी परिवर्तन दिखने लगता है। जन-साधारण की भावनाओं एवं संस्कारों से मिलकर लोक कला ने अपने को समाज में स्थायी बना लिया है। परन्तु समाज के परिवर्तनों के साथ यह भी बदलती गयी एवं विकसित होती गयी जिससे यह आज भी जीवित है तथा इसकी एक अपनी अलग आस्था है।

लोक कला (चित्रकला) भारतीयों के हृदय स्थलों पर अंकित है जो पैतृक रूप से प्राप्त हुई है। विभिन्न प्रान्तों में भिन्न-भिन्न नाम दिया गया है परन्तु इनकी मूल आत्मा सर्वत्र एक-सी है जैसे महाराष्ट्र में 'रंगोली', गुजरात में 'साथिया', उत्तर प्रदेश में 'चौक पूरना' राजस्थान में माँडना, गढ़वाल में 'आपना', बिहार में 'अध्यन'

एवं बंगाल में, 'अल्पना' कहा जाता है। परन्तु इन सब में एक ही देश के लोगों की आत्मा बोलती-सी जान पड़ती है। लोक चित्र विशेषकर भारत में पर्व के अवसरों पर दीवारों एवं आँगनों में बनाये जाते हैं। इन कलाओं से ही हमें भारत की विभिन्न प्रदेशों की संस्कृतियों एवं लोकाचार का पता चलता है।

लोक कला को हम स्थानीय कला भी कह सकते हैं। यह परजन सुखाय के उद्देश्य से बनायी जाती है जिससे दूसरों का मनोरंजन होता है। लोक कला अपने भाव में स्वच्छन्द होती है साथ ही यह जन-साधारण के व्यवहार की भी कला है।

लोक कला के इतिहास का भी अपना निजी महत्त्व है। यद्यपि लोक कला एवं चित्रकला की परम्परा बिल्कुल भिन्न है फिर भी इनका उद्देश्य जन कल्याण, राष्ट्र जागरण, सुख-समृद्धि एवं वैभव प्रदान करना है। इनका विकास अपनी भिन्न-भिन्न परम्पराओं के आधार पर ही हुआ है।

आज के युग में लोक कला का महत्त्व बढ़ गया है इसे चित्रकला में मिलाया जाने लगा है जो उचित नहीं है क्योंकि दोनों ही परम्पराएँ अलग हैं एवं उनके विकास का क्षेत्र भी अलग है इस कारण हमें अपनी लोक कला को इस ओर जाने से रोकना चाहिए। इसके संरक्षण से हमारे रीति-रिवाजों एवं संस्कृति का भी संरक्षण होता है।

किसी भी देश, अंचल या धरती के टुकड़े की लोक कला वहाँ के तत्कालीन लोक, लोक-मानस, परिस्थितियों, धार्मिक तथा सामाजिक रीति-रिवाजों से सम्बन्धित तथा उनपर निर्भर होती है। युग की बदलती हुई परिस्थितियों से अन्तःक्रिया करते हुए जब लोक-मानस या लोक बदलता है तो उसकी कला में भी परिवर्तन होना स्वाभाविक है। यह अलग बात है कि यह परिवर्तन लोक कला की प्रकृति को कम प्रभावित करे या अधिक। लेकिन फिर भी यह अपने में कुछ-कुछ परिवर्तन लेकर उपस्थित होती है। यदि ऐसा न होता तो उसका अस्तित्व सूखे पीले पत्ते की तरह झरकर अपना नामोनिशान मिटा देता है।

लोक कला का इतिहास लोक चेतन, लोकाचरण, लोक-कृतियों का इतिहास है। वह किसी एक राजा, सामन्त या विशिष्ट व्यक्ति के नाम की परवाह नहीं करता, वरन् लोक प्रवृत्तियों, लोक रुचियों एवं लोक दशाओं का लेखा-जोखा पेश करता है क्योंकि इन कृतियों में व्यक्ति विशेष भागीदार होते हुए भी अदृश्य रहता है। यदि कहीं कुछ छाप मिल भी जाती है तो उसका पूर्ण परिचय प्राप्त करना दुर्लभ है। इस कारण विधिवत् इतिहास को खोजना तो कठिन है, पर ऐतिहासिक युगों के अनुसार लोक कला के इतिहास का नापजोख रखा जा सकता है। अतः लोक कलाकृति स्वयं में ही इतिहास को सँजोये रहती है।

इतिहास लोक कला के लिए इसलिए उपयोगी है क्योंकि उससे अतीत, वर्तमान और भविष्य की लोक कला का मानचित्र सामने रहता है जिससे लोक अपनी कला निधि को संचित रखने में सहायक होता है। इतिहास लोक कला की वर्तमान लोक कलाकृति की स्थिति को भी साफ़-साफ़ पढ़ने में सहकारिक है। वैज्ञानिक युग की बौद्धिकता का दबाव जीवन में इतना बढ़ गया है कि भावप्रधान कलाएँ बहुत पीछे चली गयी हैं तथा सिकुड़ती प्रतीत होने लगी हैं। नगरों ने गाँवों को अपने शिकंजे में जकड़ने का ऐसा आकर्षक इन्तज़ाम किया है कि लोक कला के संरक्षक ही लोक-कृति की उपेक्षा करने पर तुले हैं। संक्रमण काल के इस दौर में जहाँ लोक बदलाव के चक्र में घूम रहा है वहाँ कुछ लोक कलाएँ भी लकीर की फकीर होने के कारण, चलन से बाहर तथा महत्त्वहीन होती जा रही हैं। ऐसी परिस्थिति में लोक कला समूहों का छिन्न-भिन्न होना स्वाभाविक है और उसका संकुचन भी एक स्वाभाविक क्रिया के रूप में घटित हुआ।

समाज में व्याप्त बौद्धिकता, यान्त्रिकता और उनसे उत्पन्न विसंगतियों एवं विकृतियों से मुक्ति पाने के लिए मानव पुनः लोक कला की दिशा में रुचि दिखला रहा है। लगता है लोक कलाओं के अंकुर प्रस्फुटित होने लगे हैं। इसका साक्षी है लोक कला के प्रति बढ़ता हुआ सम्मान भाव, रुचि तथा उसे प्रभावी बनाने की अनवरत कोशिश।

उपरोक्त दोनों स्थितियों के बावजूद लोक में आज भी विषमता है। एक तरफ़ भौतिकतावादी मूल्यों को बढ़ावा तथा दूसरी तरफ़ हथियारों की होड़ से उत्पन्न ख़तरे। तीसरी तरफ़ कट्टर सम्प्रदायवाद का विष तथा चौथी ओर मानसिक कुण्ठा, निराशा एवं टूटन का व्याप्त वातावरण। चारों तरफ़ से घिरा यह लोक जीवन आख़िर कैसे सुरक्षित हो, इसका उत्तर हमें लोक कलाएँ ही दे पाती हैं जो किसी विशिष्ट या उच्च वर्ग की नहीं हैं बल्कि सभी वर्गों की हैं। अतः लोक कला वह कला है जो लोगों की कला है, जन समूह की कला है जो लोक को मान्य एवं लोक के ग्रहण करने योग्य है।

कुण्ठा, निराशा, अनास्था जैसी बैयक्तिक मनोदशा से होकर परिवार की कलह, टूटन जैसी सामूहिक परिणति तक जिस मानसिक तनाव की यात्रा को आज का व्यक्ति भोग रहा है उसका उपचार केवल लोक कला है। लोक जीवन के संस्कारों, त्योहारों, उत्सवों, रीति-रिवाजों और कलाओं ने व्यक्ति को व्यक्ति से और व्यक्ति को परिवार से बाँधने का ऐसा प्रयत्न किया है कि मशीनी यान्त्रिकता और विज्ञानी बौद्धिकता के लगातार हमले भी उसे निष्फल नहीं कर सके। अगर गहराई से सोचें तो लोक कला की स्वछन्द, निश्छल और आशावादी दृष्टि व्यक्ति एवं लोक की

चेतना का विकास करती है। इसी कारण वह व्यक्ति और लोक के मानस को स्वस्थ एवं ऊर्ध्वगामी बनाती है।

लोगों का कहना है कि लोक कला में संघर्षों से टकराने की शक्ति नहीं है यह सत्य नहीं है। लोक कलाएँ कर्मप्रधान शक्ति हैं अपनी कर्माश्रयी ऊर्जा से वह संघर्ष करती हैं और अपनी विजातीय तत्त्वों से रक्षा करती हैं। उदाहरणार्थ—सूफ़ी, मुस्लिम, मुग़ल और अंग्रेज़ जैसी विजातीय तत्त्व निरन्तर दबाव डालते रहे हैं लेकिन लोक कला ने अपने से उन्हें सदा दूर रखा। वस्तुतः लोक कला का व्यक्तित्व बिल्कुल गाँव जैसा है। वही सहजता, निश्छलता, स्वच्छन्दता और सरलता, वैसी ही प्रकृति और परिणति, वैसे ही रंग और आकार।

वर्तमान में लोक कला की उन्नति के लिए इसका प्रचार-प्रसार विभिन्न उपादानों द्वारा किया जा रहा है ये उपादान रेडियो, टेलीविज़न, समाचार-पत्र, पत्रिकाएँ, मेला एवं सार्वजनिक स्थानों में झाँकी प्रदर्शन आदि है। अयोध्या में लोक कला के प्रचार-प्रसार के लिए इधर कुछ समय से रामायण मेले का महत्त्व बढ़ता जा रहा है। रामायण मेले में विभिन्न संस्थानों द्वारा लोक कला का प्रदर्शन किया जाता है। इस प्रकार लोक कला आज उन्नति की ओर अग्रसर होती जा रही है। इसका कारण लोक कला के प्रति जन-समुदाय का लगाव, उत्साह एवं उत्सुकता है।

प्रागैतिहासिक काल—मनुष्य ने पृथ्वी पर जन्म लेने के पश्चात अपनी असहाय स्थिति को देखा। प्रकृति की महान शक्तियों के सम्मुख उसकी नगण्य चेतना जाग्रत हुई और उसने उदर की क्षुधा शान्त करने के लिए, शरीर को शीत, ताप और वर्षा से सुरक्षित रखने के लिए तथा भयंकर पशुओं से सुरक्षा करने हेतु नाना प्रयत्न किये। उसने इस काल में पत्थर के औज़ार तथा हथियार बनाये ताकि आखेट कर उदर क्षुधा की पूर्ति तथा शरीर की सुरक्षा कर सके। सुरक्षा के लिए गुफाओं की शरण लेकर अपने जीवन की कोमल भावनाओं का स्पन्दन, आखेट की गति और पशुओं की छवि का अनुभव किया जिसको उसने रंगों से भरी तूलिका तथा सबल टाँकी से गुफाओं तथा चट्टानों की कठोर, समतल व खुरदरी शिलाओं पर उरेहकर अपने जीवन के मधुर तथा दुखमय क्षणों को अमर कर दिया। उसने पर्वतों की कन्दराओं को अपना निवास स्थान बनाया और अनगढ़ प्रस्तर खण्डों को काटकर आखेट के लिए हथियार बनाये। इन कन्दराओं को गर्म और प्रकाशित करने के लिए उसमें पशुओं की चर्बी तथा लकड़ी को जलाया। उसने गुफाओं के धूमिल प्रकाश में अपने जीवन की सरस तथा सरल अभिव्यक्ति को तूलिका के माध्यम से समतल व खुरदुरी चट्टानों, गुफाओं की दीवारों तथा फ़र्श पर चित्रों के रूप में अंकित कर दिया।

इस काल में मनुष्यों द्वारा विशेष रूप से पाषाण तथा मिट्टी का ही प्रयोग किया गया। इसलिए इस काल को विद्वानों ने पाषाणकाल का नाम दिया।

पूर्व पाषाण युग, जिसका समय विद्वानों के अनुसार 30,000 ई. पूर्व से 25,000 ई. पूर्व तक माना जाता है, में विशेष रूप से औज़ारों तथा हथियारों के रूप प्राप्त हैं, जिनका आकार अपने में एक विशेष स्थान रखता है। यह अवशेष प्रायः पशुओं की अस्थियों के साथ प्राप्त हुए हैं। भारतवर्ष में इस युग की चित्रकला के उदाहरण नहीं प्राप्त हैं परन्तु भू-गर्भशास्त्रियों द्वारा इनका क्षेत्र दक्षिणी भारत के मद्रास शहर के पास चिङ्गलेपुत, अंगोला तथा कुड़ापा क्षेत्र रहा है।

उत्तर पाषाणकाल के अवशेष तो बहुत कम ही प्राप्त हैं। जो कुछ प्राप्त हुए हैं वे वेलारी के आसपास प्राप्त हुए हैं। पुरातत्त्ववेत्ताओं के अनुसार इस युग का पत्थर का गढ़ा हुआ एक गोल यन्त्र नर्मदा नदी की घाटी से भी प्राप्त हुआ है। इसके साथ नर्मदा घाटी में दरियायी घोड़े तथा अन्य पशुओं की अस्थियाँ प्राप्त हुई हैं। इस युग का मानव पूरे भारत में फैला था। इसलिए इनके अवशेष सम्पूर्ण भारत के विभिन्न क्षेत्रों जैसे बुन्देलखण्ड, असम तथा नागपुर की पहाड़ियों, मिर्ज़ापुर, गाजीपुर, विन्ध्याचल तथा कैमूर पर्वत श्रेणियों आदि से प्राप्त हुए हैं। इस युग में प्रगति के कारण चित्रों में प्रगतिशीलता देखने को मिलती है। जैसे—लाल-काले रंगों से बने चित्रों में सूर्य, सितारा, गैंडे का आखेट करते शिकारियों का चित्र तथा विभिन्न पशुओं जैसे घोड़ा बारहसिंगा, हिरन, साही, अरना भैंस, साँड़ आदि के चित्र।

इन चित्रों को देखने से ज्ञात होता है कि इस युग के मानवों ने अपने चारों ओर के वातावरण की स्मृति बनाये रखने के लिए तथा अपनी विजय का इतिहास व्यक्त करने की भावना के वशीभूत होकर इन चित्रों का निर्माण किया।

प्रागैतिहासिक काल के कलाकार व्यावसायिक अथवा पेशेवर नहीं थे। प्रत्येक साधारण जन कलाकार था और दैनिक जीवन का विषय ही कला का विषय था। उनकी लोक कला की महानता का वर्णन करते हुए रायकृष्ण दास ने कहा है—

भारत में इस कला के प्रतिनिधि नाल (बलूचिस्तान) तथा सिन्ध का ठेके, मोहनजोदड़ो, हड़प्पा और चानूदड़ो में पाये गये मिट्टी के बर्तन हैं। ऐसा अनुमान होता है कि यह संस्कृति गंगा, यमुना और नर्मदा तक फैली हुई थी। इन बर्तनों में से कुछ तो गृहस्थी के कामों में आते थे और कुछ शव के साथ गाड़े जाते थे। इन्हें देखने से जान पड़ता है कि उन जातियों का कला प्रेम इतना बढ़ा हुआ था कि वे अपने रोज़ के बरते जाने वाले पात्रों को भी सादा न देख सकते थे एवं कला उनके जीवन की नहीं मरण तक की संगिनी थी।

आधुनिक कला की नींव टेढ़ी-मेढ़ी रेखाएँ हैं जोकि असभ्य कहे जाने वाले मानवों ने प्रागैतिहासिक काल में अपने हाथों से अंकित की थीं। निश्चय ही इन रेखाओं के द्वारा संकेत, वह अपनी स्मृति को जीवित रखने के लिए करता था। चूँकि प्राणी जगत् में मानव ही ऐसा प्राणी है जो अपना संचित ज्ञान अपनी अगली पीढ़ी को देता है, इसलिए अनुभव से प्राप्त ज्ञान जब वह कह नहीं सकता था तो चित्र संकेत द्वारा अपनी बात कहता था। संसार के विभिन्न स्थानों पर इस काल के शिला चित्र काफ़ी विस्तृत क्षेत्र में मिलते हैं। भारत में भी इन चित्रों का क्षेत्र काफ़ी विस्तृत है। मध्य प्रदेश के सिंघापुर क्षेत्र, पंचमढ़ी, भीम बैठका और होशंगाबाद। बिहार में साहाबाद, उड़ीसा में उत्कल, हैदराबाद में रायचूर। दक्षिण क्षेत्र में बंगलौर, बेलारी, नेल्लोर व उत्तर प्रदेश में मिर्ज़ापुर क्षेत्र।

बौद्धकाल—छठी शताब्दी के उदय के साथ प्राचीन भारतीय कला के इतिहास में स्वर्णयुग प्रस्फुटित होता दिखाई पड़ता है। इस समय बौद्ध धर्म अपना प्रभाव सम्पूर्ण देश पर स्थापित कर चुका था और व्यापक रूप से देश की जनता बौद्ध धर्म ग्रहण कर रही थी। बौद्ध धर्म की यह उन्नति और व्यापकता सातवीं शताब्दी तक भली प्रकार चलती रही। इस समय भारतवर्ष पूर्वी देशों में एक अग्रगण्य और समृद्धिशाली देश था और उसके ज्ञान तथा विज्ञान की ज्योति सम्पूर्ण एशिया को प्रकाशित कर रही थी। इस समय बौद्ध धर्म का प्रेरणाकेन्द्र भारत ही था। भारत के पवित्र तीर्थ कोशल के दर्शन हेतु दूर-दूर से असंख्य पर्यटक आते थे और भगवान बुद्ध के उपदेश समस्त पूर्वी देशों में अपनाये जा रहे थे। बौद्ध धर्म के कारण ही भारत को ख्याति प्राप्त हुई। यह हमारे देश की चित्रकला का स्वर्णयुग था। बौद्ध धर्म की पूर्वी देशों जैसे—श्रीलंका, जावा, श्याम, ब्रह्मा, नेपाल, तिब्बत, जापान और चीन की कला पर प्रत्यक्ष रूप से प्रभाव पड़ा। इसका प्रमाण इन देशों की चित्रकला, मूर्तिकला एवं वास्तुकला के अवशेष हैं।

इतिहासकार तारानाथ जी के अनुसार, बौद्ध धर्म के चित्रों के फैलाव के स्थानों पर उनके दक्ष चित्रकारों की स्थिति का भी आभास होता है। यह बात विशेष रूप से भारतवर्ष की चित्रकला में देखी जा सकती है। यद्यपि बहुत-सी सुन्दर चित्राकृतियाँ काल के गाल में समा गयी हैं फिर भी बौद्ध कलाकारों की समुचित कृतियाँ कलाकारों की निपुणता, कारीगरी तथा दक्षता की गाथा को छिपाये आज भी जीर्ण-शीर्ण अवस्था में प्राप्त हैं। जिसके कारण इनकी एक विशेष शैली का पता चलता है।

इस युग की चित्रकला गुफा चित्रों के नाम से भी विख्यात है। गुफाओं में अजन्ता, सिगरिया, बादामी सित्तन, वासल गुफाएँ विशेष प्रसिद्ध हैं। भित्ति चित्रण प्रारम्भ का श्रेय भी इस युग को है जो अजन्ता एवं बाघ की गुफाओं से आरम्भ

होकर आज मकानों, भवनों, महलों आदि के अलंकरण तक पहुँच चुका है। इन गुफा चित्रों का विषय भगवान बुद्ध के जीवन से सम्बन्धित रहा है। उनके जीवन की जातक कथाओं पर आधारित चित्र आज भी विश्वप्रसिद्ध हैं।

19वीं शताब्दी में चित्र भिन्न-भिन्न वस्तुओं पर बनाये गये जैसे—हाथी दाँत, अभ्रक, शीशा, सींग (जानवरों के), बाँस एवं लकड़ी इत्यादि। शीशे पर चित्र बनाने की प्रथा पाश्चात्य देशों से भारत आयी।

अठारहवीं शताब्दी में पाश्चात्य देशों में ईसाई धर्म के चित्र शीशे पर बनाये गये क्योंकि इन देशों में शीशे का व्यापार प्रगति पर था। साथ ही शीशे पर चित्र आसानी से उपलब्ध थे। वहाँ पर ये चित्र शीशे के लोक-चित्रों के नाम से विख्यात हैं। शीशे के चित्रों की शैली प्रारम्भिक एवं गतिशील थी जिनसे हमें मध्ययुगीन कला का पता चलता है। ऐसा आभास होता है कि यह कला वैजनटाइन के ईसाई धर्म के चित्रों की कला से जन्मी थी। इनके कई धार्मिक विषयों के चित्र अभी भी सुरक्षित मिलते हैं जो घरों में पूजा के कमरों को सजाने में काम आते हैं। भारत में भी इस प्रकार के चित्र पूजा के कमरों को सजाने के प्रयोग में लाये जाते हैं।

शीशे पर चित्र बनाना काग़ज़ पर चित्र बनाने के ढंग से एकदम विपरीत है। इनमें बारीकियों को प्रथम स्थान दिया जाता था एवं बाद में समतल स्थानों को रँगा जाता था जिसके कारण चित्र समाप्त होने पर बारिकियाँ सबसे ऊपर दिखने लगती हैं। इन चित्रों में विशेषकर अमिश्रित रंगों का प्रयोग होता था। केवल मुँह एवं शरीर पर थोड़ी-सी छाया दिखाई जाती थी।

अजन्ता के चित्र बौद्ध युग की स्वर्णिम कला को दर्शाते हैं। परन्तु एलोरा की गुफाओं में पाये जाने वाले चित्र मध्यकाल पूर्व के हैं वे अजन्ता की चित्रशैली जैसे नहीं हैं पर उस शैली से मिलते-जुलते हैं। उनमें अजन्ता की तरह सजीवता नहीं है, वे वैसा भाव व्यक्त करने में असमर्थ हैं। इस युग में चित्रकला सम्बन्धी ग्रन्थों की अधिकता है। अधिकतर ये ग्रन्थ जैसे—मानस शिल्प रत्न, समरांगण सूत्रधार, विष्णुधमोत्तर पुराण आदि हैं, जिनमें चित्रकला का अंकन एवं सूत्रों की व्याख्या की गयी है। प्रत्येक ऋतु में क्या और कैसे चित्रित किया जाये, वस्तुओं का चित्रण कैसे हो, आदि का वर्णन है। इस समय की चित्रकला राजभवन में केन्द्रित हो गयी थी। इस समय की कला में ही उत्तर रामचरितमानस के प्रथम अंक का चित्र दर्शन दृश्य उल्लेखनीय है।

उत्तर मध्यकाल में चित्रकला सम्बन्धी साहित्य का सृजन हुआ। इस काल की शैलियों में गुजरात, जैन, अपभ्रंश और काश्मीर आदि शैलियों के उल्लेख प्राप्त हैं।

इस युग की चित्र शैली के संबंध में **रायकृष्ण दास** का कथन है—इनमें लाल (सिन्दूर, हिंगुल, महावर) पीला (हरताल का सम्भवतः प्योड़ी), नीला (लाजवन्ती और नील) सफ़ेद एवं काला तथा इनके मिश्रण से उत्पन्न हरे, गुलाबी, बैंगनी, फाख़तई आदि रंगों का प्रयोग मिलता है।

उत्तर मध्यकालीन चित्रकला में लौकिकता तथा आध्यात्मिकता का समन्वय देखने को मिलता है। मध्यकालीन चित्र शैली ने अजन्ता, एलोरा, बाघ आदि की परम्परा को जीवित रखा है तथा रागमाला जैसे चित्रों का विकास हुआ है।

इस काल में विकसित जैन शैली को लोक कला तथा लोक जीवन को चित्रित करने का श्रेय रहा है उसमें वैसे ही लोक सौन्दर्य एवं लोक संस्कृति के तत्त्व छिपे हैं जैसे भरहुत और साँची की कृतियों में। लोक कला के उदात्त स्वरूप की अभिव्यक्ति करने वाली मथुरा की यक्षियों के अर्द्धनग्न चित्र और करधनीयुक्त मूर्तियाँ, इस शैली को अमर करने वाले उदाहरणस्वरूप हैं।

राजपूत काल—राजपूतकालीन कला के उदय और शनैः-शनैः उसमें होने वाले विकास के बारे में मची सनी गुर्ट का कथन निम्नलिखित है—

"एक ओर मुग़ल चित्रकला का ह्रास हो रहा था, दूसरी ओर कला भौगोलिक सीमाओं को लाँघकर कलाकारों के साथ-साथ कश्मीर, राजपूताना, हिमाचल प्रदेश और पंजाब तक फैल गयी थी। राजधानी से चित्रकारों के एक बहुत बड़े समुदाय ने लखनऊ और पटना में ही आश्रय नहीं लिया अपितु दक्षिण में तंजौर और मैसूर तक जहाँ कि उन्नीसवीं सदी के मध्य तक एक स्थानीय कला संस्था विकसित हो गयी थी तथा पश्चिम में मराठा प्रदेश तक जड़ें जमाकर उन लोगों ने अपनी स्वतन्त्र कला के विकास का प्रयत्न किया। जिस प्रकार मुग़ल चित्रकला का पृथक अस्तित्व था उसी प्रकार रजवाड़ों में पृथक रूप से राजपूत कला भी पनपती रही।

राजपूत काल में विभिन्न शैलियों जैसे—ग्वालियर तथा अम्बर शैली, मेवाड़ शैली, बूँदी शैली, किशनगढ़ शैली, जयपुरी शैली, बुन्देलखण्डी शैली तथा बीकानेरी शैली का विकास हुआ।

इस काल की कला पर काल का प्रभाव अधिक पड़ा। सामाजिक परिवर्तन की धारा में राजपूत जीवन तो प्रभावित हुआ ही, साथ-साथ कला भी प्रभावित हुई। इस समय के आध्यात्मिक परिवर्तन के कारण मन्दिरों का निर्माण होने लगा। भित्ति चित्रों की परम्परा भी आगे बढ़ी। संगीत तथा चित्रकला पर तत्कालीन परिस्थितियों का प्रभाव पड़ा। रामानुज सम्प्रदाय के प्रभाव के कारण कृष्ण भक्ति के चित्रों एवं काव्यों का निर्माण हुआ। रामकृष्ण और विष्णु के अनेक रूपों की आराधना होने लगी।

इस काल में सामाजिक चित्रण जैसे—खेत-खलिहान, घर, मन्दिर, बाज़ार, यात्रा, धर्मशाला आदि का विस्तृत एवं बारीक चित्रण हुआ। कलाकार जनता में से होने के कारण जन-जीवन का चित्रण उनका ध्येय था। ऋतु तथा रागमाला के भी चित्रण हुए। रागमाला में भैरव राग, मालकोस राग, हिण्डोल राग, दीपक राग, मेघ राग, श्रीराग आदि रागों से सम्बन्धित चित्रावलियाँ बनायी गयीं। इस काल में राम-सीता, उमा-महेश, राधा-कृष्ण आदि देवी-देवताओं का युगल रूप में चित्रण हुआ है।

मुग़ल काल—मुग़लकालीन चित्रकला के बारे में **श्री बिकिंसन** की विचारधारा निम्नलिखित है—

"Mugal paintings would seem at first acquintance to represent a fundamental departure from Indian tradition, so opinions are its many contracts with the Budhists and Hindu art."

मुग़लकाल का आरम्भ भारत में बाबर के आने से माना जाता है। मुग़ल लगभग तीन सौ वर्षों तक हमारे देश में राज्य करते रहे। अतः इस युग में मुग़ल कला और मुग़ल संस्कृति का विकास हुआ।

मुग़लकाल का आदि स्रोत या जन्म स्थान समरकन्द और हिरात था। पन्द्रहवीं शताब्दी में तैमूर वंश के संरक्षण में फारस की कला उत्कर्ष को प्राप्त हुई। तैमूर का भारतवर्ष से सम्बन्ध साधारणतः कला के दृष्टिकोण से नहीं माना जाता, बल्कि संहारक-विध्वंसक के रूप में माना जाता है। उसने भारतवर्ष पर आक्रमण कर लूटमार, विध्वंसकता एवं बर्बरता का प्रदर्शन किया। तैमूर के आततायी सैनिकों ने लूटमार की और हमारी प्राचीन थाती को नष्ट किया। इसके साथ-साथ इस वंश को सभ्य एवं कलाप्रिय शासकों में भी गिना जाता है। इस वंश के शासकों ने चित्रकला को विशेष प्रोत्साहन दिया जिससे दरबारी चित्रकला का विकास हुआ।

मुग़लों के मुसलमान धर्म के उदय के साथ ही ईरान में जो कला शैली प्रचलित हुई उसमें प्राचीन भारतीय चित्रकला की गहरी छाप थी। इस्लाम में मानव आकृतियों या जीवधारियों की आकृतियों का चित्रण निषिद्ध था। अतः मुग़लकालीन चित्रकला में आलंकारिक या ज्यामितीय आलेखनों का निखार अधिक है। प्रारम्भ में इस्लामी चित्रकार जीवधारियों की आकृतियों के चित्रण के प्रति उदासीन रहे, परन्तु शनैः-शनैः यह धार्मिक कट्टरता शिथिल पड़ने लगी और पुष्प-पत्तियों, पशु-पक्षियों तथा मानवाकृतियों का भी अंकन प्रचलित हो गया।

मुग़ल शासकों ने भारत में राज्य विस्तार के साथ ही सुव्यवस्था स्थापित की। इन शासकों को अपने वंशजों के समान ही चित्रकला, उद्यान तथा भवन निर्माण में अधिक रुचि थी। मुग़ल शहज़ादों तथा सामन्तों की अपनी चित्रशालाएँ होती थीं।

ये स्वयं भी चित्रकला का अभ्यास करते थे तथा उच्च पदाधिकारियों, सभासदों तथा सामन्तों को अपने चित्र भेंट स्वरूप प्रदान करते थे। मुग़ल साम्राज्य तथा शासकों के साथ-साथ मुग़ल कला का उत्तरोत्तर विकास हुआ और राजकुमारों, दरबारियों तथा सरदारों ने इस चित्रकला को पर्याप्त संरक्षण प्रदान किया, किन्तु औरंगज़ेब की कट्टर धार्मिक नीति के कारण मुग़ल साम्राज्य का ही पतन नहीं हुआ वरन् चित्रकला का वातावरण भी समाप्त हो गया।

आरम्भिक चित्र ईरानी, फ़ारसी चित्रों के समान हैं और मोज़ाइक चित्रों के समान चमकदार हैं। अधिकांश चित्रों में लाल, पीले, नीले एवं हरे रंगों का प्रयोग किया गया है। चेहरे को एक वक्र बनाया गया। कपड़ों की बनावट सरल और सपाट है उसमें शिकन का आभास नहीं मिलता। चित्र यथार्थ न होकर आलंकारिक हैं। परन्तु पृष्ठभूमि में दरारदार सूखे पर्वतों तथा वृक्षों इत्यादि को आलंकारिक विधान में बनाया गया है। चित्रों में सोने के रंगों का बड़ी सुन्दरता से प्रयोग किया गया है।

इन चित्रों में उत्सवों के चित्र, शिकार के चित्र, सन्तों के चित्र, पशु-पक्षी एवं व्यक्ति चित्र तथा दृश्य चित्र भी सम्मिलित हैं।

अयोध्या में मुग़लकालीन कला का ज्वलन्त उदाहरण रामजन्म भूमि है जहाँ बाद में बाबरी मस्जिद भी बनाई गयी।

आधुनिक काल—राजस्थानी, पहाड़ी तथा मुग़ल शैलियों के अन्त तक भारत में चित्रकला का पूर्णतया पतन प्रतीत हो रहा था। कुछ बड़े नगरों में कुछ पुश्तैनी कलाकार थे जो पुराने चित्रों की नक़ल करके अपना जीवन निर्वाह करते थे। अठारहवीं शती के अन्त में और उन्नीसवीं शती के आरम्भ में कोई पचास से अधिक ब्रिटिश चित्रकार भारत आये तथा भारतीय चित्रकारों में यूरोपीय कला के प्रति रुचि उत्पन्न करके चले गये। इस प्रकार विभिन्न बड़े नगरों में चित्रकला के जो कार्य हुए उन्हें वहाँ की स्थानीय शैली का नाम दे दिया गया।

काल विभाजन के समय की सीढ़ी का विशेष महत्त्व होता है। आधुनिक काल की चित्रकला का विकास 20वीं सदी के आरम्भ से माना जाता है। यह वह युग था जब भारत में यूरोपीय शक्तियाँ अपना प्रभुत्व स्थापित कर रही थीं।

वाचस्पति गैरोला के शब्दों में, "भारतीय चित्रकला की आधुनिक शैली का आरम्भ लगभग वर्तमान शताब्दी की शुरुआत के साथ हुआ था। इतने कम समय में आधुनिक चित्रशैली ने जो प्रगति की, उसका श्रेय आधुनिक चित्रकारों को है। ये कलाकार विभिन्न वर्गों से सम्बद्ध हैं। आधुनिक चित्र शैली के निर्माण और उत्थान में कलकत्ता, बम्बई और दिल्ली की कला का प्रमुख योग रहा है। इन तीनों शहरों या कलाकेन्द्रों से जो कलाकार निकले उन्होंने आगे चलकर स्वतन्त्र शैलियों का

निर्माण और नये कला स्कूलों की स्थापना करके आधुनिक चित्रशैली का सर्वांगीण विकास किया।"

आधुनिक कला का कलाभवन मुग़ल, राजपूत तथा मध्ययुगीन पहाड़ी कला की नींव पर खड़ा है। मुग़ल साम्राज्य के पतन के साथ ही उत्तरी भारत में चित्रकला के पतन के चिह्न दिखाई देने लगे। कुछ व्यावसायिक चित्रकार चित्रों को राजमहलों में बेचते थे। इसी समय लखनऊ में रूमी कलम के नाम से एक चित्र शैली का विकास हुआ। इस शैली ने प्राचीन मान्यताओं में विशेषता उत्पन्न की और साथ-ही-साथ यूरोपीय कला शैली के साथ समन्वय स्थापित किया। इस युग में भारत में कई शैलियाँ पनप रही थीं। राजस्थानी शैली जिसका केन्द्र जयपुर, उदयपुर, किशनगढ़, बूँदी था। सिख कलाकार पूर्व तथा पश्चिम की कला में समन्वय कर रहे थे। कपूर सिंह के चित्रों ने इस युग में विशेष सफलता पायी।

दूसरी शैली जो उस समय पनप रही थी उसका नाम पड़ा पटना शैली। इसके कलाकार पटना तथा कलकत्ता में बसकर कला के कार्य करने लगे। इसलिए इस शैली का नाम पटना शैली या कम्पनी शैली पड़ा। ये लोग विदेशियों की माँग पर पशु-पक्षियों के चित्र बनाते थे। पटना शैली का विषय-क्षेत्र जन-जीवन को कला में उतारना था। जैसे भटियारिन, टोकरी वाली, पिसनहारी, लोहार, दर्जी तथा सेविका आदि के चित्र।

इस काल की तीसरी शैली थी दक्षिण भारतीय शैली। दक्षिण भारत में चित्रकला का विकास भिन्न रूप में हुआ। वहाँ पर फ़ारसी तथा ईरानी कला का प्रभाव था। अपभ्रंश तथा राजस्थानी शैली के संयोग से दक्षिण की कला शैली में परिवर्तन होने लगा, क्योंकि मुग़ल साम्राज्य के पतन से चित्रकारों के अनेक परिवार दक्षिण में आश्रय खोजने पहुँच गये थे। इन चित्रकारों में दक्षिण शैली का प्रभाव लक्षित होने लगा। यहाँ की शैली में प्रायः ऐतिहासिक चित्र एवं दक्षिण के समकालीन शासकों के चित्र आते हैं।

आधुनिक काल की शैली में तंजौर शैली का भी अपना महत्त्वपूर्ण स्थान है। इस पर राजस्थानी शैली का प्रभाव अधिक पड़ा। ये चित्रकार अधिकांशतः हिन्दू थे। इन्होंने काष्ठफ़लक तथा हाथी दाँत पर चित्र बनाये। इन्होंने मानव के आकार के तैल चित्र भी बनाये। इन चित्रकारों को राजकीय संरक्षण भी प्राप्त था। हिन्दू चित्रकारों के कारण चित्रकला पर धार्मिकता का प्रभाव अधिक पड़ा।

ईस्ट इण्डिया कम्पनी, डच, पुर्तगाली आदि व्यापारियों के साथ-साथ वहाँ की कला भी यहाँ पर आयी जिससे विदेशी कला शैली का विकास हुआ। अंग्रेज़ चित्रकार

अपने कार्य में विशेष दक्ष थे। ये चित्रकार राजाओं तथा रईसों के मानवाकार के तैल चित्र बनाते थे और बेचते थे। जिससे भारतीय चित्रकार भी पाश्चात्य कला में दक्षता प्राप्त करने लगे। यूरोपीय कला के दक्षता प्राप्त कलाकारों में राजा रवि वर्मा का नाम विशेष उल्लेखनीय है। इस समय बम्बई, कलकत्ता, लाहौर तथा मद्रास में कला विद्यालय शासन की ओर से खुल चुके थे। इनमें कला की शिक्षा सामान्य विद्यालयी प्रणाली से दी जाती थी।

कम्पनी शासन के स्थापित हो जाने और सामाजिक जीवन में स्थिरता आ जाने से कला की ओर चित्रकारों का झुकाव होना स्वाभाविक था। जिससे पुनरुत्थान युग का प्रारम्भ माना जाता है इस युग के चित्रकारों में ई.वी. हैवेल तथा अवनीन्द्रनाथ टैगोर का नाम प्रमुख है। यहाँ के चित्रकारों ने चीनी रेखा, जापानी रंग को अपनाया। ये कलाकार समाज में ऐसी अवस्था लाने का प्रयत्न कर रहे थे जिससे भारतीय संस्कृति के अभिव्यक्त और लागू आदर्शों का मनन गहराई से किया जा सके।

इसके अतिरिक्त बम्बई में जे.जे. स्कूल ऑफ़ आर्ट की स्थापना हुई जिसमें अजन्ता, काँगड़ा, राजपूत आदि शैलियों का अध्ययन, पदार्थ चित्रण, व्यक्ति चित्रण, स्केच तथा स्मृति चित्रण की विधाओं का विकास हुआ जो आज भी हमारे विद्यालयों में सिखाये जाते हैं।

इस प्रकार हमारी लोक कला चित्रकला के रूप में उत्तरोत्तर कालों में पनपती रही। इसका विकास दिनोदिन होता रहा। इस लोक कला की परम्परा को आगे बढ़ाने का श्रेय भारतीय नारियों को है जिन्होंने अपने में इसे सँजोये रखा, काल के थपेड़ों से इसे सुरक्षित रखकर समाज में इसको प्रसारित किया।

सन्दर्भ

1. अथर्ववेद, पृ. 102/31
2. ब्रह्मपुराण, 10/91
3. वाल्मीकि रामायण, बालकाण्ड, 6
4. वही, 5
5. राजकीय गजेटियर वी. 1 8सी/97
6. गीतावली पद सं. 25 में 2 बालकाण्ड
7. गीतावली पद सं. 25 में 2 बालकाण्ड
8. गीतावली पद सं. 23 में 1 लंकाकाण्ड
9. रामचरितमानस, बालकाण्ड 193/1
10. वही, 192/3

11. वही, 194/6
12. वही, 343/5
13. वही, 343/6, 7, 8
14. वही, 343/6, 7, 8
15. वही, 346
16. रामचरितमानस, उत्तरकाण्ड 8/3
17. वही, 26/2
18. वही, 20/3
19. वही, 26/4
20. वही, छन्द, 26
21. वही, दोहा 26
22. भारतीय कला परिचय, चिरंजीलाल झा, पृ. 174
23. वही, पृ. 174

अयोध्या की लोक कला का विभाजन

(क) चित्रकला

पौराणिक कथाओं से ज्ञात होता है कि पौराणिक समाज में चित्रकला भी अत्यन्त उन्नत अवस्था में थी। बाणासुर के मन्त्री कुम्भाण्ड की चित्रलेखा नाम की पुत्री इस कला में अतिशय कुशल थी। चित्रलेखा बाणासुर की पुत्री उषा की सखी थी। एक बार उषा स्वप्न में सम्भोगकर्ता किसी अज्ञात प्रियतम की चिन्ता में व्याकुल थी। चित्रलेखा ने उसकी चिन्ता को दूर करने के लिए चित्रपट पर अनके देवताओं, दैत्यों, गन्धर्वों और मनुष्यों के चित्र चित्रित कर उषा को दिखाये थे, किन्तु उनमें से कोई भी स्वप्न में सम्भोग करता सिद्ध नहीं हुआ। अन्त में जब चित्रलेखा ने राम, कृष्ण और प्रद्युम्न के चित्र बनाने के अनन्तर प्रद्युम्न तनय अनिरुद्ध का चित्र अंकित किया तब उषा आनन्दमग्न हो गयी, क्योंकि अनिरुद्ध ही स्वप्न में संगमकर्ता उषा का प्रियतम था।[1]

"सूक्ष्म से सूक्ष्म, अणु से अणु एवं विशाल से विशाल व महान से महान सम्पूर्ण निर्मित तत्त्वों में अविकल्प रूप से कलात्मकता की ही अनुभूति होती है। वट का एक सूक्ष्म तिल से तुल्य अणु-बीज अंकुरित होकर एक महान विशाल वृक्ष के रूप में परिणत हो जाता है। पुष्प का छोटा बीज लता के रूप में परिणत होकर सुन्दर एवं आकर्षक विविध प्रकार के सुमन उत्पन्न कर देता है। इसी प्रकार रत्नगर्भा धरा भी श्यामल आदि विभिन्न रूपता में, अनन्त सागर की चंचल तरंगमाला में, वर्षाशीलता में और सूर्योदय एवं सूर्यास्तकालीन निस्सीम वायुमण्डल की रंग-बिरंगी आकृति में विश्व की कलात्मकता का दर्शन होता है। सम्पूर्ण विश्व ब्रह्माण्ड कलामय है अथवा समस्त कला विश्व ब्रह्माण्डमय है।"[2]

चित्रकला मानव की अत्यन्त प्राचीन मनोरंजन की सामग्री रही है। स्वभावतः मनुष्य बचपन से ही रेखाओं के द्वारा चित्र बनाने में दिलचस्पी लेता रहा है। जब मनुष्य गुफा में जीवन व्यतीत करता था तब वह गुफा की दीवारों पर अपने अनुभव

और जीवन के दृश्यों को चित्रित करने का प्रयास करता था। इसके प्रमाण विभिन्न गुफाओं की भीतरी दीवारों पर विभिन्न ऐसे चित्रों के अवशेषों में मिलते हैं।

प्राचीन चित्रकलाएँ तो समय के थपेड़ों से नष्ट हो गयी हैं परन्तु आज भी अयोध्या के मन्दिरों, महलों एवं अखाड़ों में चित्रकलाएँ देखने को मिलती हैं। इनमें फूल-पत्तियों द्वारा हुआ अलंकरण अत्यन्त मनमोहक एवं आकर्षक है जैसे विभिन्न मन्दिरों के खम्भों, दीवारों एवं छत के निचले भाग।

प्रत्येक मन्दिर में भगवान राम के सिंहासन के पृष्ठ की दीवार पर सूर्य का चिह्न या चित्र बना होता है। सूर्य का चिह्न या चित्र उनके सूर्यवंशी होने का प्रतीक है। धार्मिक स्थान होने के कारण भूमि अलंकरण जिसे चौक पूरना कहते हैं, वह भी प्रत्येक पर्व-त्योहार एवं प्रतिदिन के पूजा-पाठों में देखने को मिलता है। पशु-पक्षियों के भित्ति चित्रों का सुन्दर चित्रण राजसदन के शिवाले में हुआ है जो अत्यन्त प्राचीन शिव मन्दिर है। कुछ समय पहले बने हुए राम कथा चित्र तो कई मन्दिरों में अब भी हम देख सकते हैं। जैसे हनुमान गढ़ी में राम कथा से सम्बन्धित चित्र दीवारों, भित्तियों, छतों के निचले भाग में बने हैं। बिड़ला-मन्दिर में भित्ति चित्र पत्थरों पर खुदाई करके काले रंगों से भरे गये हैं। इसी प्रकार वाल्मीकि भवन, जिसमें वाल्मीकि द्वारा रचित रामायण की कथाओं का चित्रण दीवारों पर हुआ है।

अयोध्या की लोक चित्रकला का उदाहरण जो प्रतिदिन के कार्यरूप में है हमें तिलक और छापे में मिलता है। ये तिलक प्रत्येक अयोध्यावासी प्रतिदिन अपने-अपने सम्प्रदाय के अनुसार, इच्छानुसार, परम्परानुसार एवं रीति-रिवाज के अनुसार लगाता है। साधारण लोग गोल चन्दन का टीका तथा उस पर श्री अथवा रोली का टीका लगाते हैं, कुछ लोग बीच वाली उँगली से पूरे माथे पर लम्बी लकीर जो वक्र होती है लगाते हैं जिसे 'दर्रा' नाम से पुकारा जाता है। इस दर्रा के बीच में रोली अथवा श्री का टीका लगा लेते हैं। विभिन्न सम्प्रदाय वालों के तिलक भिन्न-भिन्न प्रकार के होते हैं जैसे रामानन्दी सम्प्रदाय के छापा-तिलक तथा रामानुजी सम्प्रदाय के छापा तिलक।

भगवान राम अथवा विष्णु के प्रतीक स्वरूप 'शालिग्राम' की मूर्ति जो काले पारखी पत्थर की गोल आकृति में होती है, उस पर लगे तिलक एवं आँख, नाक, मुँह का चित्र अत्यन्त चित्ताकर्षक है। यह शृंगार मन्दिर के पुजारी द्वारा प्रतिदिन किया जाता है। इस तिलक में सफ़ेद, पीले एवं लाल चन्दन या श्री का प्रयोग किया जाता है। इसके अतिरिक्त भगवान राम एवं सीता तथा चारों भाइयों के ललाट पर लगाये जाने वाले चन्दन की शोभा तो निरखते ही बनती है।

'मतजेन्द्र' मन्दिर जिसे मातगेड़ भी कहते हैं, वहाँ पर कपिला गाय का काले रंग में बना चित्र अत्यन्त प्राचीन तथा लोक कला का प्रत्यक्ष उदाहरण है।

हनुमान जी की मूर्तियों पर भी पीला सिन्दूर तेल में घोलकर लगाना यहाँ की प्रथा है जिसे भक्तगण भी प्रसाद रूप में अपने माथे पर तिलक रूप में लगा लेते हैं।

अत्यन्त प्राचीन अखाड़ा 'दिगम्बर अखाड़ा' जिसका अयोध्या के अखाड़ों में मुख्य स्थान है, के मुख्य द्वार पर बने चित्र लोक कला को दर्शाते हैं। वहाँ के महन्त श्री रामचन्द्रदास 'परमहंस' जी का कहना है कि पहले इस द्वार पर नवग्रहों के चित्र बने थे परन्तु काल के थपेड़ों के कारण केवल दो ग्रहों के चित्र ही बच पाये हैं। ये चित्र सूर्य ग्रह एवं चन्द्र ग्रह के हैं। इन दोनों ग्रहों के बीच में तीर, धनुष, तिलक तथा फूल आदि बने हैं। चन्द्र ग्रह के रथ में जुते हिरण की कला तो देखते ही बनती है। इसी प्रकार सूर्य के सातों घोड़े एवं उनके रथ पर सूर्य का चित्र तो और भी चित्ताकर्षक है।

फूलबँगला की झाँकी की शोभा ही अलग है जो सरयू जी के किनारे, कनक भवन, हनुमान गढ़ी, छोटी देवकाली तथा क्षीरेश्वर महादेव के मन्दिरों में होती है। बेले की कली द्वारा फूलबँगला बनाया जाता है। यह माली द्वारा निर्मित होता है। फूलबँगला की झाँकी के साथ-साथ यहाँ पर 10081 तथा उससे ज़्यादा बत्तियों को सजाकर की जाने वाली आरती है जो कुछ क्षण के लिए तिमिर को ज्योतिर्मय बना देती है।

इस प्रकार चित्रकला के विभिन्न रूप अयोध्या के मन्दिरों, इमारतों, खँडहरों तथा दैनिक जीवन में देखने को मिलते हैं। वर्तमान में चित्रकला के क्षेत्र में विकास तथा उन्नति के लिए इसे एक विषय के रूप में पाठ्यक्रम में शामिल कर लिया गया। इसका अध्ययन शिशु कक्षा से लेकर एम.ए. कक्षाओं तक में होता है एवं लोक कला के दर्शन विभिन्न मेलों में एवं प्रतिदिन की धार्मिक आस्था में दिखाई पड़ते हैं।

(ख) मूर्तिकला

मिट्टी की कला—लोक कला के अन्तर्गत मूर्तियाँ बनाना भी आता है इन मूर्तियों में खिलौने, देवी-देवताओं की मूर्ति, पिण्ड आदि प्रमुख हैं। प्रत्येक तीज-त्योहार पर हाथ की बनी मूर्तियों को देखने का अवसर प्राप्त होता है।

"मिट्टी के बर्तन बनाने की कला मध्य प्रस्तर युग में ही प्रारम्भ हो चुकी थी। नूतन प्रस्तर युग में उसने बहुत उन्नति की। पहले बर्तन हाथ से बनाये जाते थे जब कुम्हार के चाक (चक्र) का आविष्कार हुआ तो चाक (चक्र) का उपयोग कर सुन्दर और सुडौल बर्तन बनाने लगे। इन बर्तनों पर अनेक प्रकार की चित्रकारी भी शुरू की गयी और बर्तनों को सुन्दर रंगों द्वारा सुशोभित करने की कला का भी विकास हुआ। ये बर्तन आग में पकाये जाते थे और इनके बहुत से अवशेष नूतन प्रस्तर युग के खँडहरों से उपलब्ध हुए हैं। सभ्यता के विकास के साथ-साथ नूतन प्रस्तर युग

के मनुष्यों में श्रम विभाग का भी प्रारम्भ हुआ। अति प्राचीन युग में श्रम विभाग का प्रायः अभाव था, पर नूतन प्रस्तर युग में बढ़ई, कुम्हार आदि के रूप में ऐसे शिल्पियों की पृथक श्रेणियाँ विकसित होनी शुरू हुईं जो खेती न करके शिल्प द्वारा ही अपनी आजीविका कमाते थे।"[3]

स्त्रीमूर्ति अर्थात् मातृकाएँ—नूतन प्रस्तर युग का मनुष्य 'मातृ-देवता' का उपासक था। प्रकृति में जो निरन्तर उत्पत्ति होती रहती है, जीव-जन्तु, वृक्ष, वनस्पति, अन्न आदि सबमें निरन्तर वृद्धि या उत्पत्ति जारी रहती है; इसका कारण वह रहस्यमयी शक्ति है जो सब चराचर के लिए मात्र स्थानीय है। प्रजनन एक प्रक्रिया है जो इस युग के मनुष्य को बहुत रहस्यमयी प्रतीत होती थी और होती है। वह सोचता था मातृशक्ति की देन है इसलिए वह स्त्री रूप में इस मातृशक्ति या मातृ-देवता की मूर्ति बनाता था और बनाता है। उन मूर्तियों में स्त्रियों की जननेन्द्रियों को प्रमुख रूप से प्रदर्शित करता है। ऐसी मिट्टी की स्त्री एवं पुरुष दोनों की मूर्तियों की पूजा अयोध्या के आसपास तथा अयोध्या में वैश्य परिवारों में भलभद्दर के नाम से की जाती है।

मातृकाएँ विवाहोत्सव में दीवारों पर 16 की संख्या में गाय के गोबर की पिड़ियों द्वारा दर्शाने की परम्परा एवं प्रचलन है। अधिकतर गाँवों में चौराहों पर तथा घर के बाहर मिट्टी के पिण्ड देखने को मिलते हैं। ये गोल मिट्टी के पिण्ड 3 या 1 की संख्या में होते हैं। तीन पिण्डों को महाकाली, महालक्ष्मी एवं महासरस्वती का प्रतीक माना जाता है। एक पिण्ड को 'कोरी जाति' में व अन्य छोटी जातियों में 'डीह बाबा' (स्थान देवता) के नाम से जाना जाता है।

इनकी पूजा का समय चैत्र, क्वार की नवरात्रि में होता है। घर से बाहर निकलते समय पहले इन देवस्थानों पर माथा टेके जाने की प्रथा है। इनकी पूजा-अर्चना करने से मन को शान्ति, सुख-सुविधा की प्राप्ति एवं यात्रा निर्विघ्न पूरी होती है, ऐसा विश्वास है हमारे ग्रामीण जीवन का।

घरौंदा—दीपावली के अवसर पर लोग अपने घरों में बच्चों के खेलने के लिए घरौंदे यानी बच्चों के लिए मिट्टी का घर बनाते हैं। यह प्रत्येक घर की लोक कला को दर्शाता है।

घरौंदे में मिट्टी, तिनकों तथा पतली-पतली डण्ठलों का प्रयोग किया जाता है। इस छोटे-से घरौदा में दरवाज़े, खिड़कियाँ, सीढ़ियाँ, बरामदे तथा कोठे पर कोठे भी बनाये जाते हैं। दीपावली से लगभग 15 दिन पहले से ही इसकी तैयारी शुरू कर दी जाती है, साथ-ही-साथ उसमें घरेलू यन्त्रों, उपकरणों से नक़्क़ाशी तथा काट-छाँट भी की जाती है। घरौंदे की मिट्टी जब सूख जाती है तो उस पर चूने की सफ़ेदी की

जाती है। इसके उपरान्त विभिन्न मनमोहक रंगों से घरौंदे की दीवारों पर चित्रकारी भी की जाती है। दीवाली के दिन बच्चे इस पर दिया जलाते हैं तथा उसे अपने खिलौनों से सजाते हैं।

अन्य खिलौने—इसके अतिरिक्त त्योहार पर हाथ द्वारा बने मिट्टी के विभिन्न खिलौने जैसे मोटर, खड़खड़िया चूल्हा, चक्की, रसोई में प्रयोग किये जाने वाले समस्त बर्तन एवं हाथ से बने हुए लक्ष्मी-गणेश तथा हनुमान जी की मूर्तियों का विशेष प्रचलन है। ये मूर्तियाँ अत्यन्त ही सुन्दर होती हैं इन मूर्तियों के सभी अंग अलग-अलग बनाकर चिपकाये जाते हैं फिर भी ये स्वाभाविक और सुडौल होते हैं। ये मूर्तियाँ चतुर्भुजाकार होती हैं। चेहरा छोटा एवं भोला होता है तथा मस्तक ऊँचा, गले, पैरों तथा हाथों में सोने के आभूषण पहने हुए होते हैं। केशविन्यास सादा तथा उसके ऊपर मुकुट लगे रहते हैं।

कुम्हार द्वारा बनाया गया रथ (जिसमें तिनकों का भी प्रयोग होता है) हाथी और घोड़े की मूर्ति अत्यन्त मनमोहक होती है। इसके अतिरिक्त चार पहिये वाली गाड़ी जिसके आगे के सिरे पर बैल का मुँह बना होता है तथा उसके नाक के छेदों में धागा डालकर खींचा जाता है, यह बच्चों का बहुत प्रिय खिलौना है। नागपंचमी पर मिट्टी के नाग की पूजा होती है अथवा दीवार पर गाय के गोबर का नाग बनाकर उसकी पूजा की जाती है। जन-साधारण में इन धार्मिक मूर्तियों के प्रति दृढ़ विश्वास होने के कारण धार्मिक प्रतिमा निर्माण को अत्यधिक बल मिला। प्रतिमा निर्माण में कलाकार रुढ़िग्रस्त काल्पनिक लक्षणों तथा साथ-ही-साथ सौन्दर्य का विशेष ध्यान रखता है। सुन्दर मूर्तियाँ ही सर्वप्रिय होती हैं। इसलिए उनमें अलंकरण की मात्रा भी पूर्णरूप से दिखाई देती है। ऐसी कलाकृति कलाकार पुरस्कार पाने की भावना अथवा लालसा से नहीं बनाता। उसका एकमात्र कारण धार्मिक साधना को आसान बनाना है। ये मूर्तियाँ अपने स्वस्थ एवं पवित्र सौन्दर्य के कारण लोक कलाकार की सफलता की जीवित साक्ष्य हैं। निश्चित नियमों एवं कल्पित परम्पराओं से बँधे रहने के बावजूद कलाकार इन मूर्तियों में ताज़गी और रस का संचार करता है। इन मूर्तियों के सरस सौन्दर्य एवं कोमलता को देखकर दर्शक का मन प्रतिमा के साथ पसीजता-सा लगता है। मूर्तियों को देखने से आँखों की तृप्ति के साथ आन्तरिक सुख और सन्तोष की प्राप्ति होती है। वे अपने आन्तरिक सौन्दर्य की ओर भी आकर्षित करती हैं न कि केवल बाहरी सौन्दर्य पर अटकाये रहती हैं। इन मूर्तियों में आध्यात्मिकता और बौद्धिकता के सुन्दर सामंजस्य के साथ-साथ आध्यात्मिक भावनाओं की सचेष्टता स्पष्ट अभिव्यक्त है।

इन मूर्तियों में कला के ऐश्वर्य, स्वाभाविकता, जीवन के प्रति सरसता, भावुकता

के साथ-साथ आलंकारिकता और आध्यात्मिकता का सुन्दर सम्मिश्रण हुआ रहता है। इन धार्मिक मूर्तियों के आसनों के कोरों पर बेलबूटे की नक़्क़ाशी होती है। सिर पर लम्बे बाल, शरीर पर वस्त्र रहता है। वस्त्र शरीर से चिपका-सा रहता है। इस प्रकार मूर्ति को नग्न नहीं दिखाते हुए भी शरीर के सौन्दर्य के निखार को अभिव्यक्त करता है।

मूर्तिकला वास्तुकला का ही एक अंग है। मूर्तियों में नाग-नागिन की मूर्तियाँ अत्यन्त प्रधान हैं क्योंकि नागों का भारतीय धर्म और कला से निकट का सम्बन्ध रहा है। अथर्ववेद, यजुर्वेद और गृह सूत्रों में भी नाग पूजा का उल्लेख है। लोक-कथाओं में नागों का वर्णन है तथा मन्त्र साहित्य में सर्प मन्त्र का उल्लेख है। अधिकतर पूजा नाग-नागिन की होती है जो फन से युक्त होते हैं। लोक कला में इन नागों का उल्लेख देवता की पंक्ति में होता है। इसी आधार पर कला में भी उन्हें अभिव्यक्त किया गया है। नागों को धार्मिक विश्वास में जीवनदायिनी शक्ति का संरक्षक तथा धन का रक्षक माना गया है।

इन मूर्तियों का निर्माण विभिन्न भावों और पौराणिक कथाओं को अभिव्यक्त करने के लिए किया गया है। मूर्तियों के अंगों की रचना में मानवीय विषयी भावना और आध्यात्मिक भावना का समावेश होता है। ये मूर्तियाँ सामने और बगल से पूरी और चौकोर कटी मालूम पड़ती हैं पर पीछे से हलकी गोलाई लिए चपटी-सी होती हैं। इन मूर्तियों के नीचे आसन में इनके वाहन का चिह्न स्पष्ट रूप से लक्षित होता है जैसे—लक्ष्मी के नीचे उल्लू, गणेश जी के नीचे चूहा तथा सरस्वती जी के नीचे हंस आदि, शिव की मूर्ति लिंग स्वरूप में मिलती है।

अयोध्या के प्रत्येक मन्दिर में सूर्य का निशान अवश्य बना होता है क्योंकि राम सूर्यवंशी राजा थे। अधिकतर चित्रों में सूर्य को एक गोले के रूप में तथा उसके चारों तरफ़ किरणें निकलती हुई दर्शायी जाती हैं। गोलाकार रूप के बीच में आँख, माथा, नाक तथा मुँह का चिह्न भी अंकित रहता है। सूर्य की यह मूर्ति दर्शन नगर के चारों द्वारों की दीवार पर दोनों तरफ़ बनी हुई हैं।

यज्ञ कुण्ड—धूप, पानी तथा वायु से बचने के लिए दर्शकों और याचकों के बैठने के लिए स्थान आदि का प्रबन्ध किया जाता है। यज्ञ कुण्ड की प्रज्वलित अग्नि का धुआँ आसानी से बाहर निकलने के लिए झोपड़ी की छत चिमनीनुमा बनायी जाती है। लम्बे बाँसों को एक सिलसिलेवार ढंग से खड़ा कर दिया जाता है। और ऊपर से बाँधकर चिमनी का ढाँचा तैयार कर लिया जाता है। फिर लकड़ी या बाँस को हलके तौर पर बाँधकर ऊपर से फूस डालकर छत तैयार कर ली जाती है। दीवार भी फूस या मिट्टी की ही रहती है। यज्ञवेदी कई प्रकार की होती है। जैसे—वर्गाकार,

त्रिभुजाकार, पंचभुजी, षट्भुजी, अष्टभुजी आदि। इन यज्ञकुण्डों के आधार पर ही मन्दिरों के गर्भगृहों का भी विकास हुआ है।

वैदिक साहित्य में धार्मिक वस्तु के रूप में यज्ञवेदी और यज्ञशाला का उल्लेख मिलता है। इसे भारतवर्ष का आदिम धार्मिक वास्तु कह सकते हैं। तत्कालीन एवं समकालीन यज्ञवेदी मिट्टी और कुश के बने चबूतरे और यज्ञशाला प्रारम्भिक छाजन वाली झोपड़ियाँ रही हैं। तत्पश्चात् वेदिका को कलात्मक रूप दिया जाने लगा। ये यज्ञवेदी विभिन्न आकारों जैसे—गोलाकार, वर्गाकार, त्रिभुजाकार, चतुर्भुज, पंचभुज और षट्भुज में होते हैं। यज्ञशाला के पवित्र धार्मिक भवन सम्भवतः बाँस और फूस के बनाये जाते हैं।

(ग) संगीत कला

ललित कलाओं में मूर्धन्य मानी जाने वाली कला संगीत कला है। संगीत कला के महिमा-वर्णन में भर्तृहरि का कहना है कि जो व्यक्ति संगीत कला से अनभिज्ञ है वह निःसन्देह रूप से पशु है। अन्तर इतना है कि वह पूँछ और सींग से रहित है।

"साहित्य संगीत कला विहीनः, साक्षात्पशु पुच्छ विषाण हीनः।।"

वैन्य पृथु के पूर्व न तो गान्धर्व विद्या (संगीत) का प्रसंग ही उपलब्ध है और न इस कला की उत्पत्ति का विवरण ही है। अनुमानतः संगीत कला के आद्याचार्य सूत और मागध हैं। सूत और मागध की उत्पत्ति के विषय में पौराणिक प्रतिपादन यह है कि पृथु ने उत्पन्न होते ही 'पैतामह यज्ञ' का अनुष्ठान किया था। इस अनुष्ठानीय मान यज्ञ से सोमाभिषव के दिन सूति (सोमाभिषव भूमि) से महामति सूत की उत्पत्ति हुई और उसी महायज्ञ में बुद्धिमान मागध का जन्म हुआ। मुनीश्वरों के आदेश से सूत और मागध ने पृथु के भावी कर्मों के आश्रय से स्वररहित स्तवन किया और उनके द्वारा वर्णित गुणों को अपने हृदय में उन्होंने धारण भी किया।[4]

संगीत कला की उत्पत्ति सामवेद से हुई। पौराणिक कथा के अनुसार वाल्मीकि रामायण को लव-कुश ने रामदरबार में विभिन्न राग-रागनियों में गाकर सुनाया था।

"शिष्ट कलाकृति को लोक कला में उतारा जा सकता है उसमें अनगढ़पन नहीं होता। लोक कलाकृति की सहजता का कारण उसका अशिक्षित जनता में प्रचार या अशिक्षित जनता द्वारा रचा जाना नहीं, बल्कि उसकी सहजता का मर्म है, उसकी लोककण्ठ द्वारा स्वीकृति, उसकी कसौटी है लोगों की पसन्द। उसे अलंकार की परवाह नहीं है उसे चिन्ता है समताल एवं सन्तुलन की। इसलिए उसकी चिर-नवीनता सुरक्षित है। वह पुनरुक्ति से नहीं डरती बल्कि उलटे पुनरुक्ति से और भी बल प्राप्त करती है। इन कलाओं में उसी प्रतीक मूर्त को ध्यान में लाया जाता है जो प्रत्येक घर में

एवं व्यवहार में सामने आता है। अपने-आप लय माधुरी से उसका सहज अलंकरण उसी प्रकार हो जाता है जिस प्रकार टहनी पर खिले हुए फूल को किसी टीका का ज़रूरत नहीं होती कि उसको चमकाये या दीपक की लौ को किसी रेशमी परिधान की ज़रूरत नहीं होती कि उसे और द्युतिमान बनाये। लोक कलाकृति प्रातःकाल के निराभरण गगन का जीता-जागता रूप है उसमें प्रकाश है, प्रतिग्राह्यता है, अविमृष्ट सौरभ है और पक्षियों के कोकलालाप का माधुर्य है। कहा जा सकता है कि 'कृति तो समाज के संस्कार की देन है।[5]

"यह समझना कि लोक कला की रचना असंस्कृत जीवन की रचना है सबसे बड़ा मज़ाक़ होगा, क्योंकि संस्कृति का जो शाश्वत राग हो सकता है वही लोक जीवन की श्वास बनकर मुखरित होता है।

संस्कृति का क्षणभंगुर उपकरण लोक जीवन तक नहीं पहुँच पाता और इसीलिए लोक जीवन के श्वास-प्रश्वास से मुखरित होने वाला स्वर जिस राग को गुंजरित करता है वह संस्कृति का सबसे मर्मभूत, सबसे अनश्वर और सबसे शिवप्रद राग होता है। हमारी लोक कलाएँ हमारी उस उदात्त और महान संस्कृति का अंकुर सींचती रही हैं जिन्हें आँधी-पानी से लोक जीवन में ओट मिल सका।"[6]

वस्तुतः लोक कला द्वारा मानव के मानस के मर्म का स्पर्श एवं उस पर युगों-युगों से जुड़े प्रभावों का रूप देखने को मिलता है। लोक-गीतों द्वारा लोक कलाकार लोक जीवन के सत्यों को प्रेषित करते हैं।

लोक गीत के प्रकार–

1. संस्कार गीत : इसमें जन्म के समय गाये जाने वाले सोहर, मंगलगान, मुण्डन गीत, जनेऊ गीत तथा विवाह गीत आते हैं।

2. ऋतुगीत : ऋतु गीत के अन्तर्गत विभिन्न ऋतुओं में गाये जाने वाले गीत जैसे–सावन के गीत अर्थात् कजरी या झूला गीत, होली, चैता, बारहमासी, कंहरवा आदि आते हैं। इसके अन्तर्गत विरहा गीत भी आते हैं।

3. क्रियागीत : ये गीत विभिन्न क्रियाओं अथवा कार्यों के करने के अवसर पर गाये जाते हैं जैसे–चक्की पीसने, निराई, रोपाई, बुआई और फसल कटाई के समय गाये जाने वाले गीत।

4. क्रीड़ा गीत : ये गीत मनोरंजन गीत हैं जो हर मौसम में मनोरंजनार्थ गाये जाते हैं जैसे–कहरवा गीत, नकटा गीत आदि।

5. भजन एवं देवी गीत : लोक-गीतों में भजन एवं देवी गीत का महत्त्वपूर्ण स्थान है। मन्दिरों में भगवद् भजन प्रतिदिन होते रहते हैं तथा कथा भागवत के समय भी

ये गीत गाये जाते हैं। इसके अलावा देवी गीत जो भजन सदृश्य होते हैं परन्तु उनमें देवियों का यशोगान किया जाता है।

इस प्रकार अयोध्या क्षेत्र के प्रसिद्ध लोक-गीत उपरोक्त हैं जो राम के जीवन एवं रामकथा से सम्बन्धित होते हैं। इन गीतों में रामजी का यशोगान किया जाता है। लोक-गीत, लोक-मानस के व्यक्तिगत एवं सामूहिक सुख-दुख की लयात्मक अभिव्यक्ति होते हैं। लोक-गीत लोककण्ठ की मौखिक परम्परा की धरोहर और लोक-मानस की विविध चिन्ता धारणाओं के कोष माने गये हैं। ये लोककण्ठ में ज्यों के त्यों सुरक्षित रहते हैं।

अयोध्या की विशेष शैली रामायण गान की है जो क़िलाधीश स्वामी सीताराम शरण जैसे सन्तों के मुखारविन्द से श्रवण करने को ही मिल सकती है।

अवध की दूसरी शैली राम धुन की है जो परम्परागत है जैसे—राम राम सीताराम।

भगवान की दैनिक दिनचर्या के भी गीतों की एक परम्परागत शैली है जैसे—प्रातःकाल जगाने की, आरती की, भोग की, विश्राम कराने की तथा रात्रि में शयन की आरती, जिसे सुनकर मन तदाकार हो जाता है। समय-समय पर होने वाले उत्सव में संगीत से ही कला में सरसता आ जाती है। भगवद् गीत सुनकर ही राम की कीर्ति एवं कथा चलचित्र की भाँति दिखाई पड़ने लगती है।

(घ) नृत्य कला

ऋग्वेद में नृत्य कला के अभ्यास का वर्णन मिलता है। कुमारी युवती कन्याओं के नृत्य का प्रसंग बहुधा उपलब्ध होता है। यह भी सूचना है कि उस समय स्त्रियों के अतिरिक्त पुरुष भी अवसर-अवसर पर नृत्य करते थे। 'शतपथ ब्राह्मण' में नृत्य संगीत और क्रीड़ा में व्यस्त रहने वाली अप्सराओं का उल्लेख हुआ है किन्तु वैदिक साहित्य में किन्नरों की चर्चा नहीं है। " 'जातक साहित्य' के अनुसार बौद्धकाल में नृत्य कला को तिरस्कार की दृष्टि से देखा जाता था। किन्तु अप्सराओं और किन्नरों को वहाँ नृत्यक्रिया से सम्बद्ध प्रदर्शित किया जाता है।"[7]

"पाणिनी नृत्य कला से परिचित प्रतीत होते हैं क्योंकि उन्होंने गात्र विक्षेपार्थक नृती धातु के ऊपर अपनी टीका में 'शिलालिन' और 'कृशाश्विन' नामक दो व्यक्तियों को नृत्य सम्बन्धी दो सूत्रों के प्रणेता के रूप में प्रस्तुत किया है।"[8]

पौराणिक कहानियों से ज्ञात होता है कि प्रारम्भिक काल में ही राजपरिवार की महिलाओं एवं धनिक परिवारों ने नृत्य कला का बीजवपन किया था, किन्तु जातक युग में आकर उच्च्व परिवारों की उपेक्षा से इस कला का पतन हुआ और तदन्तर वंश परम्परागत क्रम से एक विशिष्ट वर्ग के व्यवसाय के रूप में यह परिणत हो गयी।[9]

लोक नृत्य—लोक कलाओं में लोक नृत्यों को जो जन-जीवन के सामाजिक और सामूहिक सौन्दर्य के प्रतीक हैं, जिनकी विविधता में वह एकता है जो हमें अपने दार्शनिक जीवन से सम्बन्ध रखने में, उसको जन-जीवन में उतारने में बड़ी सहायक होती है। लोक-नृत्यों में जनरुचि से लोक कलाकारों को प्रेरणा एवं गति मिलती है जो लोक-नृत्य कला धूमिल हो चुकी थी और कुछ असंस्कृत लोगों के मनोरंजन की कला मानी जाती थी उसे जनगण से प्रतिष्ठा, सम्मान तथा प्रोत्साहन मिलने से ही उसमें नया जीवन, नवीन उद्देश्य और कला की रुचिरता आ रही है जिससे वह सबके लिए कल्याणकारी हो गयी है एवं जन-जीवन के अवसाद और निराशा के समय में कुछ हद तक उसे भुलाने में सहायक होती है।

लोक कलाओं द्वारा जनता के सुख-दुख, संघर्ष, सफलताओं एवं इच्छा-आकांक्षाओं की पूर्ण अभिव्यक्ति देखने को मिलती है क्योंकि लोक कलाओं के अतिरिक्त कला का और कोई रूप लोक भावनाओं की पूर्ण अभिव्यक्ति की क्षमता नहीं रखता। इसके द्वारा अथवा लोक स्तर पर ही जन-जीवन की पूर्ण सरसता की झाँकी देखी जा सकती है।

लोक कला की जड़ें जनमानस में बहुत गहरी जमी हुई हैं किन्तु उसको परिवर्तित परिस्थितियों के अनुरूप लाने के लिए प्रोत्साहन की अत्यन्त आवश्यकता होती है। लोक कला घर-घर में प्रकट होने वाली कला है।

लोक-नृत्य जन-जीवन के उल्लास और उसकी भावनाओं का प्रतीक होते हैं। लोक-गीतों की भाँति लोक-नृत्य में भी जन-जीवन के दैनिक क्रियाकलापों का चित्रण मिलता है। स्वाभाविकता और सरलता इसकी विशेषता है। लोक-नृत्य के लिए किसी प्रकार के शिक्षण या अभ्यास की आवश्यकता नहीं होती। शास्त्रीय नृत्यों की भाँति इसमें न तो दर्शकों की अपेक्षा होती है और न कलात्मक रूप से अपने भाव प्रकट करने का प्रयास ही होता है। वास्तव में नर्तक के अन्तर का उल्लास ही लोक-नृत्य का जन्मदाता है। उसके नृत्य को देखने के लिए जो लोग एकत्र हो जाते हैं वे भी नाचने वाले के उल्लास और भावनाओं की समवेत् रूप से अभिव्यक्ति करते हैं। इस प्रकार लोक-नृत्य शास्त्रीय नृत्य से नितान्त अलग अपना अस्तित्व रखता है किन्तु इससे यह न समझ लेना चाहिए कि लोक-नृत्य का शास्त्रीय नृत्य से कोई सम्बन्ध नहीं है। शास्त्रीय नृत्य का जन्म जनजीवन के प्रतीक लोक-नृत्यों से ही होता है और जब वह लोक नृत्यों से अपना सम्बन्ध भंग कर लेता है तो उसकी प्रगति अवरुद्ध हो जाती है।

भारत की चार प्रमुख नृत्य शैलियों में से कथक का जन्म एक लोक-नृत्य की जीवनदायिनी छाया में हुआ है। कथक नृत्य रासलीला के नृत्यों का ही विकसित

रूप है और उसके अनेक रूप रासलीला के पदों की ही भाँति होते हैं, इस बात के अनेक प्रमाण हैं कि प्राचीनकाल में अनेक लोक-नृत्य प्रचलित थे, परन्तु सामन्त युग के प्रभाव के कारण ग्रामीण जीवन और संस्कृति से उनका अटूट सम्बन्ध भंग हो गया और अब ये केवल बहुत थोड़े से लोगों के मध्य अपना अस्तित्व बनाये हुए हैं।

स्वतन्त्रता प्राप्ति के पूर्व अन्य लोक कलाओं की भाँति लोक-नृत्य समाज में अपनी प्रतिष्ठा खो चुके थे वे प्रायः नष्टप्राय हो रहे थे और यह समझा जाने लगा था कि लोक-नृत्य सुसंस्कृत समाज के देखने योग्य नहीं हैं। फलतः वे ऐसे ही लोगों के बीच प्रचलित रह गये जिन्हें नितान्त ग्रामीण और असंस्कृत समझा जाता था। संस्कार द्वारा इस खोयी हुई कला को प्रोत्साहन मिलने से लोकनृत्य कलाओं का समुचित विकास हो रहा है तथा उनसे नृत्य कला को नया जीवन और नयी प्रेरणा प्राप्त हो रही है।

अयोध्या क्षेत्र में प्रचलित लोक-नृत्य जाति विशेष की सम्पत्ति हैं और दूसरी जाति वाले उन्हें नहीं सम्पन्न करते हैं। जैसे—

अहीरों का नृत्य : यह नृत्य इस जाति समूह द्वारा जन्मोत्सव, विवाह आदि अवसरों पर होता है। पैरों और कमर में घुँघरू बाँधे और जाँघिया पहने हुए नाचने वाले, ढोलक की गति पर नाचते हैं।

कहरवा नृत्य : अहीरों के नृत्य की भाँति कहारों का जातीय नृत्य कहरवा है। यह एक समवेत नृत्य है। इसके भी नृत्य कलाकार ढोल तथा बड़े झाँझ की थाप एवं गति पर नृत्य करते हैं। यह नृत्य भी विभिन्न संस्कारों जैसे—जन्मोत्सव, मुण्डन, विवाह एवं वृद्ध व्यक्ति के श्राद्ध उत्सव पर प्रस्तुत किया जाता है।

चमारों का नृत्य : इनके नृत्य अपने व्यंग्य और विदूषक की विशेषता के लिए प्रसिद्ध हैं।

धोबिया नृत्य : इसी प्रकार धोबी जाति समूह का नाच धोबिया नाच कहलाता है। इसमें अंगरखा एवं धोती पहनते हैं तथा कमर में छोटी-छोटी घण्टियों को बाँधे रहते हैं जो नाचते समय बहुत ही मधुर आवाज़ निकालती हैं। यह नाच ढोलक एवं घण्टा-घड़ियाल की थाप एवं गति पर होता है।

इनके अतिरिक्त वर्षा ऋतु के आगमन के साथ ही कजरी गायन एवं उसके साथ नृत्य, मंगल नृत्य, उल्लास नृत्य, नौटंकी के नृत्य बारात एवं देवी पूजन के विशेष समारोह में बाजे के साथ नृत्य आदि भी लोक-नृत्य में आते हैं।

लोक-नृत्य की विशेषता है कि इसमें सम्मिलित होने के लिए किसी प्रकार की नृत्य शिक्षा आवश्यक नहीं है। इसमें जाति या गाँव के प्रत्येक स्त्री-पुरुष भाग ले सकते हैं। ये सरल होते हैं तथा इनमें एक निश्चित क्रम से पद उठते-गिरते रहते हैं

और साथ-साथ लोक गीत-संगीत चलता रहता है। इसका सबसे बड़ा आकर्षण वेशभूषा की विभिन्नता है। रंगीन रंग-बिरंगे वस्त्रों से सारा वातावरण रंजित हो उठता है और दर्शक की आँखें नर्तक समूह पर गड़ी रह जाती हैं। कोई त्योहार, कोई मेला, कोई पर्व हो, नृत्य समारोह के लिए उपयुक्त अवसर है। इसीलिए यह नृत्य विभिन्न अवसरों पर सम्पन्न किया जाता है।

लोक-गीतों के समान लोक-नृत्य की कथावस्तु भी प्रायः ग्रामीण जीवन के विभिन्न क्रियाकलापों से सम्बन्धित होती है इन लोक-नृत्यों में सुन्दर अंग-संचालन, स्पष्ट भाव प्रदर्शन और स्फूर्तिदायक संगीत देखने-सुनने को मिलता है।

लोक कला जन जीवन से सीधा सम्बन्ध रखने के कारण ही लोकप्रिय है। लोक कलाओं में लोक-नृत्यों को जो जन-जीवन के सामाजिक और सामूहिक सौन्दर्य का प्रतीक हैं, जिनकी विविधता में वह एकता है जो हमें अपने दार्शनिक जीवन से सम्बन्ध रखने में तथा उसको जन-जीवन में उतारने में बड़ी सहायक होती है। लोक-नृत्यों में जनरुचि से लोक कलाकारों को प्रेरणा एवं गति मिलती है। जो लोक-नृत्य कला धूमिल हो चुकी थी और कुछ असंस्कृत लोगों के मनोरंजन की कला मानी जाती थी, उसे जनगण से प्रतिष्ठा एवं सम्मान तथा प्रोत्साहन मिलने से उसमें नया जीवन, नवीन उद्देश्य और कला की रुचिरता आ रही है जिससे वह सबके लिए कल्याणकारी हो गयी है एवं जीवन के अवसाद और निराशा के समय में कुछ हद तक उसे भुलाने में सहायक होती है।

लोक कलाओं द्वारा जनता के सुख-दुख, संघर्ष, सफलताओं एवं इच्छा-आकांक्षाओं की पूर्ण अभिव्यक्ति देखने को मिलती है। क्योंकि लोक कलाओं के अतिरिक्त कला का और कोई रूप लोक भावनाओं की पूर्ण अभिव्यक्ति की क्षमता नहीं रखता। इसके द्वारा अथवा लोक स्तर पर ही जन-जीवन की पूर्ण समरसता की झाँकी देखी जा सकती है।

लोक कला की जड़ें जनमानस में बहुत गहरी जमी हुई हैं। किन्तु उसको परिवर्तित परिस्थितियों के अनुरूप लाने के लिए प्रोत्साहन की अत्यन्त आवश्यकता होती है। लोक कला घर-घर में प्रकट होने वाली कला है।

अन्य लोक-नृत्य (अयोध्या के मन्दिरों में होने वाले) : अयोध्या चूँकि एक धार्मिक स्थान है। इसलिए यहाँ पर राम के चरित्र एवं जीवन के सभी पक्षों से सम्बन्धित नृत्य होते रहते हैं। यहाँ के रसिक सम्प्रदाय से जुड़े व्यक्ति चौबीसों घण्टे भगवान की पूजा-अर्चना नृत्य द्वारा ही करते रहते हैं। ये लोग अपने को भगवान की पत्नी एवं सखी मानते हैं। इनका पहनावा चाहे वह पुरुष हो या स्त्री, सभी लहँगा और चुनरी तथा सभी प्रकार के आभूषण होता है। इनके रूप

एवं नृत्य झुंझुनियाँ घाट, गोला घाट, लक्ष्मण क़िला तथा रसिक सम्प्रदाय के सभी मन्दिरों में देखे जा सकते हैं।

अयोध्या में प्रसिद्ध दूसरा नृत्य कथक नृत्य है जो सावन के मेले में अधिकतर मन्दिरों में देखने को मिलता है। ये नृत्य कलाकार भगवान के झूले के सामने उनका यशोगान करते हुए नृत्य करते हैं।

दुलदुल घोड़ा नृत्य अत्यन्त प्राचीन एवं मनोरंजक लोक-नृत्य है। इसका प्रदर्शन मेले में भगवान की बारात में व मुस्लिम धर्म के उत्सवों में अब भी देखने को मिलता है।

(ङ) नाट्य कला

"भारत के नाट्यशास्त्र के अनुसार नाट्य अथवा रूपक संगीत, नृत्य एवं कविता का समन्वय करने वाली उत्कृष्ट कला है।"[10]

"पाराशर्या शिलालिभ्यां भिक्षं नटसूत्रयोः"[11]

(अष्टाध्यायी, पाणिनि, 44/1/110)

परवर्ती नाटकों, संगीत-रूपकों एवं भित्ति चित्रों पर नाट्यशास्त्र का प्रभाव सुस्पष्ट है।

"विष्णुधर्मोत्तर पुराण के अनुसार तो अनेक परवर्ती कलाओं का आधार नाट्यशास्त्र ही है। साँची और अजन्ता का शिल्प-सौन्दर्य इसके ज्वलन्त उदाहरण हैं। अयोध्या में विभिन्न मन्दिरों पर उकेरे गये राम के जीवन से सम्बन्धित चित्र भी इसके उदाहरण हैं। ऋग्वेद की ऋचाओं में उषा को आलोकसिद्ध नर्तकी कहा गया है—रंगमंच तथा अभिनय की प्राचीनतम पारिभाषिक शब्दावली का उल्लेख भी हमें इसकी ऋचाओं में मिल जाता है। भारत में उपलब्ध लिपिबद्ध साहित्य यह बताने में असमर्थ है कि नाट्यकला का समारम्भ सुदूर अतीत में कब, कैसे और किसके द्वारा हुआ। आज भी नाट्य के आदिम रूप में प्राप्त कठपुतली और स्वाँग की जो परम्परा हमारे देश में प्रचलित है उसका उद्भव शिष्ट और परिष्कृत रंगमंच से बहुत पहले का है। इसके बावजूद इनकी कलात्मक अभिव्यक्ति सार्वजनिक इतिहास का संकेत करती है। प्रारम्भिक नाटकों का जन्म कैसे हुआ, यह श्री विष्णु कुमार त्रिपाठी के शब्दों में निम्नलिखित है—

"प्रारम्भिक प्राकृतिक अवस्थाओं में मानव शारीरिक रूप से इतना अक्षम था कि जीवनयापन और आत्म-संरक्षण के लिए उसे विवेक, साहस और अनुभव विनिमय का आश्रय विशेष रूप से लेना पड़ा, मनुष्य के पास सुरक्षा के लिए सींग नहीं थे, उसके तलुए कँटकों को आहत करने में खुरों के समान सशक्त नहीं थे। न वह बन्दर की तरह छलाँग भर सकता था और न ही मृग की भाँति दौड़ सकता था।

दाँत और नाखून भी ऐसे नहीं थे जो सुरक्षा में सहायक होते। इच्छानुसार पादप वृन्द तोड़ने के लिए उसके पास न तो सूँड थी और न ही उड़ने के लिए पंख। वह ऐसे जीव-जगत् से घिरा हुआ था जो उसे नष्ट कर सकता था। इन स्थितियों में जीवित और सुरक्षित रहने के लिए उसे कुछ विशेष प्रयास करने पड़े होंगे। स्वभावतः जब किसी आक्रमणकारी हिंसक से बचने के लिए भागता हुआ वह बेदम हुआ होगा तो किसी वृक्ष की शाखा पर लटक गया होगा या किसी गुफा में उसने आश्रय लिया होगा या फिर पत्थर फेंककर उसे अपने से दूर रखा होगा। भूख लगने पर उसने किसी बाँस के सहारे या ढेले फेंककर फल-फूल प्राप्त किये होंगे। स्वयं सुरक्षित और सन्तुष्ट हो जाने पर जब किसी दूसरे आदमी को वैसी ही आसन्न विपत्ति में देखा होगा तो किसी ऊँचे टीले पर खड़े होकर उसने संकेतों या हाव-भाव द्वारा उसे अपने पास बुलाया होगा या फिर किसी और तरीक़े से विपत्ति निवारण का उपाय समझाया होगा। इसी आदिम अनुभूति विनिमय ने मंच अभिनय, भाषा, कला और सामुदायिक भावना को जन्म दिया होगा।"[12]

हमारे दश के रंगमंच की यह विशेषता है कि नाटक के मंच पर प्रत्येक व्यक्ति आ सकता है क्योंकि जो कुछ समाज में, परिवार में, देश में होता है, उन सभी तत्त्वों का मंचन किया जाता है।

अयोध्या की रामलीला—रामायण, महाभारत, कृष्ण-चरित्र तथा अन्य चरित्रों को देखकर हम उस युग की कल्पना कर सकते हैं। इनके चरित्र को देखकर, हम उनके आदर्शों का अनुकरण कर उसके अनुसार चलने का प्रयास करते हैं। राम को और उनके चरित्र को अपनी आँखों से न देखने के कारण ही हम रामलीलाओं पर आश्रित हो गये और इस प्रकार रामलीला का प्रचार और प्रसार हुआ। रामलीला देखकर हमारी आँखें तृप्त हो जाती है और कुछ समय के लिए भावविभोर होकर हम उस राम युग में पहुँच जाते हैं।

सम्पादक कपिल तिवारी जी के विचार रामलीला के बारे में निम्नलिखित हैं— अयोध्या के एक रामानन्दीय साधु और अयोध्या की एक परम्परागत रामलीला मण्डली के संचालक श्री जयरामदास जी ने उन्हें बताया था—"भारत में रामलीला का प्रचलन अयोध्या से ही शुरू हुआ और सन्त स्वामी भगवानदास जी ने अवध आदर्श रामलीला मण्डल की नींव रखी थी। यह एक सच्चाई भी है कि अवध की रामलीला परम्परा से किसी अन्य स्थान की लीला परम्परा पुरानी नहीं है। स्वामी भगवानदास जी एक रामानन्दीय साधु रहे हैं और तीन सौ साल पहले राम के आदर्शों को जीवन्त बनाये रखने के लिए वे रामलीलाएँ करते थे। यही रामलीला बहुत सामान्य परिष्कार के बाद आज भी की जाती है। एक स्वीकार्य तथ्य यह भी है

कि अवध की रामलीला के इस विकास में अयोध्या के ददुआ महाराज का योगदान भी नकारा नहीं जा सकता। डेढ़ सौ साल पहले ददुआ महाराज ने ही राजद्वार मंच आदि बनवाकर इसे आधुनिक रूप दिया था। वैसे 1961 में स्व. मास्टर रामदेवदास जी के द्वारा इसी मण्डल को पुनर्जीवित किये जाने के बाद अयोध्या की रामलीला परम्परा का आभास होने लगा।"[13]

कपिल जी रामलीला शैली की विशेषता तथा काशी की रामलीला से तुलना इस प्रकार करते हैं–"अयोध्या और काशी की रामनगर की रामलीला शैली की न तो कोई तुलना हो सकती है और न इनके विराट स्वरूप के सामने कोई लीला मण्डलियाँ ठहर सकती हैं। अमूमन अयोध्या रामलीला मण्डल की रामलीला देखकर ही हम वहाँ की लीला शैली की कल्पना कर सकते हैं। अयोध्या की रामलीला के पात्रों में दस प्रतिशत पात्र ब्राह्मण परिवार से ही होते हैं और रामानन्दीय भी। विरक्त साधुओं का बाहुल्य ही अयोध्या की रामलीला की विशेषता है।"[14]

अयोध्या की रामलीला की आधारशिला तुलसीकृत रामचरितमानस है जिसके पदों को गा-गाकर रामलीला खेली जाती है तथा हाव-भाव द्वारा कथा का वर्णन होता है। रामलीला में हनुमान एवं बन्दरों, रावण तथा राक्षसों के लिए मुखौटे का प्रयोग किया जाता है। हनुमान तथा बन्दरों के पीछे किसी लचीले तार की सहायता से पूँछ बनायी जाती है। इनमें कपड़े तथा गोटे लपेटे जाते हैं जो पात्र के कपड़ों के रंग के होते हैं। पहले ये लीलाएँ मंचों पर खेली जाती थीं। बीच में और अब भी कहीं-कहीं इन लीलाओं का मंचन मैदान में घेरे के अन्दर होता है। घेरे के चारों ओर दर्शक बैठे होते हैं। परन्तु पुनः इसे मंचों पर खेला जाने लगा।

श्री जयराम दास के अनुसार, "प्रारम्भिक काल में तो रामलीलाएँ मैदानी स्वरूप की हुआ करती थीं, किन्तु कालान्तर में यह स्वरूप बदलकर मंचीय और झाँकियों का हो गया। अयोध्या की रामलीला के संचालक रामानन्दीय साधु ही रहे हैं। स्वामी भगवानदास जी के उपरान्त साधु हनुमानदास, रामप्रियदास, बाबा राधेश्याम और मास्टर रामदेवदास अयोध्या की रामलीला परम्परा के साक्षी बने रहे हैं। साधुओं के द्वारा अयोध्या की लीला का संचालन होते रहने से रामलीला में अवध की मिट्टी की सुगन्ध आ गयी है। यह एक विलक्षण बात है।"[15]

ये रामलीलाएँ एवं नाटक विभिन्न मेलों में देखने को मिलते हैं। ये मेले हैं– सावन का झूला, दशहरा, नहान (पर्व स्थान) रामनवमी, रामविवाह तथा यज्ञ के अवसर।

रामलीला में हर उम्र के पात्र भाग लेते हैं, जैसे राम एवं उनके भाइयों के पात्र 12 वर्ष की उम्र तक वाले किशोर, सीताजी का अभिनय करने वाली स्त्रीपात्र 8 से 10 वर्ष के बीच, राक्षसों, मेघनाद, अंगद, कुम्भकर्ण, हनुमान आदि का अभिनय

करने वाले पात्र किशोरावस्था के, जामवन्त, दशरथ एवं जनक जी का अभिनय करने वाले पात्र प्रौढ़ावस्था के होते हैं। गुरु वशिष्ठ एवं विश्वामित्र आदि पात्र वृद्धा के होते हैं।

नाट्यकला के सांगीतिक पक्ष के बारे में सम्पादक जी का विचार है, "सांगीतिक पक्ष भी अवध की रामलीला की शास्त्रीय धुरी पर आधारित है। इसके संगीत-समायोजन से स्व. विन्दुजी महाराज, गोदावरीदास और श्री पागलदास जी महाराज 'पखावज सम्राट' का नाम जुड़ा हुआ माना गया है। अयोध्या की रामलीला का संगीत परम्परागत है, धार्मिकता इसमें गुँथी हुई है।"

आज भी रामलीला एवं नाटक में संगीत के गायन एवं वादन का मुख्य स्थान रहता है। प्रत्येक पद या चौपाई के साथ हारमोनियम व तबला की संगत रहती है। इसके अतिरिक्त युद्ध के समय बैण्ड-बाजा का बजना आदि है। रामलीला में वाद्ययन्त्रों की धुन एवं प्रसंग की धार्मिकता के कारण सारा वातावरण धर्ममय प्रतीत होने लगता है। यहाँ की रामलीला में राम को वनगमन के बाद कुटिया में तथा रावण को महलों में सिंहासन पर आरूढ़ दिखाया जाता है। रावण का अट्टहास बनावटी न लगकर वास्तविक लगता है। बीच-बीच में विदूषक भी दिखाये जाते हैं जो लोगों का मनोरंजन करते हैं।

राम-भरत मिलाप : रामलीला विजय दशमी के दिन रावण वध पर समाप्त हो जाती है। इसके दूसरे दिन एकादशी को राम-भरत मिलाप के प्रसंग का मंचन तथा संवाद बोला जाता है। कहीं-कहीं पर इस दृश्य को बीच में मंच बनाकर प्रस्तुत करते हैं जिससे चारों तरफ़ से दर्शक इसका अलौकिक आनन्द उठा सकें।

राम राज्याभिषेक : विजय दशमी के तीसरे दिन होता है 'राज्याभिषेक'। राज्याभिषेक में रामचन्द्रजी का दरबार सजाया जाता है। गुरु वशिष्ठ रूपी पात्र राम का राज्याभिषेक करता है। इस दिन राम की दिव्य सवारी अथवा विमान निकाला जाता है जिसे राम की बारात कहते हैं इस बारात में अन्य धार्मिक कथाओं की झाँकी (चौकी) भी निकाली जाती है जिसकी शोभा अद्वितीय होती है। राम राज्याभिषेक की दिव्यता के बारे में सम्पादक जी का कथन–

"रामराज्याभिषेक की प्रस्तुति की अपनी कलात्मकता है और सौन्दर्य भी। इसमें वह हिस्सा भी सम्मिलित है जो राम द्वारा प्रजाजनों को दिया गया उपदेश कहलाता है। इसे वास्तव में मानस की आत्मा कहा जाता है। अवध आदर्श रामलीला समिति ने इतने पात्रों को जुटा लिया है कि राम का उपदेश सुनने के लिए जैसे प्रजानन उपस्थित हों।"

आज भी अयोध्या क्षेत्र के लोक-गीतों में राम का नाम बार-बार लिया जाता है जैसे–

"रामहि राम हो रटन लागी जिभिया"

अर्थात् पूरा वातावरण ही राममय हो जाता है, चारों तरफ़ राम की गुँजार एवं 'जय श्री राम' के नारे गूँज उठते हैं।

आज भी रामलीला की अनेकों मण्डलियाँ है जो अपने आसपास रामलीला का मंचन करती हैं। ये मंच पर भी होती है और मैदान में भी। ये रामलीला मण्डलियाँ एवं नाट्य मंच निम्नलिखित हैं—साकेत नाट्य कला परिषद्, विभिन्न मोहल्लों की रामलीला समिति, अवध आदर्श रामलीला समिति, बाल रामलीला समिति आदि।

सन्दर्भ

1. विष्णु पुराण का भारत, डॉ. सर्वानन्द पाठक, पृ. 191
2. वही, पृ. 191
3. भारतीय संस्कृति का विकास, सत्यकेतु विद्यालंकार, पृ. 139
4. विष्णु पुराण का भारत, डॉ. सम्पूर्णानन्द पाठक, चौखम्बा प्रकाशन, तु.क. 1/13/51-64
5. उत्तर प्रदेश के लोक गीत, सूचना एवं जनसम्पर्क विभाग, उत्तर प्रदेश
6. वही।
7. विष्णु पुराण का भारत, डॉ. सर्वानन्द पाठक चौखम्बा प्रकाशन (तु.क.पो.वि.ई. 295)
8. पि.ब.इ. 313
9. क.हि.वा. 213
10. नाटक के तत्त्व, सिद्धान्त और समीक्षा, विष्णु कुमार त्रिपाठी, पृ. 23
11. वही।
12. नाटक के तत्त्व, सिद्धान्त और समीक्षा, विष्णु कुमार त्रिपाठी, पृ. 24
13. चौमासा पत्रिका, 13 फरवरी, 1987, सं. कपिल तिवारी, पृ. 30
14. वही।
15. वही, पृ. 39

अयोध्या की लोक कला का वर्गीकरण

(क) भित्ति चित्र

दीवारों पर उरेहे गये चित्र भित्ति चित्र कहलाते हैं। भारत में सोलह संस्कार होते हैं। इनमें से जन्म संस्कार, नामकरण संस्कार, यज्ञोपवीत संस्कार तथा विवाह संस्कार, मांगलिक शुभ संस्कार हैं जो हमारे देश में विभिन्न परिवर्तनों के साथ बड़े उत्साह और आनन्द से मनाये जाते हैं। इन उत्सवों पर घर की दीवारें विशेषकर द्वार सजाये जाते हैं। परिवार की महिलाएँ दीवार पर रोली, हल्दी, चावल के आटे, गेरू तथा गोबर से विभिन्न प्रकार के आलेखन बनाती हैं जो भित्ति चित्र के नाम से विख्यात हैं।

इन लोक भित्ति चित्रों का विषय देवी-देवता, मानव, पशु-पक्षी, सूर्य, चन्द्रमा, तारे तथा दैनिक उपयोग में आने वाली वस्तुएँ जैसे—चकला, बेलन, चूल्हा, झाड़ू, मूसल, हँसिया, बाल्टी, कलश आदि वस्तुओं के साथ-साथ चित्र की सुन्दरता बढ़ाने के लिए फूल-पत्तियों का भी प्रयोग किया जाता है। विवाह के अवसर पर बनाये जाने वाले चित्रों में शिव-पार्वती, गणेश जी अधिकतर रिद्धि-सिद्धि सहित, राम-सीता, लक्ष्मी, वर-वधू, हाथी-घोड़े, देवरानी-जेठानी, केले का पेड़ और विभिन्न प्रकार के बेल-बूटे चारों तरफ़ के आलेखनों में चित्रित किये जाते हैं। द्वारपाल घोड़े पर चढ़े हुए तथा ग्वालिनें सिर पर घड़ा रखे हुए आदि बनायी जाती हैं। इन चित्रों को रँगने के लिए रुई की फुरेरी तथा दातून को कूचकर बनाये गये ब्रश का प्रयोग करते हैं। रंगों में नीला, पीला, लाल, केसरिया आदि का प्रयोग किया जाता है। देवी-देवताओं की पोशाक में अधिकतर प्रचलित पोशाक ही सर्वत्र प्रचलित है और सिपाही आदि की पोशाक पर स्थानीय प्रभाव अवश्य होता है। पशु-पक्षियों के चित्रण में भी भावाभिव्यक्ति से काम लिया जाता है।

इस प्रकार के चित्रों की रचना की विधि साधारण है। साधारण रंगों को गोंद के पानी में घोलकर रुई की फुरेरी या ब्रश द्वारा रँगा जाता है। छाया, प्रकाश प्रदर्शित नहीं किया जाता है। पृष्ठभूमि पहले हलके पीले रंग से अथवा गोबर से लीपकर

अथवा चूने से पोतकर बना ली जाती है, फिर वस्त्र आदि को चित्रित किया जाता है। अवयवों को प्रकट करने के लिए नीली अथवा लाल रेखाओं द्वारा पूरी आकृति को उभार दिया जाता है।

संस्कारों के भित्ति चित्र—जन्म से लेकर मृत्युपर्यन्त तक होने वाले सांस्कृतिक लोकाचारों के उपलक्ष्य में बनायी जाने वाली लोक कलाकृतियाँ इसके अन्तर्गत आती हैं। शिशु जन्म से लोक कला आरम्भ होती है और मृत्युपर्यन्त तक चलती रही है। हिन्दू धर्म के अन्तर्गत सन्तानोत्पत्ति एक पुण्य कार्य है जो प्रत्येक दम्पति के लिए उसके लौकिक और पारलौकिक उद्धार के लिए आवश्यक है। ऐसी मान्यता है कि निःसन्तान व्यक्ति का कभी उद्धार नहीं होता। वह संसार के बन्धनों में बँधा रहता है। इसलिए बन्ध्या स्त्री एवं निरवंशी पुरुष की अवहेलना की गयी है।

सन्तान में भी कन्या की अपेक्षा पुत्र को अधिक महत्त्व दिया जाता है क्योंकि वही पिण्डदान करता है। अतः पुत्र का जन्म परिवार में हर्षोल्लास का कारण होता है। इस कारण पुत्र जन्म के उपलक्ष्य में तरह-तरह के भूमि, देहरी व भित्ति अलंकरण बनाये जाते हैं। जिसको मान्य लोग (सास, देवरानी, जेठानी) ही बनाते हैं। इसका स्पष्टीकरण लोक-गीतों द्वारा होता है।

यों तो अधिकतर भित्ति या भूमि पर अलंकरण बनाना जन्म व छठी के दिन से शुरू होता है परन्तु जन्म से पहले (साथर पूजा) की रस्म है। जन्म के समय में एक कलश में घरेलू औषधियों को गर्म जल में डालकर रखा जाता है जिसे चेरुआ कहा जाता है। इस घड़े के ऊपर गोबर की उभरी हुई आड़ी-तिरछी खड़ी कलात्मक रेखाएँ खींच दी जाती हैं। कहीं-कहीं उसमें जौ भी लगा दिये जाते हैं। कहीं-कहीं उस पर हल्दी के घोल में हाथ डुबोकर पूरे हाथ की छाप लगा दी जाती है जिसे थापा कहते हैं।

जन्मोत्सव के बाद दूसरा उत्सव छठी का होता है। जच्चा को छठी पूजन के लिए पीले वस्त्र पहनाकर सौर गृह से बाहर निकाला जाता है। ननद अथवा मान्य इस समय सौर गृह के बाहर की भित्ति पर गोबर से स्वास्तिक बना देती हैं। कहीं-कहीं पर सीकें भी लगायी जाती हैं तो कहीं-कहीं जौ गाड़े जाते हैं। कहीं-कहीं पर तो चूने से पुती दीवार पर हल्दी से भित्ति चित्रण किया जाता है। ननद (बच्चे की बुआ) बच्चे को काजल लगाती है इसके बदले उसे नेग प्राप्त होता है।

इसके बाद अक्षर ज्ञान का संस्कार मनाया जाता है, इसमें कॉपी पर पहले स्वास्तिक का चिह्न हल्दी से बनाकर तथा रोली से उसके चारों कोनों में बिन्दी रखकर उस पर अक्षत (चावल) चढ़ा सरस्वती पूजन के बाद विद्यारम्भ की जाती है।

मुण्डन संस्कार में भी बच्चे के सिर के बालों (गर्भ वाले) को मुँड़वा कर उस पर हल्दी या रोली से स्वास्तिक बना दिया जाता है। उपनयन संस्कार में

तो काफ़ी विधि-विधान किया जाता है। चौकी पर विभिन्न प्रकार की आकृतियाँ बनाई जाती हैं।

जीवन का सबसे महत्त्वपूर्ण संस्कार विवाह संस्कार है। इस अवसर पर कन्या व वर पक्ष के घरों में ख़ूब सजावट होती हैं जो कि उत्तर प्रदेश में विभिन्न नामों से जानी जाती है। अवध में इसे 'मायन' या 'कोहबर' के नाम से पुकारा जाता है। यह वह कमरा है जहाँ विवाह के समय विभिन्न रस्में निभायी जाती हैं। ये कोहबर अथवा मायन अपने कलापक्ष द्वारा लोगों का मन मोह लेते हैं। कोहबर से ही विवाह की रस्में शुरू होती हैं और यहीं पर समाप्त हो जाती हैं। यहीं देवस्थापना होती है, यहीं पर मातृका देवी का पूजन आरम्भ होता है। इसी में आँधी, पानी तथा अन्य उत्पातों को विधिवत् आमन्त्रित करके मिट्टी के पात्र में पीले वस्त्र से बन्द करके रख दिया जाता है और विवाह होने तक उनसे बाहर न निकलने की प्रार्थना की जाती है।

कोहबर को ऐसे स्थान पर पुरोहित से शुभ साइत (शुभ समय) निकलवाकर बनाया जाता है, जहाँ सब लोग आते-जाते न हों और टोना-टोटका का कोई डर न रहे। कोहबर को प्रायः घर के पूर्वी भाग में दीवार पर बनाने का प्रचलन है। यह लड़की के यहाँ विविध वैवाहिक संस्कारों तथा लड़के के घर पर सुहागरात का कमरा होता है। महीनों पहले से लीप-पोतकर घर सजाना आरम्भ हो जाता है कहीं-कहीं तो पूरा कमरा ही चित्रित कर दिया जाता है। इसमें सभी देवी-देवता, पशु-पक्षी, सुहाग का सामान, केले, आम, सुपारी, अनार, कटहल आदि वृक्षों का फलसहित, पुरइन (कमल) की बेल-पत्ते, विभिन्न प्रकार के सुन्दर लुभावने पशु-पक्षी, सूर्य-तारे आदि बने होते हैं। अवध में अधिकतर सोलह मातृकाएँ गोबर से बनाकर बीच में लगा देते हैं। कहीं-कहीं ज्यामितीय आकारों पर आधारित कोहबर को फूल-पत्तियों से भी सजाया जाता है। अन्दर ठीक बीचोबीच स्थान पर गोबर की पिड़ियाँ लगायी जाती हैं जिन्हें मातृकाएँ कहते हैं। कोहबर में दुल्हा-दुल्हन पूजा करते हैं तथा अपना-अपना नाम लिख देते हैं। कहीं-कहीं कोहबर के आसपास रामचरितमानस की यह चौपाई लिख दी जाती है—"जब लग गंग जमुन जलधारा, हमर रहे अहिबात तुम्हारा।" अर्थात् जब तक गंगा-जमुना में जल है तब तक तुम्हारा सुहाग अमर रहे, तुम्हारा पति सुखी रहे।

कोहबर के चित्र अयोध्या क्षेत्र में मुख्य द्वार की दोनों दीवारों पर तथा दो उसके बाद के द्वार की दोनों दीवारों पर बनाये जाते हैं, इनमें से एक तरफ़ के कोहबर पर दो मातृकाएँ तथा दूसरी तरफ़ तीन मातृकाएँ गोबर द्वारा बनायी जाती हैं।

इस प्रकार घर के भीतर तथा बाहर की भित्तियों पर चित्रण के साथ-साथ विवाह के कुछ रीति-रिवाजों पर भूमि अलंकरण भी किया जाता है जैसे द्वार-चार, जयमाला पड़ने वाला स्थान, वेदी, लकड़ी की चौकी (पीढ़ा) जिस पर वर-वधू बैठते हैं आदि।

कलश चित्रण, कन्या पक्ष की तरफ़ द्वार-पूजा के समय के आरती थाल पर चित्रण, विदाई में दुल्हन के साथ भेजे जाने वाले सूप पर चित्रण आदि भी सम्मिलित है।

विवाह के समय वेदी ख़ूब सजायी जाती है जिसमें चित्रित कलश की स्थापना होती है। केले के तनों से मण्डप का निर्माण किया जाता है। तथा उसको फूलों, फलों, मिट्टी, लकड़ी व कपड़े के बने खिलौनों से विभिन्न प्रकार से सजाया जाता है। वेदी की भूमि को भी अनेक प्रकार की दालों, आटे, हल्दीचूर्ण, जौ और विभिन्न प्रकार की रंग-बिरंगी मिट्टी से नवग्रह, सर्वतोभद्र व तन्त्र पर आधारित चौकों से सजा दिया जाता है। फूल-पत्तियों पर आधारित बेलबूटे भी भूमि पर बनाये जाते हैं। परन्तु इन वेदियों को सजाने का काम पण्डित ही करते हैं जो विवाह-संस्कार कराते हैं।

जीवन का अन्तिम संस्कार मृत्यु संस्कार है। इसमें मृतक के लिटाये जाने वाले स्थान पर ओम्, स्वास्तिक, चौक अथवा राम नाम सत्य लिख देते हैं। मृतक के सिरहाने वाले स्थान पर दीपक जलाकर रखने की प्रथा भी है।

भित्ति चित्रण में स्थान विभाजन—भित्ति चित्रण घरों में अधिकतर पूर्वी दीवार पर करने की प्रथा है। चित्र में बीच का सबसे अधिक स्थान त्योहार सम्बन्धी मुख्य आकृति को मिलता है। यह आकृति कोहबर में दूल्हा या दुल्हन के रूप में, या मातृकाओं के रूप में, करवा चौथ में चन्द्रमा पूजा के रूप में, अहोई अष्टमी में स्याऊ माता, हरछठ में छठी माता, सप्तमी में शीतला माता, दीपावली में गणेश-लक्ष्मी, नागपंचमी में नाग और नागिन, सरमन में श्रवण कुमार के रूप में ही सदैव बनायी जाती है। ताकि चित्र को देखते ही तत्काल उस त्योहार को समझा जा सके। यही स्थान विभाजन का सिद्धान्त भूमि अलंकरण में भी क्रियात्मक होता है।

स्थान विभाजन के साथ-साथ जहाँ पर चित्र रंगीन बनते हैं, भित्ति अलंकरण में वहाँ रंगों का चुनाव भी इसी के आधार पर किया जाता है। मुख्य आकृति अधिक चटकीले रंगों अथवा आकृतियों से अलग रंग-योजना के साथ बनाई जाती है।

रंग योजना—अधिकतर चित्र गेरू से लीपकर (अस्तर लगाकर) चावल के ऐपन से बनाये जाते हैं। विवाह के समय वाले चित्र एक दिन पूर्व गोबर से बनाकर तब उसे चावल और हल्दी के घोल से बनाते हैं। मुख्य द्वार को गेरू से पोता जाता है तथा हाथ के बीच वाली तीन अँगुलियों से दरवाज़े की चौखट पर ऐपन लगाया जाता है। उस ऐपन के बीच-बीच में सिन्दूर से टीक दिया जाता है।

दीपावली में भित्ति चित्र विभिन्न रंग के बनाये जाते हैं। इन चित्रों में बेलबूटे, हाथी, घोड़ा, पुरइन आदि होते हैं। कहीं-कहीं सफ़ेद भित्ति पर गेरू से तथा कहीं-कहीं पर विभिन्न रंगों से बनाये जाते हैं। कहीं-कहीं करवा चौथ के चित्र भी रंगीन दिखाई

देते हैं। शेष सभी भित्ति व भूमि अलंकरण चावल के पीठे, हल्दी, आटा, गेरू या ऐपन से बनाये जाते हैं। कलश और आरती की थाली में चावल को रँगकर प्रयोग किया जाता है। भूमि चित्र तो भूमि को धोकर अथवा गोबर से लीपकर बनाये जाते हैं परन्तु भित्ति अलंकरण चूने से पुती दीवार पर रंगीन ही बनाये जाते हैं। घर के बाहर व भीतर सर्वत्र रंग ही रंग बिखरे हुए रहते हैं। कुछ चित्रों में सिन्दूर का प्रयोग भी होता है।

विवाह के समय कोहबर के चित्र घरों के भीतर गेरू अथवा रंगों से बनाये जाते हैं तथा घर के बाहर के चित्र गणेश जी, रिद्धि-सिद्धि तथा बारातीगण आदि केवल रंगों से बनाये जाते हैं जो अत्यधिक रुचिकर एवं दर्शनीय होते हैं। बहुरंगी भूमि अलंकरण की अपनी अनोखी छटा है।

साँझी के चित्र गोबर से या मिट्टी-गोबर मिलाकर बनाये जाते हैं। इसके बाद इन आकृतियों पर फूल की पंखुड़ियाँ, पन्नी (चमकीले काग़ज़) काजल, सिन्दूर, कौड़ी आदि चिपकाये जाते हैं।

भित्ति चित्रों में प्रयोग किये जाने वाले रंग अधिकतर बनाये जाते थे, जैसे—नारंगी हरसिंगार पुष्प की डण्डी से, काला रंग कालिख या काजल से, नीला रंग नीली स्याही या नील से, हरा रंग सेम की पत्ती से, लाल रंग गेरू से आदि। परन्तु विभिन्न रंगों के चूर्ण रूप में मिलने से अब इन प्राकृतिक रंगों की उपयोगिता घटती जा रही है। बने-बनाये रंगों का प्रयोग ही अधिक होने लगा है।

भित्ति अलंकरण के रूप में चित्रित्र वस्तुएँ—ब्रह्मा, शिव-पार्वती, विष्णु-लक्ष्मी, सरस्वती, दुर्गा, गणेश, राम-कृष्ण, बलराम, राधा, सीता के अनेक रूप, सोलह मातृकाएँ, सप्तघृत मातृकाएँ, गंगा-यमुना, स्वास्तिक, मोर, तोता, सूर्य, चन्द्र, तारा, हाथी, घोड़ा, गाय, ऊँट, साँप, बिच्छू, कानखजूरा, माली-मालिन, भाट-भटियारिन, नाइन, धोबी-धोबिन, कुम्हार, जमादारिन, पंखा, सीढ़ी, पीढ़ा, करुआ (टोटी वाला लोटा) शृंगार का सामान, फल, फूल, वृक्ष, लताएँ आदि सभी का चित्रण उत्सव एवं त्योहार विशेष से सम्बन्ध रखते हैं, उनका चित्रण किया जाता है। इन सभी वस्तुओं का चित्रण स्थानीय कला विशेषताओं के साथ होता है। काक (कौआ) और तोता अयोध्या के अत्यन्त प्रिय पक्षी हैं। काक का चित्र तो अब भी राम के बालरूप के चित्र के साथ अवश्य रहता है। तुलसी का बिरवा (पौधा) तथा केले का वृक्ष, पुरइन (कमल) की बेल का चित्रण भी अत्यन्त लोकप्रिय विषय है। नाइन, धोबी-धोबिन, जमादारिन, धगरिन (चमारिन) भाट-भटियारिन का चित्र साँझी में अवश्य बनाया जाता है।

चित्रण विधि तथा प्रयुक्त रंग—अधिकतर चित्र भित्ति को गोबर या गेरू से पोतकर तब उसके ऊपर चावल के पीठे से बनाये जाते हैं और सफ़ेद भित्ति पर

अलंकरण गेरू, लाल, पीले, नीले तथा काले रंग से बनाये जाते हैं। काला रंग बनाने के लिए चावल को जलाकर उसे दूध में घिस लेते हैं। सफ़ेद रंग चावल के पीठे को दूध में मिलाकर, लाल रंग गेरू से, पीला रंग हल्दी या पेवड़ी से, नीला रंग नील अथवा स्याही से, हरा रंग पत्तियों से बनाते हैं। अधिकतर चूने से पुती दीवार पर हल्दी या गेरू घोल से चित्र बनाते हैं। हल्दी का प्रयोग जब चूने की भित्ति पर करते हैं तो हल्दी के सम्पर्क में आते ही चूने का रंग गेरूआ हो जाता है। पीला रंग कभी-कभी पलाश के फूल से, हल्दी के घोल से अथवा पेवड़ी (एक प्रकार की पीली मिट्टी) से तैयार किया जाता है। लाल रंग के लिए महावर का गुलाबी रंग, सिन्दूर, गेरू, नीले रंग के लिए नील, भूरे रंग के लिए कत्था तथा हरे रंग के लिए मेहँदी की पत्तियों अथवा मूली-पालक, सेम की पत्तियों को प्रयोग में लाते हैं।

रंग बनाने की विधि—सभी जगह रंग बनाने का ढंग लगभग एक समान ही है। यदि सफ़ेद रंग खड़िया या चूने से तैयार करना है तो उसे कुछ घण्टे पहले थोड़े पानी में भिगो देते हैं जिससे वह घुल जाये। जब वे पानी में भीग जाते हैं तब उसे घोलकर महीन कपड़े में छान लेते हैं और शीशे अथवा मिट्टी के कटोरे में रख लेते हैं, फिर आवश्यकतानुसार पानी डालकर रंग के घोल को चित्रण हेतु तैयार कर लेते हैं। यदि चावल के आटे से सफ़ेद रंग तैयार करना है तो चावल को लगभग दो घण्टे पहले भिगो देते हैं और फिर उसे सिल (पत्थर का चौका) पर महीन पीस लेते हैं तथा आवश्यकता के अनुसार पतला या गाढ़ा घोल तैयार कर लेते हैं।

हरा रंग बनाने के लिए मूली, पालक या सेम की पत्तियों को सिल पर महीन पीसकर उसे महीन कपड़े से छान लेते हैं। इसके बाद उसमें बहुत थोड़ा-सा खड़िया अथवा चूना मिला देते हैं। जिससे घोल गाढ़ा हो जाता है। कभी-कभी छने रंग में चमक लाने के लिए दूध या गोंद भी मिला लेते हैं।

पीला रंग बनाने के लिए हल्दी को कूटकर पानी में उबाल लेते हैं अथवा हल्दी को सिल पर ख़ूब महीन पीस लेते हैं तथा तैयार घोल को छान लेते हैं। इसी तरह पीले रंग के पलाश के फूलों को भी उबालकर रंग तैयार करते हैं। चित्रण करते समय घोल में थोड़ा-सा दूध या गोंद अवश्य मिला लेते हैं। पीला रंग कभी-कभी रामरज से भी तैयार किया जाता है।

नीला रंग नील अथवा स्याही को घोलकर तैयार किया जाता है, नील को घोल कर उसे छान लेते हैं उसमें चूना या खड़िया मिलाकर हलके या गहरे रंग तैयार करते हैं।

नारंगी रंग को बनाने के लिए हरसिंगार के फूल से उसकी नारंगी डण्डी को तोड़कर अलग कर लेते हैं। फिर उसको पीसकर तथा छानकर नारंगी रंग तैयार कर लेते हैं।

भूरा रंग बनाने के लिए कत्थे को उबालकर तैयार किया जाता है। लाल रंग गेरू, सिन्दूर तथा हिंगुल से तैयार किया जाता है गेरू से रंग बनाने की विधि गेरू को भिगोकर उसमें सरसों की खली घोलकर तैयार किया जाता है। गेरू को तथा खली दोनों को भिगोकर उबाल लेते हैं और तब छान लेते हैं। खली मिलाने से रंग में चमक आ जाती है तथा रंग जल्दी फीका नहीं पड़ता है।

गेरू के अतिरिक्त दूसरे रंगों में चमक व स्थायित्व लाने के लिए दूध अथवा गोंद की कुछ मात्रा अवश्य मिला लेते हैं।

भित्ति चित्र में सभी उत्सवों, पर्वों पर पहले चित्र की बाह्य रेखाएँ धागे के द्वारा खींच लेते हैं। धागे को चावल के अथवा गेरू के घोल में भिगोकर खाका बनाते हैं। यही धागा पैमाने का कार्य करता है। खाका खींचने के बाद लोक चित्र की मुख्य आकृति का बड़े आकार में अंकन करते हैं। इसके बाद अन्य सम्बन्धित वस्तुओं का अंकन होता है। सूर्य और चन्द्रमा का अंकन पहले होता है। इसके बाद अन्य वस्तुएँ बनायी जाती हैं।

यन्त्र—चित्रण करने के लिए भूमि पर अँगूठे व उसके बाद की दो अँगुलियों का प्रयोग किया जाता है। रुई का छोटा-सा फाहा या फिर कपड़े का छोटा टुकड़ा अँगुलियों के बीच में दबाकर प्रयोग करते हैं। बारीक चित्रों को रँगने के लिए रुई की फुरेरी (सींक या बाँस के तिनके की पोरी में रुई बाँधकर) तथा ब्रश (दातून की कूची) का प्रयोग करते हैं।

चौक पूरने में (भूमि पर) चुटकी द्वारा गेहूँ के आटे को भुरभुराते हैं। इसमें अँगूठा तथा तर्जनी का प्रयोग करते हैं। टीकने के लिए तर्जनी का प्रयोग करते हैं।

यहाँ सभी पर्वों में गाय के गोबर की गौर बनायी जाती है। इसके अतिरिक्त गाय के गोबर से गोवर्द्धन व भाई-दूज के चौक तथा साँझी भी बनाये जाते हैं।

विशेष : वर्तमान में रंगों को लोगों ने प्राचीन ढंग से बनाना छोड़ दिया है। अधिकतर चित्र खड़िया, मिट्टी, गेरू तथा विभिन्न रंगों के पोस्टर कलर से बनाये जाते हैं। रंग-बिरंगी मिट्टी व भूमि के रंग तथा गुलाल बाज़ारों में सरलता से मिल जाते हैं। रुई की फुरेरी के स्थान पर ब्रश को प्रयोग में लाया जाने लगा है। अधिकांश जनता ने चित्रण को काग़ज़ पर बनाना आरम्भ कर दिया है। अथवा बाज़ार से चित्र मँगाकर पूजा करना उचित समझने लगे हैं इसीलिए भित्ति चित्रण की परम्परा धीरे-धीरे धूमिल होती जा रही है।

कुछ तथ्य—सम्पूर्ण अयोध्या के विभिन्न भूमि व भित्ति अलंकरणों का अध्ययन करने से कुछ तथ्य सामने आये हैं, जो निम्नलिखित हैं—

1. स्त्री-पुरुष की आकृति का चित्रण विभिन्न रूपों व रंगों में अपने-अपने ढंग से किया जाता है।

2. चन्द्रमा व सूर्य की विभिन्न प्रकार की आकृतियाँ लोक-चित्रों में देखने को मिलती हैं। कहीं चन्द्रमा की आकृति गोलाकार, कहीं अर्द्धचन्द्राकार तथा कहीं एक लाइन में चित्रित की जाती है। सूर्य को सदैव ही गोलाकार प्रकाश की किरण निकलता हुआ चित्रित किया जाता है।

3. स्वास्तिक के दोनों रूपों का चित्रण शुभ माना जाता है। स्वास्तिक के वामावर्त (दायें से बायें) दक्षिणावर्त (बायें से दायें) दोनों रूपों का चित्रण करते हैं। इस प्रकार स्वास्तिक पर आधारित चौकों में भी मनोहारी विविधता होती है।

4. पशु-पक्षी चित्रण ही लोक कलाकारों को अधिक प्रिय है इनके चित्रण में विविधता है।

5. दशहरा पूजन में भी लोक कलाकार धनुष-बाण तथा खड़ाऊँ के विभिन्न रूपों का चित्रण करते हैं नागपंचमी पर बनाये जाने वाले नागों के चित्रण भी विविधता लिए हुए हैं।

6. देवोत्थान एकादशी तथा लक्ष्मी पूजन के समय चित्रित किये जाने वाले चरणों को भी लोक कलाकारों ने कहीं खड़ाऊँ के रूप में तो कहीं विभिन्न आकारों के चरणों के रूप में चित्रित किया है। इनको चरण पादुका या खड़ाऊँ कहते हैं।

7. रक्षा बन्धन तथा भइया दूज में बनने वाले चौक, चिड़िया, थापा, स्वास्तिक, आदि विभिन्न रूपों में देखने को मिलते हैं।

8. दीपावली, अहोई अष्टमी तथा साँझी के समय चित्रित किये जाने वाले चौपड़, डोला आदि अपने विविध रूपों में मिलते हैं।

9. साँझी तथा विवाह के समय के भित्ति चित्रण में चित्रित पंखों की विविधता तो देखते ही बनती है।

10. कमल पर आधारित चौक जो पंच दल से लेकर सहस्र दल के रूप में होते हैं। जैसे—चार, पाँच, छह, आठ, बारह, सोलह, चौबीस आदि दलों में अधिक चित्रित किये जाते हैं।

11. भूमि पर चौक अथवा भित्ति पर कथा चित्रित करते समय विभिन्न प्रकार के आयत, वर्ग, त्रिभुज व वृत्त आदि बनाये जाते हैं। तथा उनको विभिन्न प्रकार की आड़ी, तिरछी, लहरदार, व घुमावदार रेखाओं, विभिन्न आकार के बिन्दुओं, शंख आदि के आकारों, फूलों, पत्तियों आदि से अथवा बेल के रूप में सजाया जाता है। अथवा चौक के खाली स्थानों को भरा जाता है। चौक को बनाने के बाद विभिन्न

प्रकार के कँगूरे बनाकर सजाया जाता है जो प्रायः चारों कोनों, हाथ व पैर के जोड़ ओढ़नी व चौकी के चित्रण में प्रयोग में लाये जाते हैं।

12. भूमि और भित्ति पर बनाये जाने वाले चौक जो केवल बिन्दु व रेखाओं पर आधारित होते हैं। चौक पूरना कहलाता है।

13. इसके अतिरिक्त पताका, ध्वजा, केले का पेड़, धनुष-बाण, छापा-तिलक (चन्दन लगाना) आदि विभिन्न रूपों में भित्ति चित्रण किया जाता है।

(ख) धूलि चित्र (अल्पना)

चित्रकला में अल्पना का एक बहुत ही महत्त्वपूर्ण स्थान है। अल्पना का अर्थ कल्पना से रचना करना है। यह शब्द धीरे-धीरे भारत की अन्य भाषाओं में उसी अर्थ से प्रयुक्त होता है। चित्रकला में अल्पना से उस चित्र को सम्बोधित करते हैं जिसमें कल्पना प्रधान हो। हिन्दी में इस शब्द के स्थान पर परिकल्पना को चित्रित करना या बेलबूटा बनाना शब्द प्रचलित है।

अल्पना स्वयं एक चित्रकारी है जिसमें चित्रकला के सभी गुण समाहित हैं। किसी भी कला में कुछ ऐसे नियम या सिद्धान्त अवश्य होते हैं जिनका पालन करना नितान्त आवश्यक है। चित्रकला, संगीत कला, काव्य कला या नृत्य कला में सबसे आवश्यक लय, छन्द, गति, सन्तुलन, पुनरावृत्ति, अनुपात, समानुपात, एकता, कल्पना, भाव, उद्वेग, व्यंजना और शैली आदि गुण होते हैं। इन्हीं के समावेश से सौन्दर्य उत्पन्न होता है। अल्पना में ये सभी वस्तुएँ आ जाती हैं। इसलिए चित्रकला स्वयं अल्पना है।

अल्पना कल्पनाप्रधान है इसलिए अल्पना सिखाने या सीखने का मुख्य प्रयोजन है कल्पना शक्ति का विकास, क्योंकि चित्रकला तथा अन्य ललित कलाओं में कल्पना की प्रधानता होती है।

"अंग्रेज़ी साहित्य में कभी-कभी अल्पना का अर्थ इच्छा, दृष्टि और कल्पना तीनों से होता है जैसे किसी ने एक मन्दिर बनाने की इच्छा की, कल्पना की, अपनी दृष्टि दौड़ायी, यह विचार करके एक योजना बनायी। इसी प्रकार रूपकारी में इच्छा, कल्पना, विचार, बुद्धि, विवेक, मनोभाव, उद्वेग, एकाग्रता, रुचि, रचना, अनुभव, भाव, अपने को व्यक्त करने की शक्ति, कार्यकुशलता, स्फूर्ति, कार्यारम्भ की शक्ति, योजना बनाने की शक्ति इन सभी गुणों की वृद्धि होती है।"[1]

प्रकृति की सभी कृतियाँ कलापूर्ण हैं जैसे पशु-पक्षी, मानव, पेड़-पौधे, नदियाँ पहाड़ आदि मोर में नीले, पीले, हरे, सुनहरे रंगों के पंखों की लचक, कण्ठ तथा मुकुट

(कलगी) की रूपकारी देखते ही बनती है। तितलियों के रंग-बिरंगे पंख में अल्पना भरी हुई है। इस प्रकार प्रकृति की रूपाकृतियाँ हमें प्रेरित करती हैं कि हम भी अपनी कल्पना से कलापूर्ण चित्रकारी करें। धूलि चित्र अथवा अल्पना कलाकारी के मुख्य तत्त्व हैं और साथ-ही-साथ उसकी आधारशिला हैं। आधुनिक कला ने इस तथ्य को पूर्णरूपेण ग्रहण किया है और आज की कला का रूप स्वयं अल्पना हो गया है।

अयोध्या क्षेत्र में धूलि चित्र अथवा अल्पना का दृश्यांकन मन्दिरों के आँगन, बरामदों, वेदी बनाने, चौक पूरने तथा घरों में त्योहारों, व्रतों एवं उत्सवों पर होता है। भूमि पर उकेरी गयी यह चित्रकला हमारे रीति-रिवाजों और परम्पराओं का अनिवार्य अंग है। अलग-अलग शैली और नारी हृदय के मनोभावों को भिन्न-भिन्न आयाम देने वाली यह कला पुराणकाल से हमारी संस्कृति और सभ्यता का संवाहक बनी हुई और तो और पुराणों में रंगोली, अल्पना या धूलि चित्र की कला चौसठ रूपों में एक मानी गयी है।

दन्त कथाओं के अनुसार, एक राज्य के सर्वोच्च पुजारी के पुत्र की असामयिक मृत्यु पर राजा सहित समस्त प्रजा दुखी थी। सभी ने एक स्वर में ब्रह्मा की प्रार्थना की। प्रार्थना से पसीजकर ब्रह्मा जी ने राजा को निर्देश दिया कि वह फ़र्श पर लडके की आक्रति बनावें जिससे ते आकृति में प्राण फूँक सकें। कहते हैं तभी से धूलि चित्र जैसे—अल्पना, रंगोली, चौक पूरना आदि की शुरुआत हुई। धूलि चित्र में अल्पना या चौक पूरने की कला को पूजा और श्रद्धा का स्वरूप प्राप्त है। ये धार्मिक परम्पराओं का भी एक हिस्सा हैं। इस तरह ये उमंग और उत्साह की साकार अभिव्यक्ति के साथ-साथ आध्यात्मिक मनोभावों को श्रद्धा के साथ उकेरने का माध्यम भी हैं। चावल, आटा, फूल और अनाज के दानों से फ़र्श पर बनायी जाने वाली विभिन्न आकृतियाँ किसी-न-किसी देवी-देवता की सांकेतिक उपस्थिति का अहसास कराती हैं। नारी के कोमल एहसास को बिना किसी कैनवस और ब्रश के फ़र्श पर चित्रित करने वाली यह विधा अलग-अलग नामों और रूपों में देश के कोने-कोने में मौजूद है। अयोध्या क्षेत्र में महिलाएँ शीतला अष्टमी व्रत में चावल और हल्दी के पीठे से भूमि पर तीन अँगुली से गोला बनाती हैं। इस गोले के अन्दर मिट्टी के पात्र में खाद्य वस्तु रखकर उसको बन्द करके तथा सिन्दूर से टीका कर रखती हैं। इसी प्रकार हरछठ में दीवारों तथा पुत्रों की पीठ पर पाँचों उँगली सहित पूरे पंजे का थापा लगाती हैं। ये थापा भी हल्दी-चावल के घोल से लगता है तथा उसके ऊपर बीच में एक सिन्दूर का टीका रहता। इसे थापा भी कहते हैं।

धूलि चित्र जैसी लोक परम्परा के साथ-साथ लोक-गीत भी जुड़े हैं जो महिलाएँ इसको बनाते समय सामूहिक रूप में गाती हैं। इन गीतों का भाव श्रद्धापूर्ण और

सबकी मंगलकामना के लिए होता है। इस अल्पना में विभिन्न आकृतियाँ और डिज़ाइन होते हैं। लेकिन कहीं-न-कहीं बनी हुई आकृति किसी देवी-देवता या त्योहार विशेष को इंगित करती है जैसे—चन्द्रमा, सूर्य, सर्प आदि। चौक पूरना में नवग्रह का चौक, कलश रखने के लिए मंगलाकृति, कमल का रूप, विभिन्न प्रकार के कँगूरे आदि हैं। चौक पूरने अथवा अल्पना में मुख्यतः गेहूँ और चावल के आटे, हल्दी, चन्दन, रोली और गुलाल आदि का प्रयोग किया जाता है। सफ़ेद आटा शुद्धता, शान्ति और स्थिरता का प्रतीक है, वहीं चावल समृद्धि का प्रतीक माना जाता है। इनके साथ-साथ हल्दी और चन्दन का प्रयोग भी पवित्र माना जाता है। हमारी संस्कृति में गेरूआ और पीला रंग सुख और समृद्धि का सन्देश देता है।

अल्पना नारी की सबके प्रति मंगलकामना, सौहार्द और उल्लास की भावना का सजीव एहसास है, श्रद्धा-विश्वास के सहारे नारी के आत्मिक सुख को व्यक्त करने का एक जीवन्त प्रमाण है।

माँड़ना-चौक पूरना-वेदी बनाना—सत्यनारायण की कथा, यज्ञोपवीत, हरछठ, शीतला अष्टमी, विवाह-गौना, दोंगा आदि ऐसे ही शुभ अवसरों पर उत्सव आरम्भ होने के पूर्व स्थान को गोबर से लीपकर अथवा पानी से धो-पोंछकर आटे, हल्दी, रोली, रंगीन चावल आदि से चौक पूरा जाता है। प्रमुख त्योहारों दीपावली, दशहरा, राखी, देवोत्थान एकादशी, रामजन्म, राम विवाह आदि पुनीत पर्वों तथा अवसरों पर भी गेरू, हिरमिच, नील आदि से कमरों के फ़र्श को सजाया जाता है। इन आकृतियों में त्रिकोण, चतुष्कोण, षट्कोण, अष्टकोण, स्वास्तिक, कमल (पुरइन) अष्टदल फूल, फल, चौपड़ आदि रचे (बनाये) जाते हैं। द्वार के पास डेहरी, कमरे या कोठरी में कोनों को फूल-पत्तियों की आकृतियों से सजाया जाता है।

चौक पूरने से पूर्व स्थान को गोबर से लीपा जाता है। यह प्रथा इतनी प्रचलित है कि अब भी सीमेंट के फ़र्श को भी गाय के गोबर से लीपा जाता है क्योंकि गाय के गोबर में लक्ष्मी जी का निवास बताया जाता है।

पहले चौक को मोटी आटे की रेखाओं द्वारा बनाया जाता है। फिर उसके अन्दर के भाग को रंग से सजाया जाता है।

नाइन इस कार्य में बहुत दक्ष होती है। शायद ही ऐसा कोई परिवार हो जिसमें उसकी गृहिणी चौक पूरना न जानती हो। चौक पूरने में कहीं त्रुटि हो जाने पर उसको साफ़ करके पुनः बनाया जा सकता है। घर में बालिकाएँ चौक पूरने की विधि के लिए छोटे-छोटे चौक बनाने का अभ्यास करती हैं। गुड्डे-गुड़ियों का खेल तथा उनका शादी-विवाह रचाना आदि बालिकाओं को गृहकार्य में पूर्णतया दक्ष कर देता है। छोटे-छोटे कपड़े अलौकिक आलेखनों से सुसज्जित तथा तैयार करने के

अभ्यास में बड़ी होकर वे गृहकार्य में पूर्णतया दक्ष हो जाती हैं। चौक पूरने की प्रथा समस्त भारत में है। परन्तु उन चौकों की आकृति में देशकाल और परिस्थिति का प्रभाव यथावत रहता है।

उत्सवों, व्रतों और त्योहारों से सम्बन्धित आकृतियाँ—उत्सवों एवं त्योहारों से सम्बन्धित आकृतियाँ रूढ़िगत होती हैं। इन आकृतियों की रचना में सौन्दर्य प्रदर्शन का स्थान कम है। यह भी आवश्यक नहीं कि उनके चित्रण में कार्यकुशलता का विशेष स्थान हो। अधिकतर संकेतात्मक आकृतियाँ होती हैं। उदाहरण के लिए, दो त्रिकोणों को एक-दूसरे से सिरे का स्पर्श करते हुए जब बनाया जायेगा तो उनसे जो आकृति बनेगी वह मानव का धड़ हो जायेगा। उसमें हाथ-पैर-सिर आदि को यथास्थान जोड़ दिया जाता है। ऐसे चित्र अयोध्या क्षेत्र में वर-वधू के घरों में बनाये जाते हैं। इनका स्वरूप विभिन्न जातियों में भिन्न-भिन्न प्रकार का होता है। अधिकतर घरों में नागपंचमी पर नाग-नागिन गोबर से बनाये जाते हैं। पितृपक्ष में दीवार पर गोबर से आकृति बनाकर उस पर कौड़ी, फूल एवं पन्नी चिपकाकर साँझी का त्योहार मनाया जाता है। दीपावली पर दीवार पर स्वास्तिक की आकृति, गणेश एवं लक्ष्मी, तन्त्र अंकतालिका बनायी जाती है। करवा चौथ में भी दीवार पर आकृतियाँ बनायी जाती हैं जिनमें सूर्य, चन्द्रमा, भाई, वृक्ष, शीशा, चौपड़ आदि का चित्र बनाते हैं। कहीं-कहीं पर करवा चौथ की पूजा घर की छत पर जहाँ से चन्द्रमा दिखता है, वहाँ ऐपन का वृत्त बनाकर की जाती है। यह वृत्त दाहिने हाथ की बीच की तीन अँगुलियों से बनाया जाता है। इस वृत्त के ऊपर गेंडुआ रखकर उसके ऊपर दीपक भी जलाया जाता है।

इस प्रकार अयोध्या क्षेत्र में व्रतों, त्योहारों एवं पर्वों पर उपरोक्त वर्णित किये गये धूलि चित्रों की विविधता दिखाई देती है।

(ग) पटचित्र

पटचित्र के अन्तर्गत कपड़े तथा चमड़े पर बने चित्र आते हैं। चूँकि अयोध्या धार्मिक स्थान है इसलिए यहाँ चमड़े पर बने चित्र तो नगण्य हैं परन्तु वस्त्र पर बनने वाले पटचित्रों की बाहुल्यता है। इन पटचित्रों का प्रयोग रामनामी दुपट्टों, मन्दिरों में लगे झालरों, पताकाओं, नाटकों एवं रामलीला के पर्दों में होता है। इन पटचित्रों को मन्दिरों में झाँकियाँ सजाते समय भी लगाते हैं। इनको पर्दा कहते हैं। ये पर्दे दो आकार में मिलते हैं, चौकोर तथा लम्बे एवं पतले रूप में। चौकोर पर्दों को नाटक या रामलीला में रंगमंच पर बीच में तथा पीछे के स्थान पर लगाते हैं, लेकिन पतले लम्बे पर्दे का प्रयोग रंगमंच के चौड़े पर्दे के दोनों तरफ़ अन्दर के दिखने वाले स्थान को ढँकने के लिए करते हैं जिसको पखवारा कहते हैं।

नाटक के पर्दे अथवा पटचित्र श्वेत सूती कपड़ों पर बने होते हैं। परन्तु मन्दिर के पर्दे रेशमी एवं धार्मिक चित्रों से चित्रित होते हैं। मन्दिरों के पर्दों पर ऊँ, स्वास्तिक, देवी-देवताओं के नाम एवं चिह्न बने होते हैं। परन्तु नाटकों एवं रामलीला के पर्दों पर अनेक प्रकार के चित्र चित्रित होते हैं। पटचित्र जो नाटकों एवं रामलीलाओं में प्रयोग किये जाते हैं उनका चित्रण व्यावसायिक चित्रकार करते हैं। इन चित्रकारों द्वारा चित्रित चित्र विषद राम कथा एवं रामचरित से सम्बन्धित होते हैं। इन पटचित्रों में अयोध्या की वीथियों का राजदरबार, जनकपुर की फुलवारी जिसमें सीता जी को सखियों सहित पूजन को जाते हुए तथा बीच में राम-लक्ष्मण को पुष्प तोड़ते हुए दिखाया जाता है, राम वनगमन, वनों का, नगरों के चौराहों तथा फव्वारे आदि का चित्रण होता है। लम्बे-पतले पटचित्रों पर खम्भों का, नमन मुद्रा में नारी का, परियों का, मंगल घट लिए नारी का तथा अलंकरण आदि का चित्रण रहता है। इन लम्बे-पतले पटचित्रों को चौड़े पर्दे के ऊपरी भाग पर भी प्रयोग किया जाता है।

उपरोक्त सभी प्रकार के पटचित्रों में पहले श्वेत अस्तर (सतह) लगाया जाता है और उसके ऊपर चित्र खींचकर विभिन्न रंगों को आवश्यकतानुसार लगाते हैं। परन्तु मन्दिरों के पटचित्रों में कपड़े के गोटे, रंगीन धागे एवं रंगों का प्रयोग होता है।

पताकाओं में अखाड़ों के अपने चिह्नों, आयुधों एवं सूर्य-चन्द्र आदि के चित्र को बनाते हैं।

रामनामी दुपट्टे में पूरे दुपट्टे के चारों किनारों पर बॉर्डर (किनारा) बना होता है, इन किनारों में फूल-पत्तियाँ तथा देवी-देवताओं के नाम लिखे होते हैं। बीच के भाग में राम/राम जय सीताराम जय राम जय राम जय जय राम आदि लिखा होता है। इन दुपट्टों का रंग पीला होता है और उस पर अंकित रेखाएँ एवं अक्षर लाल रंग के होते हैं।

ग्रामीण क्षेत्र में पटचित्र में पियरी रँगने एवं लहरिया चुनरी रँगने की प्रथा है। इनका प्रयोग सभी त्योहारों, उत्सवों, पर्वों पर होता है। पियरी रँगने में सफ़ेद धोती को पीले (बसन्ती) रंग के घोल में पूरा-पूरा भिगो देते हैं। ये पियरी शुभ होती है। मंगल कार्य, पूजा कार्य एवं विवाह के सभी कार्य पियरी पहनकर ही किये जाते हैं। यहाँ तक कि वर-कन्या का विवाह भी पियरी पहनाकर ही होता है। सभी रिश्तेदारों एवं परिवारों के लोगों को नेग स्वरूप, पियरी देने की प्रथा है।

(घ) फलक चित्र

लकड़ी, पत्थर, हाथी दाँत आदि पर उत्कीर्ण किये गये चित्र फलक चित्र हैं। इन चित्रों की अयोध्या में बाहुल्यता है। लकड़ी पर बने फलक चित्र पुराने मन्दिरों, भवनों एवं

वाल्मीकि भवन के विशाल फाटकों, प्रवेश द्वार के दरवाज़ों एवं चौखटों पर देखे जा सकते हैं इन चित्रों में कथा चित्र अलंकरण, पशु-पक्षी आदि के रूप सम्मिलित हैं।

पत्थर पर बनने वाले फलक चित्र नवी मन्दिर, कनक भवन, वाल्मीकि भवन, राम जन्मभूमि के खम्भों (जो कसौटी पत्थर के बने हैं) तथा बिड़ला मन्दिर आदि प्राचीन पत्थर द्वारा निर्मित मन्दिरों में दिखाई देते हैं। इन पत्थरों पर निर्मित फलक चित्रों की विषयवस्तु नवग्रह, बारह राशियाँ, बेलबूटे, अलंकरण, देवी-देवताओं की मूर्तियाँ, साधु तथा महात्माओं की मूर्तियाँ इत्यादि हैं।

सन्दर्भ

1. चित्रकला की आधुनिक प्रवृत्तियाँ, रामचन्द्र शुक्ल।

अयोध्या की लोक कला का अन्य क्षेत्रों से सम्बन्ध

(क) लोक कला एवं त्योहार

प्रत्येक धर्म में व्रत और त्योहार का बड़ा महत्त्व है, परन्तु हिन्दू धर्म में त्योहार और व्रत की अधिकता है। प्रत्येक मास में कोई न कोई त्योहार अवश्य पड़ता है।

लोक कला से सम्बन्धित प्रत्येक लोक-कथा अपने में ज्ञान का ख़ज़ाना छिपाये हुए है। सभी का एक ही निचोड़ है सत्य की सदैव असत्य पर विजय होती है, परोपकारी व्यक्ति को सदैव सम्मान प्राप्त होता है, ईर्ष्या, जलन और धन लोलुपता परिवार की शान्ति नष्ट कर देती है। सफ़ाई आदि करने से विभिन्न प्रकार के कीटाणु नष्ट हो जाते हैं। सामाजिक जीवन में स्त्री का स्थान माँ होने के कारण ऊँचा है, वह अपने परिवार के कल्याण के लिए व्रत और अनुष्ठान करती है। परिवार के कल्याण में ही उसका हित है। भाई को बहन की रक्षा का भार सहर्ष स्वीकार करना चाहिए और सम्बन्धों की मधुरता बनाये रखने के लिए भाभी को ननद, देवरानी को जिठानी, तथा बहुओं को सास की पूजा करने के बाद नेकचार आदि देना चाहिए।

इन त्योहारों के समय के लोकाचार, जोकि इनसे जुड़ी कथाओं में तथा पूजन विधि में निहित होते हैं, अपनी सास, जिठानी, देवरानी, नन्द व भाभी को मान-सम्मान देना व प्रेम से रहना अनायास ही सिखला देते हैं।

विभिन्न त्योहारों व उत्सवों में दैनिक जीवन से अलग कुछ खाना बनाने व खाने का विधान है। व्रत रखने का भी विधान है, जिसका एक फल तो यह होता है कि एक दिन फलाहार रहकर अपने स्वास्थ्य को सुधारना है। प्राचीन योग धर्म एवं वर्तमान स्वास्थ्य विज्ञान भी सप्ताह में एक बार फलाहार के लिए परामर्श देते हैं। इस तरह हम कह सकते हैं कि खाद्य समस्या का कितना सुन्दर समाधान हमारे पूर्वजों ने निकाल लिया था जो विभिन्न उत्सवों और त्योहारों पर फलाहार के नाम पर था।

प्रायः प्रत्येक त्योहार पर व्रतों के साथ कुछ विशेष प्रकार के मिष्ठान व खाद्य पदार्थों के ही खाने का विधान है। फलाहार के रूप में कुट्टू तथा सिंघाड़े के आटे

का प्रचलन है जो शारीरिक और मानसिक जगत् में सात्विकता और स्वास्थ्य दोनों दृष्टिकोण से लाभप्रद है। इसके अलावा हर छठ पर तिन्नी के चावल व महुआ तथा केरमुआ के साग का, मकर संक्रान्ति पर खिचड़ी व पापड़ का, गणेश चतुर्थी पर तिलकुट, दीपावली पर खील, बताशे और चीनी के कलात्मक खिलौने का, नवरात्रि के दिनों में उबले चने व हलवा, करवा चौथ पर नये चावल के आटे का पकवान, चिउड़ा एवं बताशे, देवोत्थान एकादशी पर गन्ने, शकरकन्दी, सिंघाड़ा तथा होली पर विभिन्न नमकीन-मीठे पकवान विशेषकर गुझिया का, निर्जला एकादशी पर बिना कुछ खाये-पिये उपवास रहने का विधान प्रचलित है। इस प्रकार विभिन्न त्योहारों पर विभिन्न खाद्य पदार्थों का प्रयोग भारतीय जनता युगों-युगों से पूजा के विधान के रूप में मानती चली आ रही है।

गोबर जिसके प्रयोग का प्रचलन प्रायः सभी प्रकार के भित्ति चित्रों में व भूमि अलंकरणों के बनाने में होता है, सूर्य की रेडियोधर्मी किरणों के दुष्प्रभावों से हमें बचाता है। गाय के गोबर का युगों से हमारे वैद्य एक गुणकारी औषधि के रूप में प्रयोग करते आये हैं। तुलसी, जिसको चरणामृत के रूप में प्रायः सभी त्योहारों में पूजा के समय लेते हैं, आयुर्वेदिक औषधि के अन्तर्गत महत्त्वपूर्ण स्थान रखती है। इसी तरह से आम, आँवला, केला, वटवृक्ष नीम, पीपल के वृक्षों का किसी-न-किसी रूप में आयुर्वेदिक औषधियों में प्रयोग किया जाता है। विभिन्न पशु—गाय, घोड़ा, हाथी; पक्षी—तोता, मोर, नीलकण्ठ, कौआ; फूल—कमल व अन्य प्रकार के आलंकारिक फूल, फल—सुपारी, आम, केला, नीबू, नारियल, मखाने, सिंघाड़े, कुट्टू, चिरौंजी, खरबूजे के बीज; अनाज—गेहूँ, जौ, चना व चावल आदि की भी लोक मानव पूजा करता है अथवा पूजा के समय उपयोग में लाता है। उपरोक्त सभी के अपने-अपने गुण हैं। इसी प्रकार सूर्य प्रकाश और उष्मा देने के लिए, चन्द्रमा शीतलता व विश्राम देने के लिए, नाग फसल को विभिन्न जीव-जन्तुओं से बचाने के लिए, अग्नि शुद्धि और ऊष्मा के लिए, जल जीवन देने के लिए, समीर जीवित रखने के लिए और पृथ्वी जीवन को बनाये रखने के कारण ही लोक मानव के शताब्दियों से प्रिय और मान्य रहे हैं।

लोक कला का त्योहार से घनिष्ठ सम्बन्ध है क्योंकि त्योहारों पर विभिन्न प्रकार की कलाएँ देखने को मिलती हैं। इनका प्रदर्शन भित्ति चित्र, भूमि अलंकरण, मूर्ति निर्माण, गीतों एवं नृत्यों में होता है। इन त्योहारों पर ही ये लोक कलाएँ निर्मित की जाती हैं इसलिए इनका एक-दूसरे से अटूट सम्बन्ध है। एक-दूसरे के बिना किसी का अस्तित्व नहीं है। हम विभिन्न त्योहारों में होने वाले लोक कला का वर्णन निम्नलिखित रूप में कर सकते हैं—

नागपंचमी—श्रावण शुक्ल पंचमी को नागपंचमी कहते हैं। इस दिन नागों की पूजा की जाती है। गरुण पुराण में ऐसा सुझाव दिया गया है कि नागपंचमी के दिन घर के दोनों ओर नाग की मूर्ति बनाकर अनन्तर प्रमुख महानागों का पूजन होता है। नाग-नागिन को गोबर से दीवार पर बनाकर उसकी दूध, लावा व पान से पूजा करते हैं।

पंचमी नागों की तिथि है। ज्योतिष के अनुसार पंचमी तिथि के स्वामी नाग है। अर्थात् शेष आदि सर्पराजों का पूजन पंचमी को होना चाहिए। सुगन्धित पुष्प तथा दूध एवं धान के खील से नागों की पूजा की जाती है। गाँवों में इसे गुड़िया का त्योहार भी कहते हैं। क्योंकि इस दिन लड़कियाँ किसी जलाशय में गुड़ियों का विसर्जन करती हैं। अथवा किसी चौराहे पर गुड़िया को फेंकती है साथ में चना भी डालती हैं तथा भाई लोग एक छोटी-सी डण्डी से गुड़िया को पीटते हैं। इसके बाद सब बच्चे गाँव में लगने वाले मेले को देखने जाते हैं। लड़कियाँ एवं औरतें झूला झूलती हैं तथा सावन के गीत अथवा झूला गीत गाती हैं।

रक्षा बन्धन—यह त्योहार सावन की पूर्णिमा को मनाया जाता है। यह भाई-बहन को स्नेह की डोरी में बाँधने वाला त्योहार है। इस दिन बहन-भाई के हाथ में रक्षा-सूत्र बाँधती है तथा मस्तक पर टीका लगाती है। रक्षा बन्धन का अर्थ रक्षाबन्धन, अर्थात् किसी को अपनी रक्षा के लिए बाँध लेना। राखी बाँधते समय बहन कहती है—हे भैया, मैं तुम्हारी शरण में हूँ मेरी सब प्रकार से रक्षा करना। पौराणिक कथा के अनुसार, एक बार भगवान कृष्ण के हाथ में चोट लग गयी तथा ख़ून निकलने लगा। द्रोपदी ने जब देखा तो तुरन्त धोती का कोर फाड़कर उसे भाई कृष्ण के हाथ में बाँध दिया। इस बहन के ऋणी श्रीकृष्ण ने दुःशासन द्वारा चीर खींचते समय द्रोपदी की लाज रखी थी। अयोध्या क्षेत्र में इसे कजरिया भी कहते हैं क्योंकि इस दिन रेशम की डोरी को दाहिने हाथ तथा जौ की जई को भाई के दाहिनेहाथ पर बाँधने का चलन है।

साँझी—साँझी का त्योहार पूर्णमासी से अमावस्या तक मनाया जाता है। कुँवारी कन्याओं द्वारा घरों में साँझी का पूजन किया जाता है। दीवार पर गोबर से साँझी की मूर्ति बनाकर उसका भोग लगाया जाता है। पन्द्रहवें दिन अमावस्या को गोबर से विशाल कोट बनाकर पूजन होता है। जिस लड़की की शादी हो जाती है तो वह शादी के केवल उसी वर्ष 16 कोटों की 16 घर जाकर पूजा करती है और भोग लगाती है। इससे लड़कियों की सभी मनोकामनाएँ पूर्ण होती हैं।

दुर्गाष्टमी—यह त्योहार आश्विन शुक्ल पक्ष अष्टमी को आता है। इस दिन दुर्गा देवी की पूजा की जाती है। भगवती दुर्गा को उबाले हुए चने, हलवा, पूड़ी, खीर,

पुआ आदि का भोग लगाया जाता है। बहुत से व्यक्ति इस महाशक्ति को प्रसन्न करने के लिए हवन आदि भी करते हैं। जहाँ शक्ति को अधिक मान्यता दी जाती है वहाँ बहुत बड़ा उत्सव मनाया जाता है। इस दिन कन्या और कुँआरे को भोजन कराया जाता है तथा देवी जी की ज्योति जलाई जाती है।

दशहरा—यह त्योहार शुक्ल पक्ष दशमी को मनाया जाता है। भगवान राम ने इसी दिन लंका पर चढ़ाई करके विजय प्राप्त की थी। ज्योतिर्निबन्ध में लिखा है कि आश्विन शुक्ल दशमी को तारा उदय होने के समय 'विजय' नामक काल होता है। मुख्य रूप से यह क्षत्रियों का त्योहार है। दशमी के दिन रामचन्द्र जी की सवारी बड़ी सज-धज के साथ निकलती है। रावण वध की लीला का प्रदर्शन होता है। इस दिन नीलकण्ठ का दर्शन बहुत शुभ माना जाता है। इस दिन आयुधों की पूजा होती है। इस दिन भूमि पर स्वास्तिक, भगवान राम के खड़ाऊँ तथा उनका तीर-धनुष बनाकर उसकी पूजा की जाती है। इस दिन गाय के गोबर से सात गोल उपले बनाकर उस पर कद्दू का पीला पुष्प लगाकर, ब्राह्मण परिवार विजय पर्व मनाते हैं।

छोटी दीवाली—यह कार्तिक बदी चौदस के दिन मनाई जाती है। इस दिन सुबह उठकर आटा, तेल, हल्दी से उबटन करके, फिर स्नान करके भोजन करने से पहले इस प्रकार की पूजा करते हैं—एक चौमुखा दीपक और 16 छोटे दीपक रख लेते हैं। उसमें तेल डालकर बत्ती जला लेते हैं। फिर रोली, खील, गुड़, धूप, अबीर, गुलाल, फूल आदि से पूजा करते हैं। नाली घर पर दीपक जलाकर नरकासुर का वध भी सोल्लास मनाते हैं। अयोध्या में हनुमान गढ़ी पर हनुमान जयन्ती बड़े धूमधाम से इसी दिन मनायी जाती है।

दीपावली—कार्तिक मास की अमावस्या के दिन दीपावली मनायी जाती है। इस दिन भगवती महालक्ष्मी का उत्सव बड़े धूमधाम के साथ मनाया जाता है। जिस तरह रक्षा बन्धन ब्राह्मणों का, दशहरा क्षत्रियों का, होली शूद्रों का त्योहार है। उसी प्रकार दीपावली वैश्यों का त्योहार माना जाता है। परन्तु हमारे देश में चारों बड़े त्योहारों को सभी हिन्दू मनाते हैं चाहे वे किसी वर्ण के क्यों न हों। इसलिए लक्ष्मी जी को प्रसन्न करने के लिए पहले से घरों को लीप-पोतकर साफ़-सुथरा कर लिया जाता है। घरों को अच्छी तरह से सजाकर दीपों की रोशनी की जाती है। बच्चे उमंग में भरकर आतिशबाज़ी आदि छोड़ते हैं।

लक्ष्मी पूजन के लिए पहले सफ़ेदी से दीवार पोत लेते हैं फिर गेरूआ रंग से दीवार पर बहुत बड़ा गणेश और लक्ष्मी पूजन चक्र बनाते हैं। इसके अतिरिक्त अन्य देवी-देवताओं की पूजा मन्दिर में जाकर करते हैं। पूजा सामग्री में जल, रोली, चावल, खील, बताशे, अबीर, गुलाल, फूल, नारियल, मिठाई, दक्षिणा, धूप आदि होते हैं।

दीपावली के दिन दीपकों की पूजा का बहुत महत्त्व है। इसके लिए दो थालों में दीपकों को रखते हैं। चौमुख दीपकों में बत्ती रखकर थालों को सजाते हैं। फिर जल, रोली, खील, बताशा, चावल, फूल, गुड़, धूप आदि से उनकी पूजा करते हैं। फिर गणेश और लक्ष्मी की प्रतिमा गद्दी (व्यापार का स्थान) पर रखकर उनकी पूजा करते हैं। सोने, चाँदी के सिक्के जिस पर गणेश-लक्ष्मी अंकित रहते हैं की भी पूजा की जाती है जो हमारी प्राचीन परम्परा है ये पूजा ज़रूरी है। मन्त्र जगाने के लिए एक अखण्ड ज्योति जलाते हैं जो दूज तक जलती रहती है। पूजा करने के बाद दीपकों को घर में स्थान-स्थान पर रख देते हैं। एक चौमुखी तथा छह दीपक गणेश-लक्ष्मी के पास रख देते हैं। फिर रात में ही तेल के दीये में ही काजल पार लेते हैं जिसको परिवार के सभी सदस्य लगाते हैं। इस दिन अपने धर्मग्रन्थ का पाठ किया जाता है, तन्त्र-मन्त्र सिद्ध किया जाता है और क़लम को लिखकर विराम देते हैं। उसके बाद प्रातः सभी पूजा के साथ क़लम के रूप में महासरस्वती की पूजा करते हैं तथा मीठे पीले चावल से भोग लगाते हैं और द्वितीया के दिन क़लम से मन्त्र लिखकर उसका प्रयोग किया जाता है।

दीपावली के दिन अयोध्या क्षेत्र में प्रत्येक घर में गणेश-लक्ष्मी और हनुमान जी की मिट्‌टी की मूर्ति रखकर पूजा करने की विशेष प्रथा है। किसी भी अनुष्ठान का प्रारम्भ गणेश पूजा से किया जाता है क्योंकि गणेश जी सभी विघ्न-बाधाओं के नाशक हैं, लक्ष्मी जी धन की देवी हैं तथा हनुमान जी का जन्म छोटी दीपावली को हुआ था, ऐसी लोगों की धारणा है इसलिए इन तीनों देवी-देवताओं की पूजा दीपावली के दिन की जाती है।

गोवर्धन पूजा (अन्नकूट)—कार्तिक शुक्ल प्रतिपदा को दीवाली के अगले दिन अन्नकूट उत्सव मनाया जाता है। इस दिन बलि पूजा, गोवर्धन पूजा, अन्नपूर्णा पूजा आदि होते हैं।

इस दिन गोबर का अन्नकूट बनाकर और उसके समीप विराजमान श्रीकृष्ण के सम्मुख गाय तथा ग्वाल-बालों की पूजा की जाती है, यह ब्रजवासियों का मुख्य त्योहार है, परन्तु अयोध्या में भी इस दिन मन्दिरों में विविध प्रकार की खाद्य सामग्रियों से भगवान का भोग लगाया जाता है। 56 भोग, 36 व्यंजन से भोग लगाते हैं। अन्नपूर्णा देवी की पूजा इसी दिन की जाती है जिससे पूरे वर्ष घर अनाज से भरा रहे। लोग भूख से पीड़ित न रहें।

भैया दूज—यह त्योहार कार्तिक शुक्ल द्वितीया को मनाया जाता है। यह भाई-बहन के प्रेम का प्रतीक है। इस दिन भाई-बहन का साथ-साथ यमुना नदी में स्नान करना, तिलक (रोचना) लगाना तथा बहन के घर भोजन करना आदि फलदायी होता है।

इस दिन बहन भाई की पूजा कर उसके दीर्घायु होने की हाथ जोड़कर यमराज से प्रार्थना करती है। इसी दिन सूर्य तनया समुना जी ने अपने भाई यमराज को भोजन कराया था। इसलिए इसे 'यमद्वितीया' भी कहते हैं। इस दिन श्रद्धावनत भाई स्वर्ण, वस्त्र, मुद्रा आदि बहन को देते हैं।

इस त्योहार पर भी महिलाओं द्वारा भूमि अलंकरण किया जाता है। ये भूमि अलंकरण चावल के आटे को घोलकर बनाये जाते हैं। इसमें बनने वाले चित्रों में एक चौकोर घेरा बनाते हैं जिसका एक ओर द्वार खुला रहता है। चौकोर घेरे के बाहर की तरफ़ देहरी बनाते हैं जिसमें हर तरह के अनाज रखते हैं। यदि कई लोग एक साथ पूजा करते हैं तो उस पर पूजा की थाली रखते हैं। चौकोर घेरे के भीतर 'टूटे लाला' नामक पण्डित की आकृति उल्टी बनाते हैं, बीच में पीढ़ा, भगवान के चरण तथा सात भाइयों के लिए सात तीर-धनुष बनाते हैं। सबसे नीचे आठ खानों में एक बहन जिसे 'पंवारा' कहते हैं, का चित्र एवं सात खानों में सातों भाइयों का चित्र बनाते हैं। इसके अतिरिक्त खाली स्थानों को फूल-पत्तियों से भर देते हैं।

देवोत्थान या देवठान एकादशी—यह कार्तिक शुक्ल पक्ष एकादशी को होती है इसके सम्बन्ध में यह कथा है कि भाद्रपद की एकादशी को भगवान विष्णु ने शंखासुर नामक राक्षस को मारकर भारी थकावट से शयन किया तथा कार्तिक शुक्ल एकादशी को नयनोन्मीलित किये थे। इस तिथि के बाद ही शादी-विवाह आदि शुभ कार्य होने शुरू हो जाते हैं।

कार्तिक मास शुक्ल पक्ष की एकादशी को कार्तिक स्नान करने वाली स्त्रियाँ तुलसी तथा शालिग्राम जी का विवाह करती हैं। विवाह में विधि-विधान से ख़ूब गाजे-बाजे के साथ तुलसी के बिरवे से शालिग्राम के फेरे एक सुन्दर मण्डप के नीचे डाले जाते हैं। विवाह में गीत तथा भजन गाने की प्रथा है।

यह दिन अयोध्या क्षेत्र में 'दलिद्र खेदना' के नाम से प्रचलित है। रात के तीसरे पहर घर की औरतें सूप को गन्ने के ऊपरी भाग वाले टुकड़े से बजाती हुई पूरे घर में घूमती हैं तथा साथ-साथ यह भी कहती हैं—

'ईश्वर आवें दलिद्दर जाये' इस प्रकार की क्रिया करती हुई बाहर निकलती हैं और घर से थोड़ी दूर जहाँ कूड़ा फेंका जाता है वहाँ पर सूप और डण्डा फेंक आती हैं। उसके बाद आकर हाथ-पैर धोती हैं तथा आग जलाकर हाथ पैर सेंकती हैं। कहते हैं, इसी दिन से आग तापना शुरू किया जाता है। लोक मान्यता के अनुसार कान्यकुब्ज ब्राह्मण परिवार में महिलाएँ घर-आँगन में चावल के आटे के ऐपन से चित्रकारी (चौक पूरती) करती हैं तथा विष्णु भगवान के दोनों चरण बीच में बनाती हैं जो लक्ष्मी आगमन सूचक है।

सकट चौथ अथवा तिलवा चौथ—यह माघ कृष्ण चौथ को मनाया जाने वाला त्योहार है। अयोध्या क्षेत्र में इसका बहुत महत्त्व है यह उत्सव प्रत्येक घर में जहाँ पुत्र होते हैं मनाया जाता है। पुत्रवती माताएँ दिनभर व्रत रखती हैं तथा रात में चन्द्रमा के निकलने पर अर्घ्य देकर देव स्थान पर सकट चौथ की पूजा करती हैं। पत्थर के चौके पर चार उबले लाल गन्जी एवं चार कच्चे तिल और गुड़ की पिड़ियाँ बनाकर उसे सिन्दूर से टीक कर फूल-माला चढ़ाकर पूजा करती हैं। पुत्र जन्म पर तथा पुत्र के विवाहोपरान्त तिल का पहाड़ चढ़ता है अथवा किसी-किसी के यहाँ तिल का भेड़ बनाकर उसे कुश से काटा जाता है। इसका वजन सवाई के अनुपात में होता है। फिर उसी का प्रसाद बाँटते हैं।

होली—यह त्योहार फाल्गुन की पूर्णिमा को मनाया जाता है। यह हिन्दुओं का बहुत बड़ा त्योहार है। इस दिन सभी स्त्री, पुरुष एवं बच्चे होलिका पूजन करते हैं। पूजने के बाद होलिका को जलाया जाता है।

होली के दिन सुबह स्नान आदि से निवृत्त होकर पहले होलिका दहन में होलिका पूजन करते हैं। पूजन में रोली, अबीर, गुलाल, जौ की बाली, लौंग, चावल, अक्षत, गुड़, जल एवं गाय के गोबर के बने बल्ले से पूजा करते हैं। सभी पूजा करने के समान को होलिका पर चढ़ाकर गोबर के बने बल्ले को आग में डाल देते हैं जिसमें से एक अधजला बल्ला निकालकर उसे जौ की बाली में लगाकर घर में रखते हैं। तथा होलिका की अग्नि लाकर उससे हवन करते हैं। उस अग्नि को चूल्हे में रखकर उसी पर भोजन बनाने की प्रथा है। एक लोक धारणा है कि होलिका दहन जो व्यक्ति करता है, उस वर्ष उसकी शादी अवश्य हो जाती है। बल्ले में सूर्य, चन्द्रमा और प्रत्येक पुत्र की संख्या के अनुसार पाँच-पाँच गोल बल्ले बनाये जाते हैं, पाँच बल्ले देवी जी के नाम से भी बनाये जाते हैं।

इस प्रकार लोक कला सदियों से अपने धार्मिक व लौकिक पक्ष के माध्यम से विकसित व अविकसित समाज को परोक्ष व अपरोक्ष रूप से प्रभावित कर रही है। ज्यों-ज्यों हम इन त्योहारों के धार्मिक व लौकिक पक्ष के वैज्ञानिक तथ्य से परिचित होते जायेंगे वैसे-वैसे हमारा समाज अपनी प्राचीन संस्कृति के प्रति आकृष्ट होता जायेगा और विकसित समाज इनके वैज्ञानिक तथ्य को न केवल समझ सकेगा बल्कि अपने अविकसित समाज को भी समझायेगा। लोक कलाकृतियों को फ़ैशन की आड़ लेकर नहीं बनायेगा। वरन् उनके अर्थों को समझकर भित्ति या भूमि को अलंकृत करेगा, कथाओं से शिक्षा ग्रहण करेगा और अपने परिवार, समुदाय, जाति व देश को आगे बढ़ायेगा, उसके कल्याण की कामना करेगा, तथा हमारी संस्कृति में फिर वही सरसता व मधुरता भर देगा जो कभी प्राचीन काल में थी और जिसकी सुगन्ध दसों दिशाओं में फैली थी।

(ख) लोक कला एवं लोक-कथाएँ

लोक कला के पीछे लोक परम्परा के ऐतिहासिक सामूहिक विश्वासों की मनोवैज्ञानिक और लोकरंजन की सामाजिक पृष्ठभूमि होती है। वह अपनी इन सबल आसशुक्त पृष्ठभूमि के आधार पर युग-युगान्तर तक टिकी रहती है और उसकी प्रेरणाओं का स्रोत इतना चिरन्तन होता है कि जब कहीं से कोई धार फूट निकलती है तो जल्दी सूखती नहीं वरन् बहुत दिनों तक लोक-चित्रों को आलेखित करती रहती है। किसी साहित्यकार को जब भी जनता के निकट जाने की आवश्यकता पड़ी है, जब भी वह लोक जीवन को किसी प्रकार का धार्मिक, सामाजिक अथवा अन्य कोई उपदेश देना चाहता है तो उसने अपने साहित्य को लोकवार्ता के तत्त्वों से अभिमण्डित करके उसे लोकप्रिय बनाने का प्रयास किया। लोक कला की रचना लोक संस्कृति का दिग्दर्शन कराने के लिए भी की जाती है।

लोक-कथाओं की विशेषताएँ—शास्त्रीय मर्यादाओं से निबद्ध उच्चवर्गीय एवं अत्यन्त अभिजात कोटि का साहित्य एवं कला लोक तत्त्वों से एकदम अछूते नहीं रह पाते। कभी-कभी तो इनका मूल बीज ही लोक-साहित्य तथा कला से अंकुरित होता है जैसे—लोक-कथाओं में निम्नलिखित विशेषताएँ होती हैं—

1. यह परम्परा द्वारा प्रचलित होती है, यह परम्परा चाहे मौखिक और अलिखित हो चाहे साहित्य द्वारा गृहीत और लिखित।
2. इनका देशकाल बहुधा आश्चर्यजनक और कल्पनामण्डित होता है।
3. इनमें अप्राकृतिक, अति प्राकृतिक तथा अमानवीय तत्त्वों का समावेश रहता है।
4. ये लोक रुचि का लोकरंजक चित्रण होती हैं।
5. इन लोक-कथाओं में धार्मिकता का भी समावेश होता है।

रामायण और लोक-कथा—रामायण, महाभारत की अपेक्षा अधिक बौद्धिक एवं कलापूर्ण है। फिर भी उसमें लोक प्रचलित कथा कहानियों के विभिन्न उपादानों का समावेश कम नहीं हुआ है। महाभारत में राम कथा का उल्लेख एक लोक प्रचलित दृष्टान्त पुरानी के रूप में उपलब्ध होता है। वहाँ उसे एक आख्यान में कहा गया है। सम्भव है कि महाभारत में यह कथा लोक की मौखिक परम्परा से ही आयी हो। द्रोपदी के चीरहरण के उपरान्त मार्कण्डेय मुनि सीताहरण और राम द्वारा उनकी पुनः प्राप्ति का उदाहरण देकर जिस प्रकार युधिष्ठिर को धैर्य बँधा रहे हैं उससे यह सिद्ध होता है कि रामकथा उन दिनों काफी लोकप्रिय रही होगी।

हिन्दू, बौद्ध तथा जैन जैसे प्राचीन धर्म-सम्प्रदायों ने राम को अपना महान पुरुष मानकर उनकी पूजा की है। वैदिक गाथाओं, पौराणिक आख्यानों, वृहदकथा,

वृहदकथा मंजरी और कथा सरित्सागर में राम कथा के जो रूप मिलते हैं उन सबके आधार पर भी उसकी लोकप्रियता का कुछ अनुमान लगाया जा सकता है। राम कथा की लोकप्रियता का सबसे बड़ा प्रमाण यह है कि यह अपने विकास के आदिम युगों में ही इस देश की सीमाएँ पार करके सिंहल, जावा, मलाया, श्याम, ब्रह्म देश, हिन्दचीन जैसे सुदूर देशों में पहुँची और उन देशों की संस्कृति तथा साहित्य में उसे स्थान भी मिल गया।

राम कथा की मौखिक परम्परा वर्तमान लोक जीवन में भी किसी-न-किसी रूप में उपलब्ध है। राम चरित से सम्बन्ध अनेक छोटे-बड़े उपाख्यान आज भी अयोध्या के मन्दिरों, भित्तियों पर जीवित हैं और राम कथा से सम्बद्ध नये प्रकार के लक्ष्यों एवं नवीन प्रकार की घटनाओं का उल्लेख मिलता है। ये कथाएँ खण्ड रूप में हैं, किसी एक में राम के चरित्र का कोई अंश अपनाया गया है तथा किसी दूसरे में कोई अन्य भिन्न अंश। उदाहरण के लिए, रामराज्य के पश्चात सीता के निष्कासन एवं लव-कुश जन्म की कहानियाँ ली जा सकती हैं। जैसे—धोबी का लोक वृत्तान्त और कुश के सम्बन्ध में कि कुश सीता का वास्तविक पुत्र नहीं था।

राम हमारे देश के दिक्काल व्यापी विराट पुरुष हैं। हमारी संस्कृति एवं कला युगों से राममय हो रही है हमारे धर्म ने राम को परब्रह्म परमेश्वर और विष्णु का साक्षात् अवतार माना है। हमारे समाज ने लोकरक्षक, लोक पालक और मर्यादा पुरुषोत्तम के रूप में राम की महिमा स्वीकार की है और हमारे साहित्य ने अपने सृजन के आदि काल से ही राम चरित्र को अनेकानेक कथा-काव्यों की उद्गम भूमि के रूप में ग्रहण किया है।

राम का यह महिमामण्डित चरित्र सदैव से ही हमारे साहित्य में स्तुत्य और ग्राह्य रहा है। राम के इस दिक्काल-व्यापी महत्त्व के कारण अब तक इस बात का ठीक-ठीक निश्चय नहीं किया जा सका है कि राम कथा कितनी पुरानी है और कब की है। **डॉ. गुप्त** के अनुसार, “रामचरितमानस का देशकाल एक कल्पनामण्डित अतीत से लिया गया है। जिस समय धरती पर ऐसे राक्षस भी होते थे जो स्वर्ग के देवताओं को जीतकर उन्हें दास बना सकते थे, जब पृथ्वी गाय का वेश धारण कर सकती थी, देवताओं से परामर्श कर सकती थी, जब पृथ्वी और देवताओं के अनुरोध पर स्वतः ब्रह्म अवतार धारण कर सकता था, जब सूर्य आकाश में महीने भर रुककर निर्निमेष भगवान के दर्शन कर सकता था, जब शाप से प्राणी पत्थर का हो सकता था और पुनः वरदान के प्रताप से पत्थर मनुष्य बन सकता था, जब ऐसा धनुष होता था जिसको दस हज़ार योद्धा भी उसके स्थान से हिला न सकते थे किन्तु जो किसी के छूते ही टूट सकता था, जब बाण अपने बेध्य को सौ योजन

(800 मील) दूर फेर सकते थे। जब पशु-पक्षी मनुष्य से बातें करते थे और उनकी सेना का निर्माण कर सकते थे, जब इन्द्र का विमान राक्षसों के विरुद्ध युद्ध में आया करता था और जब आकाश मार्ग से इच्छा शक्ति के द्वारा चलते हुए विमानों द्वारा लम्बी से लम्बी यात्रा की जा सकती थी।"[1]

डॉ. गुप्त के अनुसार, "जब यज्ञादि अनुष्ठानों के माध्यम से स्त्रियाँ गर्भवती हो सकती थीं। जब स्वप्नादि शकुनों-अपशकुनों के आधार पर भावी घटनाओं के प्रति विश्वास कर लिया जाता था, जब मायावी राक्षस स्वर्ण मृग बनकर विचरण किया करते थे। जब ऐसी रेखाएँ खींची जा सकती थीं जिनके भीतर प्रविष्ट होते ही कोई प्राणी भस्म हो सकता था, जब एक ही बाण-से सात वृक्ष ढहाये जा सकते थे, जब कोई बन्दर अपने शरीर को 32 योजन (256 मील) का विस्तार दे सकता था, जब बाण मारकर विशाल सिन्धु सुखाये जा सकते थे और समुद्र का देवता मनुष्य रूप में अवतरित हो सकता था, जब ऐसे युद्ध होते थे जिसमें तन्त्र या मन्त्र के बल से जल और आग बरसाये जा सकते थे, जब किसी प्राणी को निर्दोष प्रमाणित करने के लिए अग्नि में प्रविष्ट होना तथा बचकर निकल आना पड़ता था, आदि का चित्रांकन अयोध्या के मन्दिर की भित्तियों पर देखा जा सकता है।"[2]

यह वातावरण लोक, आदिम, असभ्य और अशिक्षित जातियों का है और इस वातावरण की अभिव्यक्ति करने वाली मानस कथा अपने मूल रूप में लौकिक कथा कहानियों से भिन्न नहीं है। आश्चर्यजनक देशकाल, अद्‌भुत, रहस्यपूर्ण और अयथार्थ घटनाएँ तथा पशु-पक्षी और राक्षस आदि लोक कहानी की अपनी विशेषताएँ हैं।

डॉ. हजारी प्रसाद दिवेदी के एक मंतव्य के अनुसार, "हमें अभी तक ठीक-ठीक नहीं मालूम है कि किस प्रकार की सामाजिक अवस्थाओं के भीतर भक्ति का आन्दोलन शुरू हुआ था। इस बात को जानने का सबसे महत्त्वपूर्ण साधन लोक-गीत, लोक-कथानक और लोकोक्तियाँ हैं और उतने ही महत्त्वपूर्ण विषय हैं भिन्न-भिन्न जातियों और सम्प्रदायों की रीति-नीति, पूजा पद्धति और अनुष्ठानीय तथा आचारों की जानकारी।"[3]

लोक-कथाओं का वैशिष्ट्य प्रतिपादित करते हुए **मिल्टन रुगल्फ़** एक स्थान पर लिखते हैं कि, "इनमें कालीनों को उड़ाना चाहिए, पक्षियों को भविष्यवाणी करनी चाहिए, मेज़पोश को भोजन प्रस्तुत करना चाहिए, झोले में हवा बन्द रहे, आईना सच्ची बात बतला दे। सेब और कंघियों में जादुई शक्ति हो और बत्तख सोने का अण्डा दे। मृत व्यक्ति जीवित हो जाय, तीन बार उच्चारित शब्द मन्त्र बन जाय। दीपक प्रेत को बुला दे और प्रेतगण चाही वस्तुएँ प्रस्तुत करने लगें।"

रुगल्फ़ के इस वक्तव्य में लोक-कथाओं के कतिपय प्रचलित अभिप्रायों के रूप में घोड़े का मार्ग भूल जाना, राजकुमार और उससे प्रेम, स्वप्न द्वारा भावी दुर्घटनाओं की सूचना मिलना आदि अन्य बातें भी ली जा सकती हैं।

वैदिक पुराण गाथाओं की नींव अब भी सुदूर अतीत में प्रचलित रहने वाले वे विश्वास ही हैं जिनके अनुसार मनुष्य को चारों ओर से घेरे रखने वाली प्रकृति के विभिन्न उपादान और उसकी विभिन्न घटनाएँ दैवी एवं अह्लादकारी मानी जाती थीं।

प्रायः सभी देशों के लोक जीवन में विभिन्न प्रकार की धार्मिक, ऐतिहासिक, पौराणिक कथा-कहानियाँ प्रचलित होती हैं और वे शिक्षित तथा अशिक्षित दोनों ही प्रकार के समुदायों की परम्परागत मौखिक सम्पत्ति होती हैं। ये लोक-कथाएँ मानव जाति की आदिम परम्पराओं, प्रथाओं और उसके विभिन्न प्रकार के विश्वासों का वास्तविक प्रतिनिधित्व करती हैं। सारे विश्व में उनका रूप प्रायः एक जैसा ही पाया जाता है और विषय-वस्तु तथा कथन शैली की दृष्टि से इनमें समान रूढ़ियों, समान अभिप्रायों का उपयोग हुआ है। लौकिक सौन्दर्य-बोध, लोक चिन्ता की एकरूपता और उनकी सामान्य अभिव्यंजना प्रणाली को समझने के लिए विभिन्न देशों की लोक-कथाओं का तुलनात्मक अध्ययन उपयोगी सिद्ध होगा। लोक-कथा में प्रचलित प्रकार निम्नलिखित हो सकते हैं—

1. राजा-रानी की कहानी
2. भूत-प्रेतों, परी जिन्नात की कहानी
3. पशु-पक्षियों की कहानी
4. देवी-देवताओं की कहानी
5. इतिहास पुराण की कहानी
6. हाज़िर जवाबी, मनोरंजन तथा अन्य प्रकार की छोटी-छोटी कहानियाँ।

व्रत एवं पर्वों की लोक-कथाएँ—प्रत्येक व्रत, पर्व एवं उपासना के पीछे कोई-न-कोई कथा अवश्य होती है। इस कथानक के द्वारा ही उस व्रत, त्योहार या पर्व के बारे में जानकारी होती है। सप्ताह के प्रतिदिन व्रत रहने की तथा कथा की प्रथा है। जैसे—रविवार व्रत जिसमें सूर्यदेव की कथा कही जाती है, सोमवार व्रत जिसमें चन्द्रमा, सोलह सोमवार की व्रत कथा तथा सोमवती अमावस्या की व्रत कथा, मंगलवार को हनुमान जी की कथा, बुद्धवार को बुद्धदेव की कथा, वृहस्पति को विष्णु भगवान की कथा, शुक्रवार को सन्तोषी माता की कथा तथा शनिवार को हनुमान एवं शनि की कथा इत्यादि प्रचलित हैं। इसके अलावा महीने की प्रत्येक तिथि पर होने वाले व्रतों की कथा, त्योहारों की कथा, पर्वों की कथा एवं उत्सवों की कथा भी है।

व्रतों में हरछठ की लोक-कथा, शीतलाष्टमी की लोक-कथा, ऋषि पंचमी, करवा चौथ की लोक-कथा, कजली तीज की लोक-कथा, एकादशी की लोक-कथा इत्यादि सम्मिलित हैं।

विभिन्न त्योहारों जैसे—होली, दीवाली, रक्षा बन्धन एवं नागपंचमी (गुड़िया) दशहरा आदि की लोक-कथाएँ हैं जो उन त्योहारों पर कही एवं सुनायी जाती हैं।

इसके अतिरिक्त कुछ और लोक-कथाएँ हैं जो कभी-कभी अथवा मनोकामना पूरी होने पर कही जाती हैं जैसे—औसान बीबी की कथा, संकटा देवी लोक-कथा, सत्यनारायण व्रत कथा आदि।

इस प्रकार हम देखते हैं कि विभिन्न लोक-कथाओं के साथ-साथ रामचरित्र का वर्णन अयोध्या का महत्त्वपूर्ण कथानक है। इस कथा का प्रयोग चित्रकला, मूर्तिकला, भित्ति चित्र, लोक-गीत, लोक-नृत्य एवं नाट्य कला में प्रचुर मात्रा में दिखाई देता है।

(ग) लोक कला एवं सामाजिक उत्सव

लोक का प्राणी नाना प्रकार के परम्पराप्रथित रीति-रिवाजों का दास होता है। समाज में इनसे अलग रहकर वह अपने स्वतन्त्र अस्तित्व की कोई कल्पना नहीं कर सकता और उनका पारिवारिक जीवन भी विभिन्न प्रकार के लोकाचारों और संस्कारों से आबद्ध होता है। लोक मानव को अपने जन्म से लेकर मृत्यु तक जिन रीति-रिवाजों, संस्कारों और आचारों के बीच से गुज़रना पड़ता है उनका कोई एक लेखा-जोखा प्रस्तुत कर सकना बड़ा कठिन है। प्रतिदिन के जीवन में इस संस्कार सौर्य कर्म (जातिकर्म) से ही आरम्भ करके स्नान, खान-पान, व्रत-उपवास और शयन आदि तक की अनेक रुढ़िग्रस्त रीतियाँ होती हैं। लोक मानव इनसे पदे-पदे घालित होता रहता है। उसके जीवन में न तो कोई उल्लेख्य नवीनता होती है, न मौलिकता और न प्रगति और विकास के लिए कोई स्पष्ट प्रयास। वह अपने वर्तमान से पूर्णतया सन्तुष्ट होता है और अतीत से चले आते हुए रीति-रिवाजों को अपने कर्तव्यों का आवश्यक अंग समझता है। लौकिक रीति-रिवाजों को दो वर्गों में बाँटा जा सकता है—

1. व्यक्तिगत और पारिवारिक
2. सामूहिक और सामाजिक

इन दो वर्गों के अन्तर्गत सभी प्रकार के संस्कार, अनुष्ठान, पर्व, व्रत, उत्सव, उद्योग-धन्धे, व्यवसाय, प्रथाएँ, परम्पराएँ और उनसे सम्बन्धित आचार-विचार समाविष्ट हैं।

लोक कला लोक जीवन के आचार-विचार और उनकी प्रथाओं-परम्पराओं के संयोग से वंचित नहीं है बल्कि उससे जुड़ी हुई है। लोक जीवन अथवा संस्कृति में प्रचलित रीति-रिवाज सम्बन्धी लौकिक उत्पादन का बड़ा महत्त्व है क्योंकि समकालीन लोक-कृतियों में लोक जीवन का ही प्रतिबिम्ब है।

रीति-रिवाजों को तीन वर्गों में विभाजित किया जा सकता है–

1. संस्कारों से सम्बन्धित रीति-रिवाज
2. पर्व, व्रत, उत्सव एवं उनकी रीतियाँ
3. विशिष्ट जातियाँ और उनके उद्योग धन्धों से सम्बद्ध रीति-रिवाज

इसके अतिरिक्त रहन-सहन की भी कुछ छोटी-मोटी प्रथाएँ, परम्पराएँ हैं, जैसे–जन्म संस्कार, उपनयन, विवाह एवं अन्त्येष्टि। उपर्युक्त संस्कारों से सम्बद्ध रीतियाँ दो प्रकार की हैं–

1. शास्त्रीय 2. लौकिक

लौकिक रीतियाँ लोकाचारों पर निर्भर करती हैं और उनके लिए पुरोहित की आवश्यकता नहीं पड़ती। इन्हीं रीतियों में सम्पूर्ण रीति से लोक कला का दर्शन मिलता है। पर्व, व्रत और उत्सवों से सम्बद्ध रीति-रिवाज बहुत अधिक हैं। विभिन्न पर्वोत्सवों की दृष्टि से भारतीय लोक जीवन बड़ा धनी रहा है और ऐसी लोकोक्ति है कि हिन्दुओं का प्रत्येक दिन त्योहार ही होता है। प्रत्येक मास में पड़ने वाले पर्वोत्सवों की सूची तथा उनसे सम्बन्धित लोक-कथाएँ–

चैत्र	कृष्ण	प्रतिपदा	होली
	शुक्ल	प्रतिपदा	नवरात्रि
	शुक्ल	नवमी	रामनवमी
ज्येष्ठ	कृष्ण	अष्टमी	शीतलाष्टमी
	शुक्ल	दशमी	गंगा दशहरा
	शुक्ल	एकादशी	निर्जला एकादशी
आषाढ़	शुक्ल	द्वितीया	रथयात्रा
श्रावण	शुक्ल	पंचमी	नागपंचमी
	शुक्ल	पूर्णिमा	रक्षा बन्धन
भाद्रप्रद	कृष्ण	तृतीया	कजली तीज
	कृष्ण	अष्टमी	कृष्ण जन्माष्टमी
	शुक्ल	पंचमी	ऋषि पंचमी
	शुक्ल	चतुर्दशी	अनन्त चतुर्दशी व्रत
आश्विन	कृष्ण	नवमी	मातृ नवमी

	कृष्ण	अमावस्या	पितृ विसर्जन
	शुक्ल	प्रतिपदा	नवरात्रि
	शुक्ल	नवमी	महानवमी पूजन
	शुक्ल	दशमी	दशहरा (विजय दशमी)
	शुक्ल	पूर्णिमा	शरद पूर्णिमा
कार्तिक	कृष्ण	चतुर्थी	करवा चौथ
	कृष्ण	त्रयोदशी	धनतेरस
	कृष्ण	चतुर्दशी	नरक चतुर्दशी
	कृष्ण	अमावस्या	दीपावली
	शुक्ल	प्रतिपदा	अन्नकूट
	शुक्ल	प्रतिपदा	गोवर्धन पूजा
	शुक्ल	द्वितीया	भैया दूज
	शुक्ल	नवमी	परिक्रमा
	शुक्ल	एकादशी	देवोत्थान एकादशी
	शुबल	पूर्णिमा	स्नान पूर्णिमा
मार्गशीर्ष	शुक्ल	पंचमी	रामविवाह
पौष	शुक्ल	त्रयोदशी	मकर संक्रान्ति
माघ	कृष्ण	अमावस्या	मौनी अमावस्या
	शुक्ल	पंचमी	बसन्त पंचमी, सरस्वती पूजन
फाल्गुन	कृष्ण	त्रयोदशी	शिवरात्रि
	शुक्ल	पूर्णिमा	होलिका दहन

संस्कारगत रीति-रिवाज–भारतीय जन-जीवन में संस्कारों का प्रवेश जन्म से ही होता है। उच्च वर्ण के सुसंस्कृत लोगों में जन्म सम्बन्धी चार कर्म हैं–

1. जाति कर्म, 2. नाम कर्म, 3. अन्नप्राशन, 4. चूड़ा कर्म।

ये चार कर्म सुसम्पन्न किये जाते हैं। जन्म के सम्बन्ध में लौकिक कर्म भिन्न हैं जैसे–शिशु जन्म के गर्भ के सातवें महीने में होने वाली माँ की साथ पूजा (साथर पूजा) नार काटना, सोहर मंगलगान, छठी, बरही और नामकरण, अन्नप्राशन, अक्षर ज्ञान तथा मुण्डन संस्कार।

भारतीय लोक जीवन में दूसरा संस्कार विवाह है। इसके सम्पन्न हुए बिना कोई भी व्यक्ति न तो समाज में प्रतिष्ठित माना जाता है और न समाज के लिए उपयोगी।

विवाह के लौकिक रीति-रिवाज निम्न हैं, वरीच्छा, लगन, तिलक, द्वाराचार, सिन्दूरदान, गठबन्धन, भाँवरि, न्यौछू (जुआ खेलना), कोहबर गमन आदि।

लोक जीवन का तीसरा तथा अन्तिम संस्कार है मृत्यु संस्कार, जिसके अन्तर्गत शवस्थान, पिण्डदान, जलप्रवाह या दाह-संस्कार व श्राद्ध आदि आता है।

पर्व-व्रत-उत्सव– इन उत्सवों से सम्बन्धित रीति-रिवाज तथा दर्शित लोक कलाओं का वर्गीकरण सभी रूप में माना जाता है। जैसे–दीपोत्सव, बसन्तोत्सव, होलिकोत्सव, नागपंचमी आदि।

लोकोत्सव पूरक लोक कला–लोकोत्सव पूरक लोक कला वह कला है जो विभिन्न उत्सवों पर प्रदर्शित की जाती है। जैसे–होली, दीवाली, नागपंचमी आदि पर प्रदर्शित चित्र कलाएँ, संगीत कलाएँ एवं नृत्य कला।

जाति कर्म संस्कार–मनुष्य जन्म से लेकर मृत्यु तक होने वाले सभी रीति-रिवाजों एवं उत्सवों तथा सांस्कृतिक लोकाचारों के उपलक्ष्य में विभिन्न प्रकार के भित्ति चित्र, भूमि चित्र बनाये जाते हैं जो लोक कला के अन्तर्गत आते हैं। शिशु के जन्म से लोक कला आरम्भ होती है। क्योंकि हिन्दू धर्म में सन्तानोत्पत्ति एक पुण्य कार्य है जो प्रत्येक स्त्री पुरुष अर्थात् पति-पत्नी के लिए अत्यन्त आवश्यक है उनके इस जीवन का उद्धार और पारलौकिक उद्धार भी पुत्र द्वारा होता है। ऐसा कहा जाता है कि निःसन्तान व्यक्ति का कभी उद्धार नहीं होता। इसीलिए निपूते दम्पत्ति की समाज में समय-समय पर अवहेलना होती रहती है।

सन्तान में भी कन्या की अपेक्षा पुत्र के उत्पन्न होने पर ज़्यादा हर्षोल्लास मनाया जाता था, परिवार में अपार प्रसन्नता का वातावरण होता था क्योंकि पुत्र द्वारा पिण्डदान करने से ही सारे खानदान तथा परिवार का उद्धार होता है इसलिए पुत्र उत्पन्न होना परिवार में तथा समाज में ज़्यादा महत्त्वपूर्ण है, परन्तु प्रगतिशील विचारधारा के साथ-साथ यह धारणा भी बदलती गयी। अब पुत्र या पुत्री को एक ही तरह से देखा जाता है तथा दोनों के जन्म पर उसी प्रकार की ख़ुशियाँ मनायी जाती हैं।

शिशु जन्मोत्सव पर अपने आदरणीय, मान्य एवं प्रियजनों को उपहार भेंट अथवा नेगचार देने का विधान है। ये आदरणीय लोग जैसे सास जी, जिठानी, ननद एवं देवर आदि शिशु जन्मोत्सव पर कुछ अलंकरण भूमि, देहरी या भित्ति पर बनाते हैं और इसी का उन्हें नेग (भेंट-उपहार) प्राप्त होता है। पृथ्वी पर बच्चे का जन्म होने पर तुरन्त अन्नदान किया जाता है तथा छठी के दिन भी स्वास्तिक बनाकर एक दियाली में सरसों रखकर उलटा देती है और उस पर प्रसूता स्त्री बैठकर उस पात्र को तोड़ देती है। सौर गृह की लिपाई-पुताई होती है। इस दिन बच्चे की बुआ शिशु

को प्रथम बार आँख में काजल लगाती है तथा माथे पर काजल का टीका लगाती है जिससे शिशु को नज़र (टोना) न लगे। लोगों की यह धारणा है कि माथे पर काजल का टीका लगाने से शिशु की बुरी नजर से रक्षा होती है। इस दिन बच्चा एवं जच्चा दोनों को नया पीला वस्त्र पहनाया जाता है तथा विविध प्रकार के पौष्टिक पकवान बनाये जाने की प्रथा है। रातभर जागरण कर मांगलिक गान तथा लोक-गीत सोहर गाने की प्रथा है।

अन्न प्राशन संस्कार–अयोध्या क्षेत्र में मातुल्य (मामा) हवन पूजन के साथ बच्चे को प्रसाद की खीर खिलाता है।

चूड़ाकरण या मुण्डन संस्कार–जन्म संस्कार एवं छठी के बाद का महत्त्वपूर्ण संस्कार है मुण्डन संस्कार जो प्रायः शिशु जन्म के एक वर्ष के अन्दर अथवा तीन व पाँच वर्ष के अन्दर मनाते हैं। इस संस्कार में भी बुआ का नेगचार होता है। बच्चे के गर्भावस्था के बालों को उतारकर उसके सिर पर हल्दी से स्वास्तिक बनाने की प्रथा है, परन्तु यह कार्य बाल उतारने वाला नाई ही करता है या कभी-कभी बुआ भी करती है।

अक्षर ज्ञान संस्कार–मुंडन संस्कार के बाद का संस्कार है विद्यारम्भ संस्कार या अक्षर ज्ञान संस्कार। पुरोहित द्वारा बच्चे को सर्वप्रथम लेखनी से 'ऊ' अक्षर लिखवाकर प्रारम्भ की जाती है, क्योंकि परमात्मा, अरूप को अनाम और अनन्त को 'ऊँ' आकार देकर सर्वश्रेष्ठ नाम दे दिया गया है जो परब्रह्म परमात्मा की प्राप्ति के लिए सब प्रकार के आलम्बनों में से सर्वश्रेष्ठ आलम्बन है। इस प्रकार 'ऊँ' ब्रह्म और परब्रह्म इन दोनों का प्रतीक है।

उपनयन संस्कार–इसके बाद का संस्कार है उपनयन संस्कार, जिसका चौक पूरना तो देखते ही बनता है। ये पूजन भी ब्राह्मणों द्वारा कराया जाता है।

विवाह संस्कार–जीवन का सबसे महत्त्वपूर्ण संस्कार विवाह है। इस अवसर पर कन्या व वर पक्ष के घरों में ख़ूब सजावट होती है। जोकि उत्तर प्रदेश में विभिन्न नामों से जानी जाती है। अयोध्या क्षेत्र में इसे 'मायन' 'कोहबर' 'कुल देवता' के नाम से पुकारा जाता है। इसका एक कमरा होता है जहाँ पर कन्या पक्ष एवं वर पक्ष दोनों के लोकाचार होते हैं।

कोहबर : विवाहोत्सव में कोहबर चित्रित करना अनिवार्य है। कोहबर को संस्कृत में गुप्तागार भी कहते हैं। कहा जाता है कि कोहबर में भावी पति-पत्नी प्रवेश कर अपने बुद्धि विलक्षणता की परख करते हुए आपस में एक-दूसरे को पहचानते हैं तथा अन्य गुप्त वार्ताओं को बैठकर आपस में निपटाते हैं परन्तु वर्तमान में उसमें बिठाकर केवल मनोरंजक लोकाचार ही किये जाते हैं। कोहबर से ही विवाह की रस्में प्रारम्भ

होती हैं और यही समाप्त हो जाती हैं। यहीं पर पितृ एवं कुल देवता की स्थापना होती है, आँधी-पानी आदि को आमन्त्रित करके मिट्टी के बर्तन में पीले वस्त्र से ढँक देते हैं जिससे सभी रीति-रिवाजों के समय इनका आगमन न हो, लोगों की ऐसी धारणा है और सभी वैवाहिक रस्में पूर्ण हो जाने पर इन्हें खोल दिया जाता है।

कोहबर घर के अन्दर पूजा वाले कमरे में दीवार के पूर्वी भाग में बनाये जाते हैं। कोहबर के स्थान चयन के समय इस बात का विशेष ध्यान रखा जाता है कि वह स्थान ऐसा हो जहाँ सभी लोगों के आने-जाने तथा टोना-टोटका का डर न हो। विवाह में गाये जाने वाले लोक-गीतों से अनुमान लगता है कि कन्या पक्ष के सभी वैवाहिक संस्कार तथा वर पक्ष के सुहागरात का कमरा भी यही होता है।

अयोध्या क्षेत्र में कोहबर का चार छोटा रूप घर के अन्दर जाने वाले दरवाज़ों के दोनों तरफ़ की दीवार पर भी बनता है। पहले द्वार की दोनों दीवार के दोनों तरफ़ दो कोहबर, जिसमें एक पर तीन मातृकाएँ तथा दूसरे पर दो मातृकाएँ लगायी जाती हैं। इस प्रकार दूसरे द्वार के दोनों तरफ़ एक-छोटे कोहबर बनाये जाते हैं। इस प्रकार इन चार छोटे कोहबर पर 10 मातृकाएँ तथा कमरे के कोहबर में 6 मातृकाएँ पायी जाती हैं। द्वार के कोहबर को बाहर का कोहबर और कमरे के कोहबर को भीतर का कोहबर भी कहते हैं। किसी के यहाँ अन्दर ही 16 मातृकाओं वाला कोहबर मात्र बनाते हैं। ये कोहबर ज्यामितीय आकारों पर आधारित मानव रूप में होता है।

हमारे यहाँ कन्या पक्ष के कोहबर में जूता चुराने, जलते हुए दीपक की दो बत्तियों को एक साथ मिलाने, वर-वधू द्वारा एक-दूसरे को दही एवं गुड़ खिलाने तथा जुआ खिलाने की प्रथा है। वर पक्ष में भी कोहबर घर में वर-वधू को जुआ खिलाने तथा वधू का कँगन खोलने की प्रथा है। जिस समय कोहबर में रस्में होती हैं उस समय वहाँ का वातावरण लोक-गीतों एवं हँसी-मज़ाक़ के स्वरों से गूँजता रहता है। कोहबर के चित्र विभिन्न जातियों में भिन्न-भिन्न होते हैं। कही कहीं कोहबर की मातृकाओं को एक साथ तथा कहीं इनको पाँच स्थानों में बाँटकर बनाया जाता है।

कोहबर में विभिन्न उपकरणों तथा वस्तुओं का प्रयोग करते हैं। कहीं-कहीं पर गोबर से चित्र बनाकर फिर उस पर हल्दी और चावल के पीठे से चित्र बनाते हैं उसे सजाते हैं और कहीं-कहीं पर गेरू से रँगा जाता है कोहबर रँगने के लिए रुई की बनी फुरेरी रूपी यन्त्र का प्रयोग करते हैं या दो अँगुली में रुई का छोटा टुकड़ा रखकर रंग भरते हैं।

विवाहोत्सव में प्रयोग किया जाने वाले लोक कला का दर्शनीय तत्त्व कलश जिसे मांगलिक कलश भी कहते हैं। यह वर पक्ष एवं कन्या पक्ष दोनों के मण्डपों में रखा जाता है। चूँकि कन्या पक्ष की अत्यधिक रस्में मण्डप में होती हैं इसलिए यहाँ पर

कलश को सजाने की विशेष प्रथा है। यह मांगलिक कलश मिट्टी के घड़े को बनाया जाता है। घड़े के चारों ओर गोबर की पतली-पतली अल्पना अथवा डिज़ाइन बनाकर उसके ऊपर पास-पास जौ गाड़ दिया जाता है तथा रिक्त स्थान में रंगीन चावल या रंग-बिरंगे पत्तियों के टुकड़े लगा दिये जाते हैं। जिसे कलश गोठना कहते हैं।

इस कलश को आम्र पल्लव से सजाकर उसके बाद उसके ऊपर किसी बर्तन में चावल रखकर उसके ऊपर ज्योति जला दी जाती है जो समस्त वैवाहिक रस्मों तक जलती रहती है तथा कलश जल से पूरित रहता है। जल में हल्दी, रत्न सोना-चाँदी, सुपारी, जायफल आदि डाले जाते हैं तथा विवाहोपरान्त इसके जल को पूरे घर में मंगल के लिए छिड़का जाता है।

कन्या पक्ष की तरफ़ आरती का थाल सजाने का भी रिवाज है। इस आरती थाल का प्रयोग घर की मुख्य औरतें वर की द्वार पूजा के समय आरती उतारने के लिए करती हैं। आरती थाल में गेहूँ के आटे को माँड़कर (सानकर) उसकी पतली-पतली लम्बी लोई बनाकर उससे थाल में विभिन्न प्रकार के आलेखन बनाते हैं। आलेखन बनाने के बाद इन आटे की डिज़ाइन पर हाथ के दोनों अँगूठे के दोनों नाखूनों द्वारा उसे चुनते हैं जिससे आलेखन की रेखा वक्र रूप में हो जाती है। इसके उपरान्त खाली जगहों में रंगीन चावल भर देते हैं। आरती थाल के बीचोबीच में चौमुखी दीया जलाते हैं। किसी-किसी के यहाँ चौमुखी दीये के अतिरिक्त और भी 4 और 6 की संख्या में दीये जलाये जाते हैं जिनकी आभा देखते ही बनती है।

सोना धोबन का सुहाग : अयोध्या क्षेत्र में धोबन का सुहाग भी एक रस्म होती है जो कन्या के विवाह के दिन विवाह से पूर्व की रस्म है। इसे सोना धोबन से सुहाग माँगना भी कहते हैं। सोना धोबन गौरा पार्वती की पापक है। गौरी के अमर सुहाग की सम्पदा को अपनी चुनरी के छोर में बाँध फैले हुए आँचलों तक पहुँचाने की नामदार परम्परा है। मण्डप में या घर से बाहर किसी स्थान पर कुँवारी कन्या को शादी का कपड़ा पहनाकर बिठाया जाता है और सोना धोबन रूपी कोई भी सुहागन धोबन अपनी चुनरी को कन्या के ऊपर डालकर पहले अपनी माँग में सात चुटकी सिन्दूर लगाती है और फिर अपनी माँग का सिन्दूर कन्या की माँग में लगाती है और कहती है कन्या का सुहाग दिन दूना रात चौगुना बढ़े। यह संस्कार अयोध्या क्षेत्र में बिना किसी अन्तर के ब्राह्मण, कायस्थ, ठाकुर, वैश्य सब में समान रूप से मनाया जाता है।

नकटौरी : विवाहोत्सव में वर पक्ष की तरफ़ एक परम्परा और रस्म और होती है जिसे नकटौरी कहते हैं। यह शादी के दूसरे दिन तथा बारात वापस लौटने से

पहले होती है। इसमें गेहूँ के आटे की एक पुतली बनाते हैं उसकी आँख में काजल, माँग में सिन्दूर तथा नाक में नथिया (सींक को मोड़कर) पहनाते हैं। इसको एक सेठे की डण्डी में लगाकर पीले रंग की धोती अथवा पियरी पहनाते हैं। इसे लेकर औरतें आँगन के पास की छत पर बैठती हैं और विभिन्न प्रकार के मनोरंजन एवं हँसी-मज़ाक़ वाले गीत गाती हैं। इस पुतली को सुलकिया-बुलकिया कहते हैं।

इसके अतिरिक्त विवाह के कुछ रीति-रिवाजों पर भूमि अलंकरण भी किये जाते हैं जिसमें द्वारचार का स्थान जिसे अयोध्या क्षेत्र में गोबर से लीपकर उस पर गेहूँ के आटे से चौक पूरते हैं, लकड़ी का पीढ़ा (चौकी) जिस पर वर-वधू शादी में बैठते हैं, पर भी घर की औरतें पीले रंग से रँगकर लाल-हरे रंग से कुछ आलेखन बनाती हैं।

विवाह के अवसर पर मण्डप भी ख़ूब सजाया जाता है जिसको चारों ओर से मिट्टी तथा लकड़ी के खिलौनों, फूलों की मालाओं, गुब्बारों, झण्डियों तथा रंगीन चमकदार काग़ज़ के विभिन्न चित्र रूपों से सजाया जाता है। मण्डप के ऊपर बाँस तथा कुश से छप्पर छाने की प्रथा भी है। मण्डप में गायन पूजन के समय नवग्रह, सर्वतोभद्र तथा गौरी गणेश भी सजाये जाते हैं। गौरी का प्रतीक रूप गोबर का बना होता है तथा गणेश का प्रतीक रूप सुपाड़ी (साबुत) होता है। वैवाहिक रस्मों में चौक पूरने का कार्य विवाह कराने वाले पुरोहित ही करते हैं।

मृत्यु संस्कार–जीवन का अन्तिम संस्कार मृत्यु संस्कार है जिसमें पिण्डदान मुख्य है। वृद्धों की अर्थी जिसे तिखन्ती या विमान कहते हैं, ख़ूब सजाकर निकालने की प्रथा है। लोगों की यह धारणा है कि यह अन्तिम संस्कार है इसलिए वृद्ध मृतक के विमान को लाल और नारंगी रेशमी कपड़ों से सजाकर गोटे को पतले बाँस की झण्डियों में लपेटकर गोल मेहराब बनाकर इन मेहराबों में खिलौने, शीशे, फल, कुमकुम आदि धागे में लटकाते हैं तथा लकड़ी के विमान में लगे विभिन्न डण्डों में सूखे नारियल में पन्नी चिपकाकर उसे गाड़ देते हैं जो देखने में मन्दिरों के ऊपर लगे विभिन्न कलश की तरह प्रतीत होता है।

अयोध्या क्षेत्र धार्मिक तीर्थस्थान होने के कारण यहाँ साधु-संन्यासी एवं वैरागी अधिक होते हैं ये अधिकतर ब्रह्मचारी होते हैं। इसलिए मन्दिरों के महन्तों आदि की शव यात्रा में शव बैठाकर उसकी अर्थी निकाली जाती है। महात्माओं को मृत्युपर्यन्त तुरन्त ही किसी लकड़ी तथा दीवार के सहारे बैठा दिया जाता है। उनकी अर्थी देखने से प्रतीत होता है कि शायद महात्मा जी अपने पुष्पक विमान में बैठकर स्वर्ग की ओर प्रस्थान कर रहे हैं। इन विमान (अर्थी) को फूलों की झालरों से खूब सजाया जाता है तथा धूमधाम से राम-राम बोलते हुए वाद्य-यन्त्रों को बजाते हुए निकालते हैं।

यहाँ की रस्म के अनुसार विवाहित स्त्रियों को सभी शृंगार जैसे महावर, बिन्दी, चूड़ी, बिछुआ, चुनरी आदि धारण कराके तब विमान में लिटाते हैं। विधवाओं को श्वेत वस्त्र पहनाते एवं पीला चादर उढ़ाते हैं। विवाहित स्त्री-पुरुष का अग्निदाह संस्कार करते हैं तथा अविवाहितों एवं सन्त-महात्माओं को जल प्रवाह करते हैं।

धार्मिक पर्व एवं उत्सव—मनोकामना द्वारा प्रेरित होकर मानव बहुधा व्रत-उत्सव मनाता है और उसी को पूरा करने के विचार से अनुष्ठान एवं धार्मिक कृत्य आदि करता है। उपासना करना अथवा उत्सव मनाना दोनों ही अनुष्ठान हैं। उपासना मनुष्य अपने आप करता है और आत्म-सन्तोष उसका लक्ष्य है। इसके विपरीत उत्सव हम सभी मनुष्यों से सम्बन्धित होता है और कामना को चरितार्थ करके सामूहिक आनन्द का उपयोग इसका ध्येय है। आरम्भ में अधिकांशतः सभी उत्सव लोकोत्सव थे, परन्तु शनैः-शनैः पुराणोक्त देवी-देवता, हिन्दू संस्कृति के विकास के साथ-साथ धार्मिक और सामाजिक सनातन देवी-देवता बनते गये और अब तो इसमें जातिगत रीति-रिवाजों का भी अनोखा सम्मिश्रण हो गया है।

ये पर्व या रीति-रिवाज किसी भी देश की सांस्कृतिक निधि होते हैं और उस देश की विशिष्टता तथा आत्मा को साकार करते हैं। इन्हीं पर्वों, उत्सवों तथा रीति-रिवाजों से सम्बन्धित सांस्कृतिक लोक कला जो भूमि और भित्ति अलंकरणों के रूप में पायी जाती है, समाज में अपना एक विशिष्ट स्थान रखती है। विभिन्न उत्सवों एवं त्योहारों के अनुसार इनके अलंकरण में विविधता दृष्टिगोचर होती है। इनके साथ बनाये जाने वाले अभिप्रायों का अपना एक विशेष अर्थ या महत्त्व होता है।

सनातन काल से चली आती हुई हिन्दू सांस्कृतिक परम्परा में श्रद्धा भक्ति के आधार पर इष्ट देव, आराध्यों तथा देवी-देवताओं एवं प्रतिभासम्पन्न महामानवों (महात्माओं) सिद्ध सन्तों की स्मृति बनाये रखने के लिए धार्मिक उत्सव की कल्पना की जाती है। पर्व और उत्सव एक साथ मनाये जाते हैं जिनमें प्रमुख का नाम इस प्रकार है–

1. राम जन्मोत्सव
2. जानकी जन्मोत्सव
3. रामानुज जयन्ती
4. रथयात्रा उत्सव
5. झूलनोत्सव
6. नागपंचमी
7. तुलसी जन्मोत्सव
8. कृष्ण जन्मोत्सव

9. कजली तीज
10. जल विहार एकादशी
11. रामलीला
12. पितृपदा की झाँकी
13. शेषनाग की झाँकी
14. हनुमान जयन्ती
15. रामविवाहोत्सव
16. बसन्तोत्सव
17. शिवरात्रि
18. होलिकोत्सव
19. नवरात्रि उत्सव
20. पार्थिव पूजनोत्सव (यह प्रत्येक तीन वर्ष बाद मनाया जाता है)
21. विशेष झाँकियाँ

इन धार्मिक उत्सवों एवं पर्वों पर मन्दिरों एवं स्थापित मूर्तियों को विशेष रूप से सजाया जाता है और पूजा की जाती है। इन धार्मिकोत्सवों का वर्णन इस प्रकार है—

राम नवमी : चैत्र शुक्ल नवमी को सरयू स्नान के साथ-साथ राम जन्मोत्सव प्रत्येक मन्दिर में मनाया जाता है। चूँकि अयोध्या राम जन्मभूमि है, अतः इस पर्वोत्सव की शोभा तो देखते ही बनती है। हर एक मन्दिर नयी-नवेली दुल्हन की भाँति फूलों, ध्वजाओं, दीपकों तथा विद्युत झालरों से सजा रहता है। प्रातःकाल से प्रत्येक मन्दिर में भजन-कीर्तन विभिन्न वाद्य-यन्त्रों के साथ प्रारम्भ हो जाते हैं और राम जन्म होने (मनाने) के बाद एक आरती, भोग के रूप में चलता रहता है।

रामानुज जयन्ती : चैत या बैशाख में मेष राशि पर जब सूर्य की संक्रान्ति होती है और उसमें आद्रा नक्षत्र का योग होता है तब रामानुजीय सम्प्रदाय वाले रामानुज जयन्ती बड़ी धूमधाम के साथ मनाते हैं। इस सम्प्रदाय वाले अपने घरों एवं मन्दिरों को सजाते हैं तथा भित्ति चित्र एवं भूमि चित्रण भी करते हैं इसे सनातन धर्म वाले सतुआ संक्रान्ति के नाम से मनाते हैं और इस संक्रान्ति के बाद ही सभी शुभ कार्य एवं सामाजिक उत्सव मनाना शुरू करते हैं।

रथयात्रा : इस दिन वैष्णव मन्दिरों से भगवान की मूर्ति को किसी आसन पर बिठाकर सवारी निकालकर वाद्य-यन्त्रों को बजाते हुए धूमधाम से राम घाट तक ले जाते हैं। यह उत्सव सन्ध्या बेला में दोपहर के बाद मनाया जाता है। यह दृश्य मन को मोहित कर लेता है।

मणि पर्वत का मेला : दोपहर के बाद प्रत्येक मन्दिर से मूर्तियाँ अथवा बच्चों को राम-सीता के रूप में सजाकर विमानों की सवारी में मणि पर्वत पर ले जाते हैं और वहाँ उपवन में वृक्षों पर झूला डालकर उन्हें झूला झुलाते हैं तथा झूलोत्सव मनाते हैं। यह उत्सव श्रावण शुक्ल तृतीया को मनाया जाता है।

नागपंचमी : इस दिन अयोध्या में सभी तरफ़ बड़ी धूमधाम रहती है। विशेषकर राजसदन पर बड़ा सुन्दर उत्सव इस दिन होता है। लक्ष्मण जी को शेषनाग का अवतार माने जाने के कारण लक्ष्मण घाट एवं सहस्त्रधारा पर विशेष स्नान पर्व होता है। सन्ध्याकाल में राजसदन पर मेला भी लगता है।

श्रावण मेला : यह पर्वोत्सव यहाँ के समस्त मन्दिरों में श्रावण शुक्ल पक्ष भर बड़ी धूमधाम से मनाया जाता है। प्रत्येक मन्दिर में प्रतिदिन नवीन-नवीन झाँकियाँ सजी रहती हैं तथा सायंकाल से रात्रि तक सांस्कृतिक कार्यक्रम जैसे—गीत, संगीत, नृत्य, प्रवचन आदि होते रहते हैं। राजसदन के भीतरी प्रांगण शृंगार वन में बड़ी रमणीक झाँकी होती है। इस झूलोत्सव भर पूरी अयोध्या दर्शनार्थियों व श्रद्धालुओं से भरी रहती है।

जन्माष्टमी : सभी मन्दिरों में कृष्ण जन्माष्टमी भी बड़ी धूमधाम से मनायी जाती है। नगर के प्रत्येक मन्दिर में रमणीक झाँकियाँ तथा गृहस्थों के यहाँ भी धार्गिक झाँकियाँ सजती हैं जिसमें भगवान के चरित्र एवं लीलाओं का दृश्यांकन होता है। विशेषकर रायगंज की झाँकी प्रसिद्ध है।

ऋषि पंचमी : इस पर्वोत्सव में विशेषकर मन्दिरों के महन्त शिक्षित पुजारी, संस्कृत के विद्वान, विद्यार्थीगण तथा साधु-सन्त ही भाग लेते हैं। संस्कृत भाषा के शास्त्रार्थ होने का समय देखने एवं सुनने योग्य होता है। यह भाद्रपद की शुक्ल पंचमी को होता है।

रामलीला : पितृपक्ष नवमी से क्वार की पूर्णिमा तक राजद्वार पर रामलीला होती है। इस रामलीला में राम जन्म से लेकर राम वनगमन तथा वनवास से लौटकर भरत-मिलाप तथा राजगद्दी तक की लीलाएँ दर्शायी जाती हैं। इसमें लंका दहन तथा रावण, मेघनाद एवं कुम्भकर्ण के पुतले भी जलाये जाते हैं।

भरत मिलाप : रामलीला से ही सम्बन्धित राम-भरत मिलाप हनुमान गढ़ी के सामने मंच पर बड़े हर्षोल्लास से मनाया जाता है इसका उत्सव शृंगार हाट में भी देखा जा सकता है। राम-भरत मिलाप पर होने वाली फूलों की वर्षा की शोभा तो देखते ही बनती है।

राजगद्दी : यह उत्सव रामलीला के अन्तिम दिन राम के राजतिलक के रूप में मनाया जाता है इसे राजगद्दी भी कहते हैं। कहा जाता है कि इसी दिन भगवान राम

को अयोध्या की राजगद्दी मिली थी। इसलिए सभी मन्दिरों में एवं रामलीला स्थल पर राजदरबार झाँकी सजाई जाती है।

हनुमान जयन्ती : यह जयन्ती कार्तिक कृष्ण चतुर्दशी को हनुमान गढ़ी में मनायी जाती है, इस अवसर पर दिन-रात हनुमान गढ़ी पर नृत्य, संगीत, गान तथा कीर्तन-भजन होता रहता है एवं प्रसाद वितरण होता है। इस दिन हनुमान गढ़ी को विशेष रूप से सजाया जाता है।

परिक्रमा : अयोध्या में तीन प्रकार की परिक्रमा तीन अवसरों पर होती है। प्रथम परिक्रमा चौरासी कोस की, दूसरी चौदह कोस की तथा तीसरी पाँच कोस की। इसके अतिरिक्त चौथी परिक्रमा जिसे अन्तगृही परिक्रमा कहते हैं। यह नित्य की जाती है। विशेषकर चौदह कोस और पाँच कोस की परिक्रमा में ही अयोध्या में श्रद्धालुओं की भीड़ अधिक रहती है।

कार्तिक पूर्णिमा : यह दिन सरयू स्नान का पर्व है। सरयू नदी के किनारे भक्तजनों की भीड़ रहती है। ये भक्तजन सरयू स्नान करके मन्दिरों में दर्शन भी करते हैं। स्नान करने जाने वाले विभिन्न प्रदेशों के श्रद्धालुओं से विभिन्न प्रदेशों का लोक संगीत सुनने का अवसर भी प्राप्त होता है।

राम विवाह : इस दिन प्रत्येक मन्दिर में सजावट के साथ धूमधाम से राम जी की बारात निकलती है। बारात की शोभा बड़ी मनमोहक एवं लुभावनी होती है। राम विवाह की सभी रस्मो-रिवाज कनक भवन में विधिवत् होते हैं। इसके अतिरिक्त वियाहुती भवन, रूपकला कुंज, दिव्यकला कुंज तथा तुलसी चौरा पर भी ताड़का वध, धनुष यज्ञ, विवाहोत्सव, रामकलेवा तथा विदाई की लीलाएँ होती हैं।

बसन्त पंचमी : अयोध्या के समस्त विद्यामन्दिरों (विद्यालयों) में बसन्त पंचमी का त्योहार सरस्वती जन्मोत्सव एवं सरस्वती पूजन के रूप में मनाते हैं। इस उत्सव पर सांस्कृतिक कार्यक्रम के अतिरिक्त संस्कृत एवं हिन्दी भाषा का नाटक तथा सम्मेलन होता है।

शिवरात्रि : इस दिन अयोध्या के शैव मन्दिरों से विशेषकर नागेश्वर नाथ एवं क्षीरेश्वर महादेव कुबेर टीला, जन्मभूमि, राजसदन से राम नाम गाते भजन-कीर्तन करते शिव की बारात निकलती है। रात में शिव-पार्वती विवाहोत्सव मनाया जाता है। शिवरात्रि के उपलक्ष्य में कई दिन तक नाटक भी होते हैं।

होलिकोत्सव : अयोध्या में आदर्श होली मनायी जाती है। रायगंज के मन्दिरों से हनुमान गढ़ी तथा नया घाट व स्वर्गद्वार से राम, लक्ष्मण, भरत, शत्रुघ्न की सवारियाँ निकलती हैं जो राजसदन और सरयू तट होकर वापस लौट आती हैं। इन सवारियों के साथ-साथ अयोध्यावासी पानी के रंगों तथा अबीर-गुलाल को एक-दूसरे के ऊपर

डालते हैं। साथ में फाग लोक-गीत भी गाते रहते हैं। सायंकाल एक स्थान पर एकत्रित होकर होली मिलन समारोह मनाते हैं।

इस प्रकार अयोध्या में सभी पर्वों एवं उत्सवों में धार्मिकता के साथ-साथ मनोरंजनात्मक प्रवृत्ति भी दिखाई देती है। इसका आनन्द सभी दर्शनार्थी आत्मविभोर होकर उठाते हैं।

(घ) लोक कला और तन्त्र (प्रतीक)

मनोकामना द्वारा प्रेरित होकर मानव बहुधा व्रत व उत्सव मनाता है और उसी को पूरा करने के विचार से अनुष्ठान एवं धार्मिक कृत्य आदि करता है। उपासना करना अथवा उत्सव मनाना दोनों ही अनुष्ठान हैं। परन्तु उपासना कोई भी मानव अपने आप करता है और आत्म-सन्तोष उसका लक्ष्य होता है। इसके विपरीत उत्सव दस-बीस मनुष्यों से सम्बन्धित होता है और कामना को चरितार्थ करके सामूहिक आनन्द का उपभोग उसका ध्येय है। आरम्भ में अधिकांशतः सभी उत्सव लोकोत्सव थे, परन्तु शनैः शनैः पुराणोक्त सनातन देवी-देवता हिन्दू संस्कृति के विकास के साथ-साथ धार्मिक और सामाजिक बनते गये और अब तो इनमें जातिगत रीति-रिवाजों का भी अनोखा सम्मिश्रण हो गया है।

ये पर्व या रीति-रिवाज किसी भी देश की सांस्कृतिक निधि होते हैं और उस देश की विशिष्टता तथा आत्मा को साकार करते हैं। इन्हीं पर्वों, उत्सवों तथा रीति-रिवाजों से सम्बद्ध सांस्कृतिक लोक कला जो भूमि एवं भित्ति अलंकरणों के रूप में पायी जाती है, समाज में एक विशिष्ट स्थान रखती है। विभिन्न उत्सवों एवं त्योहारों के अनुसार इनमें अलंकरणों में विविधता दृष्टिगोचर होती है। इनके साथ बनाये जाने वाले अभिप्रायों का अपना एक विशेष अर्थ और महत्त्व होता है। लोक सांस्कृतिक कला में प्रयोग आने वाले परम्परागत अभिकल्प बिन्दु, रेखाएँ (आड़ी, पड़ी व तिरछी) त्रिभुज, सम्फुटित दो त्रिभुज, चतुर्भुज, बहुभुज, पंचभुज, षट्भुज, सप्तभुज, अष्टभुज, स्वास्तिक, ओ३म्, वृत्त कोण; विभिन्न देवी-देवताओं तथा उनके आयुध-शंख, चक्र, गदा, पद्म, हाथी, नाग; मछली, तोता, मोर; तरह-तरह की लताएँ, फल-फूल इत्यादि है। प्रायः सभी अभिप्रायों के अपने कुछ गूढ़ अर्थ होते हैं जो कि न केवल सम्पूर्ण उत्तर प्रदेश वरन् सम्पूर्ण भारत में एक ही अर्थ रखते हैं। इन्हीं अभिप्रायों को प्रतीक के रूप में लोक कलाकार प्रयुक्त करते हैं।

लोक कला एवं मन्त्र—लोक का प्राणी तन्त्र-मन्त्र के प्रति भी आस्थाशील रहता है। मन्त्र चार प्रकार के माने गये हैं। इनमें वेद मन्त्र, गुरु मन्त्र, प्रार्थना मन्त्र एवं

पूजा मन्त्रों को छोड़कर चौथे प्रकार के मन्त्रों का सम्बन्ध जादू-टोना और ओझाई आदि से है।

"The fourth and commonest meaning of mantra and possibly is oldest, is in the sense of spoken or written charm, spell in cantation or magic."

लोक का प्राणी सामान्यतः इसी कोटि के मन्त्रों से परिचित है। इस देश में बौद्ध युग और उसके परवर्ती काल में तन्त्र-मन्त्र की साधना अपनी पराकाष्ठा पर थी। तान्त्रिक सिद्ध अपने विभिन्न प्रकार के आश्चर्यजनक कारनामों से जनता में एक मिथ्या धर्म का प्रचार करते रहते हैं। आज भी तन्त्र-मन्त्र और जादू-टोने से सम्बद्ध अनेक प्रकार की भ्रान्त धारणाएँ जनता में प्रचलित हैं जिसके कारण इन धारणाओं को लेकर अनेक प्रकार की कथा-कहानियाँ गढ़ी गयीं जो लोक की मौखिक परम्परा में अब भी सुरक्षित हैं। इन कहानियों में मन्त्र के ज़ोर से किसी व्यक्ति का सुग्गा बन जाना, आकाश में उड़ना या कुत्ता बनकर भौंकना जैसी असाधारण एवं आश्चर्यजनक घटनाएँ चित्रित हुई हैं।

यन्त्र-तन्त्र—तन्त्र का अर्थ बहुत व्यापक है। महाभारत में इसका उपयोग न्याय, धर्मशास्त्र आदि अर्थ में हुआ है। परन्तु तन्त्र का मुख्य अभिप्राय उन धर्मग्रन्थों से है—"जो यन्त्र मन्त्रादि समन्वित एक विशिष्ट साधन मार्ग का उपदेश देते हैं।"[4]

विद्वानों का अनुमान है कि महाभारत युद्ध के बाद से बौद्ध धर्म प्रारम्भ होने तक इस देश में तन्त्र-मन्त्र की ही प्रधानता रही। बौद्ध युग के बाद तन्त्राचार का प्रचलन एक बार फिर बड़े वेग से हुआ और तान्त्रिक सिद्ध अपने विभिन्न प्रकार के आश्चर्यजनक कारनामों से जनता के बीच तन्त्र-मन्त्र का प्रचार करते थे। इस प्रकार लोक जीवन प्राचीनकाल से ही तन्त्र-मन्त्रों से परिचित और प्रभावित रहा है। ऐसा विश्वास किया गया है कि "मन्त्र शक्ति के माध्यम से किसी भी व्यक्ति को सम्मोहित या वशीकृत किया जा सकता है। उस पर शत्रुता या उसके प्रति घृणा आरोपित की जा सकती है, उसका उपकार या अपकार किया जा सकता है और अभिसिप्त लक्ष्यों को बेध देने वाले जादू बाण भी चलाए जा सकते हैं। ऐसी कोई भी प्रभाव प्रक्रिया नहीं है जो मन्त्र शक्ति द्वारा उत्पन्न न की जा सके। सिद्ध मन्त्र प्रेत-बाधा को विनष्ट कर सकते हैं, प्रेम या घृणा का प्रचार कर सकते हैं और मन्त्रज्ञ द्वारा अभिप्रेरित शक्ति से जीवन या मरण कृत्य भी कर सकते हैं।"[5] चारों मन्त्र जैसे, वेद मन्त्र, गुरु मन्त्र, प्रार्थना मन्त्र एवं पूजा मन्त्र ही लोक जीवन से सम्बन्धित हैं, तन्त्रों का उपयोग झाड़-फूँक करने वाले ओझा अथवा लोक मान्य करते हैं।

मन्त्र के साथ जन्त्र या यन्त्र और ताबीज भी है। मन्त्र अंकित भोजपत्र, ताम्रपत्र या काष्ठ फलक को यन्त्र कहते हैं। तन्त्र सार में कहा गया है कि यन्त्रों के धारण

करने से अभिलक्षित फल की प्राप्ति होती है, नाना विघ्न-बाधाएँ दूर होती हैं और उन्हें भित्ति आदि पर अंकित कर देने से शत्रु का नाश हो जाता है। ये यन्त्र भोज-पत्र पर अष्टग्रन्ध, त्रिगन्ध, कुमकुम, केसर, कस्तूरी, लाल चन्दन, जायफल आदि से शुभ मुहूर्त या मुहूर्त विशेष में निर्मित किये जाते हैं।

तन्त्र-मन्त्र से सम्बद्ध अन्य विश्वासों के रूप में टोना-टोटका और झाड़-फूँक का उल्लेख है। टोना पढ़कर किसी व्यक्ति का अमंगल किया जाता है और टोटके द्वारा अनिष्ट निवारण किया जाता है। झाड़-फूँक से नज़र उतारी जाती है।

लोक कला में अलौकिक प्राणियों एवं अदृश्य शक्तियों से सम्बद्ध अनेक प्रकार के विश्वास दृष्टिगत होते हैं, अलौकिक अदृश्य शक्तियाँ सामान्यतः भूत-प्रेत, पिशाच, राक्षस, चुड़ैल, जिन्न, परी एवं विभिन्न देवी-देवताओं के नाम से अभिहित की जाती हैं। लोक जीवन में इन सबके अपने अलग-अलग रूप हैं और लोक मानव इनके प्रति विस्मय, भय एवं श्रद्धा से नमित रहता है। अनिष्ट निवारण एवं इष्ट सिद्धि के निमित्त इन अलौकिक शक्तियों की पूजा की जाती है, इन्हें बलि चढ़ाई जाती है और इनके लिए व्रत-उपवास भी किये जाते हैं। भूत-प्रेत या देवी-देवता से सम्बद्ध लोक की यह विश्वास भावना वस्तुतः लोक धर्म का एक अंग है और इसे धार्मिक अन्धविश्वास के रूप में स्वीकार किया जाता है।

लोक जीवन में तन्त्र-मन्त्र की भाँति टोना-टोटका, दुआ-ताबीज़ और झाड़-फूँक के प्रति भी पर्याप्त विश्वास किया जाता है, टोने द्वारा एक व्यक्ति की मनोकामना पूर्ण करने के लिए किसी दूसरे व्यक्ति को हानि पहुँचाई जाती है। इसका सम्बन्ध मन्त्रोच्चार, बलि और अनुष्ठान आदि से है। टोने के विपरीत टोटके द्वारा किसी व्यक्ति को कोई हानि नहीं पहुँचाई जाती है। यह एकपक्षीय होता है, इसमें झाड़-फूँक नज़र, विष या अन्य बाधा टालने के लिए की जाती है और इसका सम्बन्ध मूलतः लोक मन्त्रों से है। नज़र लगने की धारणा सम्पूर्ण उत्तर भारत में प्रचलित है। स्त्रियों और बच्चों को नज़र अधिक लगती है। ऐसा विश्वास किया जाता है कि नज़र का मारा व्यक्ति लू लगे हुए वृक्ष की भाँति झुलस जाता है। नज़र से बचने के लिए दो विभिन्न प्रकार के टोटके किये जाते हैं, इनमें काजल का टीका, और राई-नोन का उतारना प्रमुख है।

प्रतीक योजना—प्रतीक शब्द का प्रयोग उस दृश्य अथवा गोचर वस्तु के लिए किया जाता है जो किसी अदृश्य, अगोचर या अप्रस्तुत विषय का प्रतिपादन उसके साथ अपने साहचर्य के कारण करती है अथवा कह सकते हैं कि किसी स्तर का समान रूप वस्तु द्वारा किसी अन्य स्तर के विषय का प्रतिनिधित्व करने वाली वस्तु प्रतीक है। अमूर्त, अदृश्य, अश्रव्य, अप्रस्तुत विषय का प्रतीक प्रतिविधान मूर्त, दृश्य,

श्रव्य, प्रस्तुत विषय द्वारा करता है। जैसे—अदृश्य या अप्रस्तुत ईश्वर, देवता अथवा व्यक्ति का प्रतिनिधित्व उसकी प्रतिमा या अन्य कोई वस्तु कर सकती है।[6]

उक्त उदाहरण के आधार पर हमारे इस कथन को बल मिलता है कि मानव ने अपने जन्म-काल से ही प्रतीकोपासना को महत्त्व दिया। हो सकता है कि उसके मूल में प्रकृति से भय रहा हो अथवा उसे अपने से शक्तिशाली मानकर, शक्ति के रूप में उसकी उपासना की हो।

"प्रतीकीकरण मनुष्य का सहज स्वभाव है, भाषा का प्रारम्भिक रूप विभिन्न मुद्राओं युक्त और अनुकरण प्रधान था। पशुओं तथा ध्वनि उत्पन्न करने वाले विषयों का संकेत आदिम मनुष्य उनके सदृश्य आवाज़ उत्पन्न करके करता था।"[7]

पाश्चात्य विद्वान पेगेट का मत है—"प्रायः सभी शारीरिक मुद्राओं के साथ-साथ स्वरयन्त्र में गति होती रहती है और सहचारी स्वर को अलग करके उसे उस मुद्रा विशेष का प्रतीक बना लेना ही अधिक सुविधाजनक और सरल उपाय था। मनुष्य ने रेखाएँ और चित्र खींचना भी शीघ्र ही सीख लिया था, उसकी ध्वन्यात्मक मुद्राओं के प्रतीकों से शब्द, शब्दों के योग से व्याकरणयुक्त वाणी का और उसके चित्रमय प्रतीकों से पहले चित्र लिपि का अन्ततः चित्र लिपि से वर्ण लिपि का विकास हुआ। इसी प्रकार सभी शब्द प्रतीक हैं।

गुहा निवासी आदिम मनुष्य भी अच्छे लगने वाले मृग पक्षियों के रूप-रंग पत्थरों या कड़ी वस्तुओं से, दीवार-चट्टान आदि पर अंकित करता था। यही प्रतीक का आरम्भ है। ज्यों-ज्यों मनुष्य के विचार विकसित होते गये त्यों-त्यों उनके प्रतीकों के रूप भी विकसित होते गये और उनकी संख्या बढ़ती गयी।"[8]

प्रतीकों की अपनी विशेषताएँ है, कार्य हैं, उनका अपना महत्त्व भी है। हर क्षेत्र में चाहे वह धर्म, दर्शन, साहित्य, राजनीति, मनोविज्ञान अथवा कला हो प्रतीक अपने स्वरूप सोद्देश्यता के साथ वहाँ क्रियाशील हैं।

प्रतीकों का उद्देश्य—ऐसी वस्तु जो साधारणतः आँखों से दिखाई नहीं पड़ती, परन्तु अध्ययन तथा अनुभव से बोधगम्य, अंग को इंगित करने वाली तथा संकेत करने वाली हो, प्रतीक कहलाती है और स्पष्ट करने के लिए ये कहना अधिक उपयुक्त होगा कि जिस वस्तु, तथ्य और भाव को संकेत द्वारा, लक्षणों द्वारा या चिह्न के द्वारा न व्यक्त किया जा सके, उसका प्रतीकों के माध्यम से बोध कराया जा सकता है।

प्रतीक, संकेत, लक्षण चिह्न आदि से पृथक हैं। चिह्न तत्कालीन परिस्थितियों को बतलाता है, संकेत पहले के अनुभव से बनता है और लक्षण मात्र किन्हीं विशेष स्थितियों का प्रमाण है। संकेत फिर भी प्रतीक के निकट है। संकेत से भी निकटवर्ती शब्द बिम्ब है। वस्तुतः प्रतीक और बिम्ब में उतना बड़ा अन्तर नहीं है जितना समझा

जाता रहा है। प्रत्येक प्रतीक अपने मूल में बिम्ब होता है और उस मौलिक रूप से क्रमशः विकसित होकर प्रतीक बन जाता है।

"एक विशेष बिम्ब किसी एक कवि की अनेक रचनाओं में बार-बार दोहराया जाकर प्रायः प्रतीक बन जाता है। निःसन्देह प्रत्येक बिम्ब के भीतर एक प्रतीक अन्तर्निहित होता है और व्यापक प्रयोग में जैसे-जैसे वह अमूर्तता की ओर बढ़ता जाता है वैसे-वैसे प्रतीकात्मकता स्पष्ट होती जाती है।"[9]

"उदाहरण के लिए, प्राचीन मन्दिरों और भवनों पर बने गुम्बद उलटे कमल से अवस्थित दिखते हैं, कमल नाल ऊपर दिखाई देती है। इसे देखकर साधारणजन यही कह सकते हैं कि यह उलटा कमल त्रुटिपूर्ण है, यह सीधा भी बनाया जा सकता था किन्तु उसे क्या यह ज्ञान है कि इसके पीछे यौगिक तथ्य का महान तत्त्व छिपा हुआ है। उसे क्या मालूम कि मानव शरीर के अन्दर नाड़ियों ने उलटा कमल बना रखा है। यदि वह चाहे तो योगाभ्यास द्वारा इस उलटे कमल को सीधा कर सकता है और ऊपर की नाल को नीचे ला सकता है। योग के इस महान तत्त्व को ही इन शिवालयों, भवनों और चैत्यों आदि में दर्शाया गया है, किन्तु इस तथ्य को सभी जन समझ नहीं सकते। यह उलटा कमल एक महत्त्वपूर्ण यौगिक तत्त्व का प्रतीक है। प्रतीक भावना प्रधान होता है, भावना से प्रतीकों का सृजन होता है।"[10]

स्वास्तिक : "मानव समाज के कल्याण का प्रतीक है स्वास्तिक पूजा का चलन हमें आदिम लोक संस्कारों से लेकर शैल चित्रों, सिन्धु घाटी की शिलाओं, जैन, बौद्ध तथा हिन्दू धर्म प्रतीकों के रूप में मिलता है।

स्वास्तिक दक्षिणावर्त और वामावर्त दो रूपों में देखा जा सकता है। दक्षिणावर्त स्वास्तिक वह है जिसकी चारों बाहुओं का झुकाव दाहिनी ओर हो तथा वामावर्त स्वास्तिक जिसकी भुजाएँ बायीं ओर दिखाई गयी हों।

पण्डित रामचन्द्र शास्त्री ने स्वास्तिक को कमल का पूर्व रूप माना है। श्री परिपूर्णानन्द वर्मा ने गणपति के बीजाक्षर 'ग' का चतुरस्र मण्डल ही स्वास्तिक माना है।"[11]

"चार दिशाओं में व्याप्त विश्वमण्डल के चतुर्भुजी रूप का प्रतीक सूर्य से सम्बन्धित है। यह मानव और विश्व का सर्वोत्तम मांगलिक चिह्न है।"[12]

स्कन्द पुराण में विष्णु के दाहिने और बायें पाँव में कुल 19 चिह्नों में स्वास्तिक का उल्लेख है। प्रातः काल जिनके घर में स्त्रियाँ भूमि लीपकर उस पर स्वास्तिक नहीं बनातीं उन घरों से वित्त, यश और आयु के विनष्ट हो जाने का जनविश्वास प्रचलित है। भारत के बौद्ध, जैन, वैष्णवादि धर्मों में स्वास्तिक को मंगलमय प्रतीक माना है। यह उज्जवल भविष्य का प्रतीक भी है।

बिन्दु : बिन्दु सृष्टि का केन्द्रबिन्दु माना गया है। जब तीनों शक्तियों (ब्रह्मा,

विष्णु, महेश) का लय एक-दूसरे में हो जाता है तभी बिन्दु अर्थात् ब्रह्म का जन्म होता है। यह पूर्ण, अनन्त ब्रह्माण्ड तथा आकाश का प्रतीक है।

त्रिकोण : त्रिकोण का जन्मदाता बिन्दु है। तीन सीधी रेखाएँ एक-दूसरे से मिलकर त्रिकोण का रूप धारण कर लेने पर त्रिअर्थी बन जाती हैं। त्रिकोण मानव जीवन के तीनों गुणों (सत्व, रज और तम), तीनों कालों (वर्तमान, भूत और भविष्य), आनन्द की अनुभूतियों (सत, चित्त तथा आनन्द) त्रिशक्ति (ज्ञान, इच्छा और क्रिया), बुद्धि के तीनों रत्नों (बुद्धि, धर्म व संघ), त्रिमूर्ति (ब्रह्मा, विष्णु और महेश) तथा तीनों पराशक्तियों (महालक्ष्मी, महासरस्वती तथा महाकाली) का प्रतीक है। विज्ञान में त्रिकोण दो महाशक्तियों को कहा गया है। यह अपने आधार पर ही खड़ा रहेगा। टूट भले ही जाये, पर अपने मूल रूप में नहीं बदलेगा। अपने आधार पर खड़ा त्रिकोण शिव अथवा शक्तिधारी देव का भाव है तो उसका उलटा त्रिकोण शक्ति का।

षट्कोण : तन्त्र प्रकृति और पुरुष का सम्मिलित रूप दर्शाता है। इन्हीं दो तत्त्वों के चारों ओर समस्त विश्व, समस्त अलौकिक विद्या, सम्पूर्ण दर्शनशास्त्र कार्यरत रहता है। प्रकृति व पुरुष की यह सम्मिलित क्रियाशीलता है, विश्व के सृजन व विकास का द्योतक है, शुभ फलदायक है।

ऊर्ध्वमुखी त्रिकोण : भौगोलिक सिद्धान्त के अनुसार ऊर्ध्वमुखी त्रिकोण पर्वत का प्रतीक है इसीलिए शिव का प्रतीक है। यह अग्नि का प्रतीक है। क्योंकि अग्नि की रश्मियाँ ऊपर की ओर ही चढ़ती हैं। योगी इसे कुण्डलिनी का कमल मानते हैं।

अधोमुखी त्रिकोण : अधोमुखी त्रिकोण जल का प्रतीक है क्योंकि जल सदा ऊपर से नीचे बढ़ता है। साथ ही यह शक्ति का प्रतीक है। इस तरह स्त्री एवं पुरुष का प्रतीक होने के कारण यह सृष्टि का भी परिचायक है।

श्रीचक्र : श्रीचक्र षट्कोण का पूर्ण विकसित रूप है। तन्त्र की भाषा में श्रीचक्र सृष्टि क्रिया में कार्यरत समस्त शक्तियों का प्रतीक है। इसे दो लोकों, ऊर्ध्व और अधोलोक का प्रतीक माना जाता है। दुर्गा, शिव आदि से सम्बन्धित मण्डल इसी पर आधारित होते हैं, केवल उनके घेरने वाले कमलदलों की संख्या में अन्तर होता है। श्रीचक्र का एक बहुप्रचलित रूप में दर्शाया गया है। यह महत्रिपुर सुन्दरी का पूजा चक्र है, इसमें चार श्रीकण्ठ (शिव ऊर्ध्वशीर्ष त्रिकोण) पाँच शिव युवति शक्ति (अधः शीर्ष) सब मिलाकर तैंतालीस अष्टदल कमल, षोडष दल कमल, तीन वलय (वृत्त), तीन रेखा, तीन रेखाओं वाला चतुष्कोण सम्मिलित हैं।

चतुष्कोण : बिन्दु का विस्तार चतुष्कोण के रूप में स्थिर होता है। चतुष्कोण नियमबद्धता और बढ़ते हुए जीवन के अन्त और परिपूर्ण रूप का तथा जीवन और मृत्यु के बाद भी परिपूर्णता का चिह्न है। सीमाबद्ध काज इसके अन्दर रहता है।

चतुष्कोण पृथ्वी और आकाश का भी प्रतीक है। चतुष्कोण का शकरपारा रूप क्रियाशीलता का द्योतक है। वर्गाकार चतुष्कोण भूभुर (धरती माँ) अथवा पृथ्वी को दर्शाता है। भुजा की चार रेखाएँ चार वर्ग (धर्म, अर्थ, काम और मोक्ष) का प्रतीक हैं।

वृत्त : यह अनन्त ब्रह्माण्ड व सम्पूर्णता के प्रतीक के साथ-साथ वायु, आकाश एवं नाद का भी प्रतीक है। यह एक बिन्दु से आरम्भ होकर भँवर की भाँति गति दर्शाता है, इसलिए सदैव गति एवं तनाव से पूर्ण रहता है। इसने अपने रूप बिन्दु से जन्म लिया है इसलिए यह चालक पर आश्रित है। तन्त्र शास्त्र में इसे मण्डल के रूप में माना जाता है।

यह चक्रगति, कालचक्र, नियम, सृष्टि, पुनर्जन्म, उत्थान-पतन का प्रतीक है। यह सूर्य या काल का प्रतीक भी माना जाता है। इसे भवचक्र, संसार चक्र या कालचक्र भी कहा जाता है। यह गति का प्रतीक है। इसी दृष्टि से प्राणमय जीवन को जीवनचक्र और विराट विश्व की स्थिति को ब्रह्म चक्र कहा जाता है। बौद्ध धर्म के अनुसार, यह धर्म चक्र है, उदाहरणस्वरूप अशोक चक्र, भागवत में विष्णु के इस वृत्त चक्र को सुदर्शन नाम दिया है। सुदर्शन का अर्थ है सुन्दर दर्शन वाला या सुलभ प्रत्यक्ष दर्शन युक्त। अतः काल ही सुन्दर है क्योंकि काल का प्रत्यक्ष दर्शन सबको सदा सर्वत्र हो रहा है। इसी प्रकार जीवन भी सुदर्शन चक्र का रूप है, जिसका दर्शन सबके लिए सुलभ और सुन्दर है। चक्र के साधारणतः आठ हरे होते हैं। ये तन्त्र की अष्ट प्रकृति है।

चौक : केवल उत्तर प्रदेश में ही नहीं, वरन् सम्पूर्ण भारत में इस तरह के चौक पूरने की प्रथा थोड़े-बहुत अन्तर के साथ विद्यमान है। चौक अयोध्या के प्रायः सभी शुभावसरों पर आटे (गेहूँ, जौ, मैदा) या ऐपन (पिसे हुए चावल), हल्दी आदि से भूमि पर घर की महिलाएँ एवं पुरोहित बनाते हैं, व्रत सम्बन्धी कथा चित्रों में भी यह चौक प्रचुर मात्रा में चित्रित किया जाता है।

चौक में बिन्दु, स्वास्तिक, चतुष्कोण, त्रिकोण, पूर्ण कुम्भ, त्रिशूल, आड़ी और खड़ी रेखाओं का प्रयोग किया जाता है। सर्वप्रथम भूमि को साफ़ करके गाय के गोबर से लीपा जाता है या कभी-कभी लोग भूमि को पानी से धोकर ऐसे ही चौक पूरते हैं। चौक का आरम्भ बिन्दु से किया जाता है। उसके बाद बिन्दु को केन्द्र मानकर स्वास्तिक की रचना की जाती है। तत्पश्चात् स्वास्तिक के चारों ओर चार रेखाएँ खींची जाती हैं। ये चारों रेखाएँ एक-दूसरे को काटती हैं तथा स्वास्तिक को चतुष्कोण द्वारा घेर लेती हैं। चारों रेखाओं के चारों कोनों को पूर्ण कुम्भ के द्वारा सजा दिया जाता है जिसके ऊपर दो-दो आड़ी व एक-एक खड़ी रेखा खींच दी जाती है। चारों रेखाओं के मध्य में दोहरी रेखाओं वाले त्रिकोण को प्रत्येक को पूर्ण कुम्भ के मध्य बनाया जाता है,

जिसके शीर्ष को त्रिकोण से जोड़ दिया जाता है। सबसे अन्त में बिन्दु चौक के बाहर की ओर प्रत्येक रेखा पूर्ण कुम्भ व त्रिकोण से कुछ दूरी पर लगाये जाते हैं।

इस प्रकार महिलाएँ बगैर गूढ़ अर्थ को जाने हुए शताब्दियों से जीवनदाता सूर्य, भूभुर (धरती माँ), चारों दिशाओं के अधिपति अथवा लोकपाल (अग्नि, इन्द्र, वरुण तथा सोम, पूर्ण कुम्भ के रूप में ब्रह्मा, विष्णु, महेश, त्रिकोण के रूप में शिव और शक्ति की आराधना व पूजन करती आ रही हैं।

ओ३म् : ओ३म् को ओंकार तथा ओंकार को परमात्मा का सूचक माना है। जन-साधारण में भी ओ३म् को ईश्वर का प्रतीक ही माना जाता है और उसका एक आकार भी माना है। आर्यसमाजी ओ३म् को एकमात्र शक्ति मानकर इसकी आराधना करते हैं। ये सगुण ब्रह्म या अवतार में विश्वास न करके केवल सर्वशक्तिमान ओ३म् में ही विश्वास करते हैं, परन्तु उनका 'ओ३म' सनातन धर्मियों की भाँति विशेष आकार का न होकर केवल 'ओ३म्' है।

समस्त धार्मिक कृत्यों में इस चिह्न का अंकन विशेष महत्त्व रखता है अनेक चौकियों तथा चक्रों में ओ३म् की आकृति का भी प्रयोग किया जाता है। प्रत्येक मन्दिर में इस आकार का अंकन मिलता है। ओ३म् का अंकन गेरू, रोली तथा हल्दी से किया जाता है।

सर्वतोभद्र : सर्वतोभद्र की पूजा किसी भी मांगलिक कार्य में होती है। इसको भूमि पर या चौकी पर, कभी सूखे रंग तथा कभी विभिन्न दालों से बनाया जाता है। सौन्दर्य वृद्धि के लिए अभ्रक का भी प्रयोग किया जाता है। समस्त धार्मिक अनुष्ठानों, उत्सवों व संस्कारों के अवसर पर जब भी तैंतीस करोड़ देवताओं का आर्शीवाद ग्रहण करने की बात होती है, इसी को बनाया जाता है। सर्वतोभद्र चतुर्मुखी मन्दिर का द्योतक है। मन्दिर इसीलिए पवित्र और मंगलकारी माना जाता है, चूँकि वहाँ देवी-देवता अपने विभिन्न विग्रहों में निवास करते हैं।

क्षेत्रपाल : क्षेत्रपाल को शिव का रूप माना जाता है। जब देवी के जप किये जाते हैं तभी क्षेत्रपाल की स्थापना की जाती है। लिंग पुराण के अनुसार शंकर का यह बाल रूप है। कथा इस प्रकार है कि एक बार ताड़कासुर को मारने के लिए शिव ने काली का निर्माण किया। काली ने ताड़कासुर का वध तो किया पर उनका क्रोध मारने के बाद भी शान्त न हुआ। तब शिव ने बालक का रूप धारण किया। रोते हुए बालक को काली ने स्तनपान कराया। दूध के साथ वे उनके क्रोध को भी पी गये, जिससे उनका नाम क्षेत्रपाल पड़ा। क्षेत्रपाल को इसीलिए भैरव भी कहते हैं। क्षेत्रपाल की आकृति की स्थापना इसलिए की जाती है जिससे किसी भी शुभ कार्य में कोई विघ्न-बाधा परेशान न करे।

मृत्युंजय : मृत्युंजय की आकृति की रचना किसी भी बाधा विघ्न से मुक्ति पाने की इच्छा हेतु बनायी जाती है। शिव स्वभावतः सौम्य और कल्याणमय हैं क्योंकि सृष्टि और स्थिति उनकी स्वाभाविक इच्छा है। शिव के शान्त रूपों में मृत्युंजय रूप अधिक प्रसिद्ध है। आधि-व्याधि की शान्ति के लिए ब्रह्म के इस रूप की उपासना की जाती है।

चतुर्थलिंगतोभद्र चक्रम् : इसकी आकृति बनाना व पूजा करना चारों दिशाओं से आर्शीवाद प्राप्त करना है। सर्वतोभद्र के साथ ही इसकी आकृति को एक साथ दो चौकियों पर बनाते हैं। रेखाओं को चावल से या मिश्री से बनाते हैं तथा सुन्दरता में श्रीवृद्धि के लिए चक्र का प्रयोग भी करते हैं।

षोडष मातृका चक्रम् : इसको देवी की आराधना हेतु बनाया जाता है। इसको एक वर्गाकार में बनाया जाता है। वर्ग को सोलह खानों में बाँट दिया जाता है और सभी खानों को पीले रंग से रँग लिया जाता है। प्रत्येक खाने में अलग-अलग देवी की स्थापना की जाती है। किन्तु प्रथम खाने में 1 व 2 अर्थात् गणेश तथा गौरी की स्थापना की जाती है। तत्पश्चात् पद्मा, शची, मेधा, सावित्री, विजया, जया, देवसैन, स्वधा, स्वाहा, मातर, लोकमातर, धृति, पुष्टि, तुष्टि तथा अन्त में आत्मनः कुलदेवता की स्थापना की जाती है। देवी की आराधना हेतु ही इस चित्र को बनाने का प्रचलन है।

सप्तघृत मातृका चक्रम् : शारदीय और वासन्तीय दोनों नवरात्रि में देवी की आराधना हेतु सप्तघृत मातृका चक्रम् को बनाया जाता है। यह एक त्रिभुज के आकार में बिन्दुओं की सहायता से घी और सिन्दूर से बनाया जाता है। जिस भी देवी का पूजन किया जाता है तभी इसकी रचना की जाती है, जो इस प्रकार हैं—ब्राह्मी, वैष्णवी, रौद्री, कौमारी, वाराही, इन्द्राणी, चामुण्डा। ऋग्वेद के अनुसार मूलभूत मातृशक्ति अदिति के रूप में है। यही अदिति एक, तीन, दस और सोलह रूपों में भी पूजनीय है।

बिन्दु, त्रिकोण, षट्कोण, वृत्त, आयत, वर्ग, चक्र तथा स्वास्तिक के साथ-साथ ओइम् तथा अन्य प्रकार की रेखाएँ एवं अभिकल्प भी आलेखन बनाने के काम आते हैं जिनके अपने गूढ़ अर्थ होते हैं—

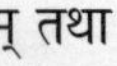 तिरछी रेखा गति को दर्शाती है।

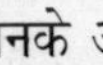 एक-दूसरे को काटती हुई रेखाएँ युद्ध का प्रतीक हैं।

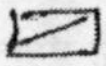 तारा शक्ति का प्रतीक माना गया है।

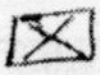 दोनों दिशाओं में बढ़ती रेखाएँ विकास का प्रतीक होती हैं।

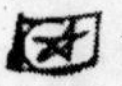 सीधी या खड़ी रेखा सक्रियता, गति और आगे बढ़ने की प्रेरणा देती है।

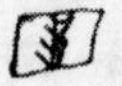 आड़ी या पड़ी रेखा निष्क्रियता व स्थिरता को दर्शाती है।

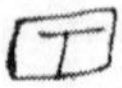 रामकोण पर काटती रेखाएँ आध्यात्मिक उदासीनता व स्थिरता को दर्शाती हैं।

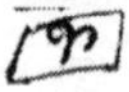 वक्र रेखाएँ उल्लास का प्रतीक हैं।

चार महाभूतों को निम्नांकित आलंकारिक प्रतीकों द्वारा व्यक्त किया गया है,

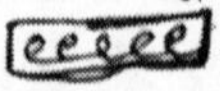—जल

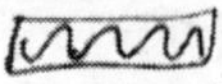—वायु

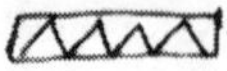—अग्नि

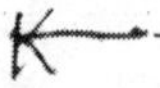—पृथ्वी

इस तरह लोक कला में विभिन्न प्रकार के अभिकल्प बिन्दु, त्रिभुज, विभिन्न प्रकार की रेखाएँ, वर्ग, स्वास्तिक आदि से बनाये जाते हैं और उनमें विभिन्न प्रकार के रंगों को भर दिया जाता है।

रंगों के प्रतीकात्मक अर्थ—शुभ्र या श्वेत रंग सत्व का प्रतीक, लाल रंग रजत का प्रतीक तथा काला रंग तमस का प्रतीक है। इसके अतिरिक्त पीला रंग पुष्पशीलता का द्योतक है और सुवर्ण और लक्ष्मी का रंग होने के कारण राजसी रंग है। लाल रंग रुधिर का रंग होने से अत्यन्त उत्तेजक और प्रवर्तक है। अग्नि और सूर्य की उष्णता में भी यह व्याप्त है। अतः क्रोध, वीरता और जीवनी शक्ति को इसके द्वारा व्यक्त किया जा सकता है। नीला रंग अत्यन्त सुखप्रद है। रंगों में यह वैसे ही प्रमुख माना गया है, जैसे तत्त्वों में वायु। आकाश का रंग होने के कारण विशालता का भी द्योतक है। हरा रंग हृदय को शीतल अनुभूति देने वाला है। प्रकृति में यह सर्वाधिक व्याप्त है। इसका प्रभाव मस्तिष्क के लिए अत्यन्त हितकर है। आयुर्वेद की दृष्टि से हरा रंग प्रमोद प्रसारक, आनन्ददायक एवं स्वास्थ्यवर्धक है। बैंगनी रंग भी आकर्षण में राजसी रंग कहा गया है। इसमें लाल रंग व नीले रंग के मिश्रित गुण हैं अतः वैराग्य का प्रतीक है। काला रंग अन्धकार का रंग होने के कारण अशुभ माना जाता है, पर इसे नज़र (बुरी दृष्टि) से बचाने व सौन्दर्य में वृद्धि करने के लिए चित्रों में प्रयोग किया जाता है।

विभिन्न देवी-देवता – लोक सांस्कृतिक कला में न केवल ज्यामितिक अभिकल्पों का पूजन किया जाता है वरन् सूर्य, चन्द्र, तारा, नवग्रह, विभिन्न प्रकार के पशु-पक्षी, पेड़-पौधे, फल-फूल और देवतागणों को भी अनेक प्रकार के आकारों से स्थापित कर उनका पूजन किया जाता है।

जब से मानव का जन्म हुआ और बुद्धि का विकास हुआ, उसमें अपने को बचाने की प्रवृत्ति का दिनोदिन विकास होता गया। मानव प्रकृति को सदा अपने से अधिक शक्तिशाली मानता रहा है तथा उसकी विचित्र शक्ति से अभिभूत भी

होता रहा है। इसी के फलस्वरूप प्रकाश, अग्नि, मेघ, वर्षा, पृथ्वी, आकाश आदि की पूजा प्रारम्भ हुई। प्राकृतिक शक्तियों (सूर्य, चन्द्र और नक्षत्र) की पूजा देवता के रूप में आरम्भ हुई। इसी के साथ-साथ अनेक देवी-देवताओं की उत्पत्ति हुई। मानव की तीन स्वाभाविक अवस्थाओं जन्म, विकास और मृत्यु के भी देवता अलग-अलग माने जाने लगे। जोकि आज भी ब्रह्मा, विष्णु और महेश के रूप में हमारे सामने हैं। विघ्न को दूर करने के लिए गणेश, धन प्राप्ति के लिए लक्ष्मी, विद्या प्राप्ति के लिए सरस्वती का पूजन भी आरम्भ हुआ। परिवार में सुख व सौभाग्य के लिए माँ गौरी की आराधना प्रारम्भ हुई। दैनिक जीवन में काम आने वाले पशु जैसे—गाय, बैल, भैंस, मेष, घोड़ा, हाथी तथा अपने गुणों व सौन्दर्य के कारण तोता, मैना, मोर, हंस, गरुड़ आदि की भी आराधना प्रारम्भ हुई। किसान के मित्र साँप का भी पूजन प्रारम्भ हुआ। प्रथम तो डर के कारण तथा द्वितीय मित्र होने के कारण।

सूर्य : सृष्टि के अधिष्ठाता सत्यात्मक पूजन का सर्वोत्तम प्रतीक सूर्य है। सत्य ही सृष्टि का मूल है। सर्वत्र सत्य की महिमा परिलक्षित होती है। क्योंकि सत्य के बल से सूर्य तपता है, सत्य के बल से पृथ्वी की स्थिति है, सत्य ही परम धर्म है इसलिए सत्यात्मक पूजन का सबसे उत्तम प्रतीक सूर्य को माना गया है। सूर्य को विभिन्न अवसरों पर भूमि या भित्ति अलंकरणों में प्रयोग में लाते हैं। सूर्य स्वयं प्रकाश, ध्रुव और अपरिवर्तनीय है। सूर्य उच्च विज्ञान या बुद्धि का प्रतीक है।

नवग्रह : सूर्य और चन्द्र के साथ सौर मण्डल के अन्य ग्रहों व उपग्रहों की पूजा का भी विधान है। ज्योतिष शास्त्र के अनुसार नवग्रहों में सूर्य, चन्द्र, मंगल, बुध, वृहस्पति, शुक्र, शनि, राहु व केतु आदि की गणना की गयी है। सांसारिक ऐश्वर्य, सुख-समृद्धि एवं शान्ति की प्राप्ति के लिए नवग्रहों की पूजा सदा से होती आ रही है। मुनि याज्ञवल्क्य ने स्वर्ण, रजत एवं पट्ट के नवग्रहों की स्थापना कर उनकी पूजा का आदेश दिया है। एक पौराणिक कथा के अनुसार, देवताओं की सभा में राहु-केतु राक्षस चुपचाप जाकर बैठ गया और उसकी देवताओं में गणना हो गयी, पर जब देवताओं को मालूम पड़ा तब उन्होंने उसका सिर धड़ से अलग कर दिया तभी से यह अलग-अलग घूम रहे हैं और क्रूर देवता होने के कारण पूजे जाते हैं। शनि, राहु व केतु को काले रंग से, बुध को हरे रंग से, वृहस्पति को पीले रंग से, सूर्य व मंगल को लाल रंग, शुक्र व चन्द्रमा को सफ़ेद रंग से बनाया जाता है। कभी-कभी केतु स्लेटी, शनि नीले व राहु काले रंग से बनाये जाते हैं। चन्द्रमा को शीतल प्रकाश एवं क्षय वृद्धि से मुक्त माना गया है। इसके अतिरिक्त चन्द्रमा को इन्द्रियानुगामी मन का प्रतीक भी माना गया है।

चन्द्रमा को अर्घ्य देकर पूजन करने व उपवास खोलने की प्रथा भारत के बहुत से त्योहारों में है यथा–करवा चौथ, चन्दन छठ, सकट चौथ, शरद पूर्णिमा, कार्तिक पूर्णिमा व होली।

पंचतत्त्व पूजन : मनुष्य का पार्थिव शरीर मिट्टी, जल, अग्नि, गगन व समीर से बना है जिनको हम पाँच तत्त्व कहते हैं। इन पाँचों को देवता के रूप में पूजते हैं। जैसे–धरती माता, जल देवता, अग्नि देवता, वरुण व सूर्य देवता आदि।

पृथ्वी गुणों की खान है। पृथ्वी में सहनशीलता, निष्काम काम करने की प्रवृत्ति और सभी प्राणियों का माँ की तरह पालन करने की क्षमता ऐसे गुण हैं जिनके कारण आदिकाल से ही धरती की पूजा करने की परिपाटी चली आयी है। मिट्टी के गणेश जी बनाकर पूजने के पीछे भी धरती को पूजने की ही भावना है।

अग्नि पवित्र है, इसीलिए अग्नि को ईश्वर का प्रतीक मानते हैं। यह यज्ञ का भी प्रतीक है। हिन्दू समाज में प्रायः सभी उत्सवों, त्योहारों व रीति-रिवाजों में अग्नि को किसी-न-किसी रूप में पूजने की प्रथा है। प्रत्येक वस्तु को अग्नि से ही शुद्ध और परिष्कृत करते हैं तथा अग्नि को साक्षी मानकर सभी कार्य सम्पन्न किये जाते हैं।

जल चेतना का प्रतीक है। पश्चिमी दिशा के अधिपति वरुण इसके देवता हैं। जल में पवित्र करने की क्षमता है इसीलिए सागर, नदी, कुएँ, तालाब, झरने आदि सभी को पूजने की प्रथा शताब्दियों से चली आ रही है।

पूर्ण कुम्भ : पूर्ण कुम्भ या मांगलिक कलश की स्थापना प्रत्येक संस्कार के समय अनिवार्य होती है। फूल-पत्तियों विशेष रूप से आम की पत्तियों से इसे सजाया जाता है। स्वास्तिक बनाये जाते हैं। पूर्ण घट सुख, सम्पत्ति और प्राण का रस है, उसके सम्मुख लहराती हुई पत्तियाँ और पुष्प जीवन के नानाविध आनन्द और उपयोग हैं। मानव तथा विराट विश्व दोनों ही पूर्ण घट सदृश्य हैं।

सम्पूर्ण सृष्टि की अवस्थाएँ एवं रूपस्थिति, गति और अगति में दृष्टिगोचर होते हैं। सत्व गुण, रजो गुण तथा तमो गुण ही माया के द्वारा सृष्टि, स्थिति व प्रलय के रूप प्रकट होते हैं और इन्हीं गुणों को धारण करने वाले तीन देवता–ब्रह्मा, विष्णु और महेश हैं। यही त्रिमूर्ति तीन अवस्थाओं (बाल्यावस्था, युवावस्था और वृद्धावस्था), तीन आश्रम (ब्रह्मचर्य, गृहस्थ व संन्यास) को व्यक्त करती है।

ब्रह्मा, विष्णु, महेश तथा तीन शक्तियाँ : ब्रह्मा का कमण्डल, कावाय वस्त्र, अस्त्र, वेद ज्ञान सभी ब्रह्मचारी के लिए आवश्यक व्रत धारण करके आगामी जीवन की रचना करता है। ब्रह्मा के साथ ही सरस्वती भी सृष्टि की उत्पत्ति में सहायता देती हैं। इनको श्वेत वस्त्रों से सुशोभित, अक्षयमाला, अण्डकुश वीणा व पुस्तक धारण करते हुए दिखाया जाता है। यह सत्वप्रधान, ज्ञान व विद्या की देवी मानी गयी हैं।

विष्णु गृहस्थाश्रम के प्रतीक हैं। वे एक आदर्श गृहस्थ की भाँति अच्छी वेशभूषा व आभूषण धारण करते हुए सम्पूर्ण सृष्टि का पालन करते हुए प्रसन्नता से जीवनयापन करते हैं। विष्णु के कितने ही रूप भारतीय जन संस्कृति में पूजने योग्य है। राम, कृष्ण व बलदेव इसमें मुख्य हैं। प्रायः सभी त्योहार इन्हीं पर आधारित हैं। काव्यों, महाकाव्यों की रचना का आधार भी ये ही चरित्र हैं। विष्णु की शक्तियों में दुर्गा, काली, महाकाली, लक्ष्मी, नारायणी प्रमुख हैं जिनसे सम्बन्धित त्योहार भी भारतीय संस्कृति में अपना महत्त्व व स्थान रखते हैं। विष्णु का अस्तित्व लक्ष्मी के बिना अधूरा है। लक्ष्मी जी का श्री, कमला, गजलक्ष्मी व महालक्ष्मी रूप सर्वमान्य है। विष्णु अर्थ हैं तो लक्ष्मी वाणी, विष्णु न्याय हैं तो लक्ष्मी नीति, विष्णु धर्म हैं तो लक्ष्मी सत्क्रिया भू देवी।

शिव का आकार, वेशभूषा, उनकी जटाएँ, भस्म, लेप सभी संन्यासाश्रम के प्रतीक हैं। भारतीय संन्यासी की भाँति वे बाघम्बर पहनते, त्रिशूल धारण करते व जटाएँ रखते हैं। योगी के समान वह अर्द्धनग्नावस्था में रहते हैं। अतः शिव संन्यासाश्रम का प्रतीक हैं। मोहनजोदड़ो सभ्यता से लेकर अब तक किसी-न-किसी रूप में शिव की आराधना होती आयी है। वे सबसे प्राचीन देवता हैं। इनके अनेक नाम हैं जैसे–शंकर, पशुपति, भोलानाथ, शिव, नीलकण्ठ महादेव और शम्भु। यह राजा और रंक दोनों को प्रिय हैं उनके इष्ट देव हैं। इनका पूजन लिंग तथा मानवीय प्रतिमा दोनों ही रूप में होता है। इनका काम संहार करना है। शिव का अर्द्धनारीश्वर रूप शैव व शक्ति धर्म का पालन करने वालों में तथा हरिहर का रूप वैष्णव तथा शैव सम्प्रदाय में एकता स्थापित करता है। शिव का वाहन नन्दी धर्म का प्रतीक है।

शिव की शक्ति पार्वती भी अत्यन्त लोकप्रिय देवी हैं और बहुत ही दयालु प्रकृति की हैं। स्त्रियों को सुख-सौभाग्य प्रदान करने वाली हैं। कुमारी व सुहागिन स्त्रियों के अनेक त्योहार व पूजा-पाठ इनसे सम्बद्ध हैं।

कार्तिकेय तथा गणेश शिवजी के पुत्र हैं। गणेश जी को अपनी पितृ-भक्ति के कारण सदैव सर्वप्रथम पूजने योग्य स्थान मिला है। प्रत्येक मांगलिक कार्य गणेश जी की स्थापना से ही प्रारम्भ होता है।

पशु-पक्षी – लोक मानव के जीवन में जो जितना अधिक सहयोग देता है वह उतना पूज्य है। भारतीय संस्कृति में पशु-पक्षियों को भी मनुष्य के समान पूज्य समझते हैं, इसीलिए अनेक पशु-पक्षियों की उपयोगिता इन देवी-देवताओं के वाहन के रूप में है, जैसे–हाथी, चूहा, गरुड़, बैल, वानर, घोड़ा, हंस व मोर आदि।

गाय : सभी देवी-देवता गाय के शरीर में व्याप्त हैं इसीलिए सभी पशु-पक्षियों में गाय सबसे अधिक पूज्य है। ऐसा सर्वमान्य विश्वास है। अतः गोग्रास या गोदान

की प्रथा का हिन्दुओं में बहुत महत्त्वपूर्ण स्थान है। गाय के गोबर तथा गोमूत्र का औषधि शास्त्र में महत्त्वपूर्ण स्थान है।

हाथी : इन्द्र का वाहन है, गणेश जी से इसका मुख्य सम्बन्ध है। यह शक्ति, विद्वता तथा दृढ़ता का प्रतीक है। हाथी ऐश्वर्य का भी प्रतीक है और ऐश्वर्य के रक्षक एवं सेवक के रूप में इसका अंकन गजलक्ष्मी के चित्रों एवं प्रतिमाओं में अविकल रूप से हुआ है।

इसकी उत्पत्ति जल से मानी जाती है। इसीलिए हाथी को समुद्र के चौदह रत्नों में स्थान मिला है। कमल के साथ भी इसका सम्बन्ध कल्पित किया गया है। मेघों एवं वीर पुरुषों की गर्जना, वीरों का द्वन्द्व युद्ध और मस्ती भरी चाल की उपमा हाथी से दी गयी है।

वृषभ : यह शिव का वाहन तथा कृषकों का बन्धु है। इसे भूमि आर्द्रता, स्वर्ग, पिता आदि का भी प्रतीक माना जाता है। वैदिक देवता सूर्य को सौर वृषभ माना जाता है। शक्तिशाली पुरुषों और अविवाहित स्वस्थ युवकों की उपमा भी वृषभ से दी जाती है। सिन्धु घाटी कला की मुद्राओं, मौर्यकालीन स्तम्भों, अजन्ता, एलोरा और बाघ गुफा चित्रों तथा पत्रावलियों में वृषभ चित्र अंकित मिलते हैं। पताका में भी वृषभ चिह्न अंकित होता है।

अश्व : इसको शक्ति का प्रतीक माना गया है। जल में से अश्व की उत्पत्ति के द्वारा अन्तरिक्ष में से ब्रह्माण्ड की उत्पत्ति को प्रस्तुत किया गया है। मानसिक रूप में यह उद्दाम वासना का प्रतीक है इसीलिए भारतीय नीति में इन्द्रियों को घोड़े माना जाता है। यह सूर्य, चन्द्र, शुक्र एवं वृहस्पति के वाहन के रूप में प्रसिद्ध है। आज्ञाकारिता तथा स्वामिभक्ति के साथ-ही-साथ अपनी गति तथा बल के लिए भी प्रसिद्ध है। वैदिक काल से ही राजसूय यज्ञ, अश्वमेध यज्ञ होते आते थे, वाल्मीकि रामायण तक का विवरण तो सामने ही है, मध्यकाल में इसे राज्य शक्ति और बर्बरता का प्रतीक माना जाता था।

वानर : मानव का आदि पुरुष पुरुरवा बुद्धिमान है। हनुमान का वंशज होने के कारण पूज्य व मान्य है। इनको दूत कहा गया है, इनके दर्शन शुभ माने जाते हैं।

काला कुत्ता : यों तो कुत्तों की स्वामिभक्ति प्रसिद्ध है पर काला कुत्ता भैरो का वाहन माना जाता है। माता की पूजा के दिन इसे जिमाते हैं। कुत्ते का चित्रण गोवर्द्धन के दिन भी किया जाता है।

सर्प : इनको लोकधर्म का देवता माना गया है। अपने विभिन्न कार्यों और रूप के विभिन्न पक्षों के आधार पर इनकी प्रतीकात्मकता अनेकानेक है। उदाहरणार्थ, सर्प तीव्र गति और मार्ग की कठिनता का सूचक है। इसका केंचुली छोड़ना आत्मा

का बन्धन त्यागना माना गया है। गुप्त वैभव को भी भारत में प्रतीक माना गया है। भारतीय योग विद्या में इसे कुण्डलिनी के रूप में आत्मोन्नति का प्रतीक माना गया है। नागपाश सांसारिक मोह का प्रतीक है। नाग के सहस्र फन मानवीय अचेतन की सहस्रेच्छा के प्रतीक हैं। संक्षेप में यह इच्छाओं, जल, शक्ति, काल, तम स्थान व अनन्त का प्रतीक माना गया है। शिव के गले का हार भी सर्प है। यह विष्णु, राम, कृष्ण, बुद्ध आदि से विभिन्न रूप में जुड़े हैं।

गरुड़ : पक्षियों में गरुड़ अत्यन्त प्राचीन पक्षी है। विष्णु का वाहन और सर्पों का शत्रु है। यह सूर्य एवं आध्यात्मिकता को व्यक्त करता है। इसको दिन अच्छा लगता है। वैदिक भावना के अनुसार यह सन्देशवाहक भी है। भगवान तक सबकी सूचनाएँ पहुँचाता है।

शुक : इसका अंकन भारतीय प्रेम प्रसंगों में हुआ है। यह कामदेव का वाहन और शृंगार का प्रतीक है। रहस्यवादी साधना में यह गुरु का भी प्रतीक है। प्रेम का अवलम्बन माना जाता है। तोता व मैना की कथाओं से हमारा साहित्य भरा पड़ा है।

मयूर : यह कार्तिकेय का वाहन है। भगवान कृष्ण से सम्बन्धित है। अपने सौन्दर्य व नृत्य के लिए प्रसिद्ध है। मोर प्रेम का भी प्रतीक है। कोहबर में मोर का चित्रण करने का अभिप्राय है कि जिस प्रकार मयूर मयूरी के प्रेम में लीन होकर नाचता रहता है वैसे ही वर भी वधू के प्रेम में विह्वल हो आनन्दमग्न रहे। यह साँप को मार डालता है, इसलिए ज्ञान का भी प्रतीक माना गया है। छपाई, कढ़ाई व विभिन्न प्रकार के अलंकरणों में इसको विविध रूपों में चित्रित किया जाता है।

हंस : यह वीणावादिनी सरस्वती का वाहन है। हंस को नीर-क्षीर विवेकी माना जाता है। यह ज्ञान और निर्मलता का प्रतीक है और ब्रह्मा व सरस्वती का वाहन है। प्रेम प्रसंगों में यह दूत अथवा सन्देशवाहक बनकर आया है। श्वेत वर्ण के कारण हंस आत्मा, ऊर्ध्वगति का भी प्रतीक है।

कपोत : इसे शान्ति का प्रतीक माना गया है। यह सन्देशवाहक भी है। कपोत युग्म को शृंगार का प्रतीक बनाकर प्रेम प्रसंगों में अंकित किया गया है। यह सीधा पक्षी माना गया है। इसके पंखों की हवा बच्चों के लिए स्वास्थ्यप्रद है और सुखी दाम्पत्य जीवन का प्रतीक है।

कौआ : यह पितृपक्ष में बहुत ही पूज्यनीय हो जाता है। इन दिनों कौवे को ग्रास दिया जाता है। कौवे के द्वारा विरहणी अपने बिछुड़े साथी को सन्देश भी भिजवाती है। सुबह-सुबह किसी काग का बोलना किसी स्वजन सम्बन्धी के आने की सूचना देने वाला होता है। इसे शकुन-विचार का प्रतीक माना गया है।

भगवान राम के बालरूप के चित्रों में कौए का अंकन उनके पास बैठे काकभुषुण्डि जी के रूप में किया गया है।

मीन : इसे सुख-सौभाग्य, सुख-सम्पन्नता का प्रतीक माना जाता है। मीन को मीन मिथुन के रूप में जगह-जगह चित्रित किया गया है। यह सृष्टि के उद्‌बोधक दम्पति व सुन्दरता का प्रतीक हैं। कामदेव के मन्दिरों की पताका पर है।

उलूक : उलूक (उल्लू) लक्ष्मी का वाहन है। यह मृत्यु, रात्रि, शीत एवं निष्क्रियता का प्रतीक माना गया है। यह अस्त हुए सूर्य का भी प्रतीक है। कभी-कभी यह बुद्धि का प्रतीक माना गया है क्योंकि इसे अन्धकार में भी देखने की शक्ति प्राप्त है।

वनस्पति पूजन—प्रकृति जीवन से भिन्न नहीं अपितु इसका जीवन से गहन सम्बन्ध है। स्त्री समाज में वनस्पति पूजन का बहुत महत्त्व है। यद्यपि इसका आधार वैज्ञानिक है परन्तु स्त्रियाँ तो इसको परम्परागत आस्था के रूप में मनाती आ रही हैं। किसी वृक्ष को सन्तान देने वाला, किसी को सुख-सौभाग्य प्रदान करने वाला तो किसी को मनोभिलाषा पूर्ण करने वाला मानकर उसकी पूजा की जाती है। सामान्यतः वृक्ष से सृष्टि, जीवन, उत्पत्ति, विकास तथा उत्पादन, पुनरुत्पादन का सिद्धान्त व्यक्त होता है। ये जीवन की निरन्तरता के सूचक हैं।

अशोक : इसे यौवन को स्थायी रखने वाला कहा जाता है, यह यौवन का प्रतीक है।

पीपल : यह परम पवित्र वृक्ष है, इसके ऊपर ब्रह्मा, विष्णु व महेश का निवास माना जाता है। पीपल के वृक्ष को शनिवार को पूजने का विधान है, क्योंकि इस दिन सभी देवताओं का निवास इस पर ही होता है। इस वृक्ष को दाम्पत्य प्रेम को बढ़ाने वाला, सन्तान देने वाला तथा प्रेत-बाधा से मुक्ति प्रदान करने वाला माना जाता है।

बरगद या वट वृक्ष : यह अपनी आयु व विशालता के लिए शताब्दियों से प्रसिद्ध है। प्रलय के समय भी यह जल में निमग्न होने से बचा रहा। इसकी पत्तियों में भगवान बाल रूप में विराजते हैं। अनेक बीमारियों में इसके दूध का प्रयोग होता है। यह वट सावित्री व बड़ी अमावस्या के दिन पूजा जाता है।

नीम : यह शीतला देवी का निवास माना जाता है। वायु की शुद्धि व शीतल कीटाणुओं को मारने की इसमें अद्‌भुत क्षमता है। इसकी छाया बहुत शीतल होती है।

बेल पत्र : श्रीफल को संस्कृत में बिल्व कहते हैं। बेल उसी का अपभ्रंश है। भगवान शिव की पूजा के लिए इसका प्रयोग होता है। श्रावण मास में शिव प्रतिमा पर यह बेल पत्र सम्पूर्ण मास चढ़ाये जाते हैं। इसी मास शिव की पूजा का विधान है। मृत व्यक्तियों को जलाने में इसकी लकड़ियाँ काम आती हैं। विभिन्न प्रकार की आयुर्वेदिक औषधियों में भी इसका प्रयोग होता है।

आँवला : इस वृक्ष की पूजा कार्तिक मास की अक्षय नवमी के दिन होती है। इसको सुख-सौभाग्य व सन्तान देने वाला माना जाता है। आँवले के फल का उपयोग अनेक रोगों में भी किया जाता है। यह शीतल होता है।

केला : स्त्रियाँ प्रत्येक वृहस्पतिवार को सौभाग्य और सन्तान की कामना के लिए केले के वृक्ष का पूजन करती हैं। केले के एक ही चरखे पर अनेक फल लगते हैं अतएव यह सन्तानोत्पत्ति का स्रोत माना जाता है। शादी और अन्य मांगलिक कार्यों के समय वेदी का निर्माण केले के तनों द्वारा होता है। अयोध्या क्षेत्र में केले और कुश की झाँकी छोटी देवकाली पर सजायी जाती है।

आम : हिन्दू संस्कृति में आम के वृक्ष का बड़ा महत्त्व है। आम की पत्तियों से बन्दनवार बनाये जाते हैं। मंगल घट में इसकी पत्तियाँ लगायी जाती हैं। इसकी लकड़ी को हवन की समिधा के रूप में प्रयोग किया जाता है और आम के बौर को अपनी इच्छापूर्ति की कामना स्वरूप मानते हैं।

तुलसी : कार्तिक मास में इसकी विशेष रूप से पूजा होती है। इसको भगवान विष्णु की पटरानी मानते हैं। देवोत्थान एकादशी तथा कार्तिक पूर्णिमा पर तुलसी का विवाह धूमधाम से शालिग्राम के साथ करने की प्रथा है। औषधियों में भी इसका प्रयोग किया जाता है।

बाँस : यह वंश वृद्धि का द्योतक वृक्ष है। जिस प्रकार एक बाँस से सैकड़ों बाँस उत्पन्न हो अपनी लम्बाई-मोटाई में उत्तरोत्तर वृद्धि करके आकाश को चूमते रहते हैं, उसी प्रकार विवाहित वर-वधू का वंश दिनोदिन पीढ़ी-दर-पीढ़ी बढ़ता रहे तथा उनसे उत्पन्न सन्तान द्वारा वंश का कीर्तिध्वज बाँस की ऊँचाई के समान ऊपर उठकर सूर्य के समान चमकता रहे। बाँस का चित्रण कोहबर के चित्रण के समय अधिक होता है।

कुश : पौराणिक गाथा के अनुसार, सागर-मन्थन के बाद अमृत घट ले जाते समय कुश पर ही रखा गया था, तभी से कुश को अत्यन्त पवित्र माना जाने लगा। इसकी पवित्रता के कारण ही इसका उपयोग सभी मांगलिक कार्यों में किया जाता है। देव-पूजन में कुश से ही स्नान कराते हैं, शिखा में कुश बाँधते हैं। दूध फट न जाये इसलिए उसमें कुश डालते हैं और ग्रहण के समय प्रत्येक खाने की वस्तु में कुश डालते हैं।

दूर्वा : कहा जाता है कि सागर-मन्थन के पश्चात विष्णु ने अमृत का घट एक स्थान पर रख दिया। कौवे ने आकर उसमें से कुछ अमृत पी लिया और उसका कुछ अंश जमीन पर गिरा दिया जो दूर्वा पर पड़ा। जिसकी वजह से यह सदैव हरी बनी रहती है। सभी मांगलिक कार्यों में इसका प्रयोग किया जाता है। दूब स्त्रियों

के सौभाग्य का प्रतीक है। यह समृद्धि और दीर्घ आयु का प्रतीक है। दूब के जाल सदैव फैलते रहते हैं, यह सदैव अपना वंश बढ़ाया करती है।

पद्म या कमल : भारतीय कला, धर्म और दर्शन में कमल सबसे अधिक महत्त्व का प्रतीक है। यह अगाध जल के अन्दर तैरते हुए प्राण या जीवन का चिह्न है। यह पुष्प सूर्योदय के समय अपनी पंखुड़ियाँ खोलता है। सूर्य ब्रह्म का प्रतीक माना गया है। अतः कमल प्राण का वह रूप है जो भूतों में समष्टिगत प्राण या जीवन का आह्वान करता है। "विष्णु की नाभि के कमल से ब्रह्मा का विकास हुआ जो सृष्टिकर्ता हैं।"[13] "कमल के पर्ण या पुरइन बेल को सृष्टि की योनि या गर्भाधान की शक्ति कहा गया है।"[14] कमल विराट मन का प्रतीक है और व्यक्तिगत प्राण शक्ति का भी। भारतीय अष्टदल, षोडशदल वाले कमल का चित्रण लोक कला के भीतर बहुत मिलेगा। तन्त्र शास्त्र के अनुसार भी पंचदल, षट्दल, अष्टदल व षोडश दल वाले कमल का बहुत महत्त्व है।

शंख : शंख का पूजा में ध्वनि के लिए प्रयोग किया जाता है। दक्षिणावर्ती शंख द्वारा देवी-देवताओं को स्नान भी कराया जाता है। शंख अतुल सम्पत्ति का प्रतीक है और विष्णु के चार आयुधों में एक है। अयोध्या के मन्दिरों पर इसका चित्र रहता है।

कल्प वृक्ष : इसका जन्म समुद्र-मन्थन से हुआ। यह इच्छाओं की पूर्ति करने वाला तथा मन का प्रतीक है। कल्पवृक्ष के नीचे मनुष्य जो सोचता है उसे मिल जाता है।

हल्दी : ये आयुर्वेदिक गुणों के साथ-साथ सुन्दर-सा चमकदार पीला रंग भी रखती है, किसी-न-किसी रूप में प्रत्येक पूजा-पाठ में उपयोग में आती है।

धतूरा : धतूरा शिव जी की पिण्डी पर चढ़ाने के काम आता है। साबुत सुपारी व नारियल का प्रयोग भी पूजा में किया जाता है।

दैनिक उपयोग की वस्तुएँ—उपर्युक्त सभी प्रकार की वस्तुओं की पूजा आदि के साथ-साथ लोक मानव दैनिक उपयोग की वस्तुओं की पूजा भी करता है जिनमें प्रमुख निम्नलिखित हैं—

कुआँ पूजन : कुएँ का पूजन विवाह व शिशु के जन्म पर किया जाता है। जिस प्रकार कुएँ में से सदैव जल निकलता रहता है और वह जलविहीन नहीं होता उसी प्रकार जलदेव से अपने नवजात शिशु के लिए माँ प्रार्थना करती है कि उसके बच्चे की आयु भी इसी तरह कभी समाप्त न हो। जिस प्रकार कुएँ का जल सबको शीतलता व जीवन दान देता है उसी प्रकार बालक भी सबको सुख पहुँचाता रहे।

चाक पूजन : सृष्टि चक्र पूजने का भाव निहित है। जिस प्रकार सृष्टि का चक्र अबाध गति से चलता रहता है, उसी प्रकार कुम्हार का चाक भी। लड़के व लड़की

दोनों की शादी में इसकी पूजा होती है। इसके पूजने के पीछे धरती को पूजने की भावना है।

ढोलक पूजन : जब-जब गीत आरम्भ होते हैं तब रोली व चावल से ढोलक की पूजा की जाती है जिससे कि जो गीत ख़ुशी के अवसर पर प्रारम्भ किये जा रहे हैं, निर्विघ्न समाप्त हो जायें तथा सब प्रकार से कल्याण हो।

देहली पूजन : बेटी को विदा करते समय उससे घर की देहली पुजवाई जाती है जिसके पीछे यह भावना निहित है कि जहाँ वह बड़ी हुई है वह सदैव धन-धान्य से पूर्ण रहे।

दीपक पूजन : दीपक को ईश्वर का रूप मानते हैं। यह ज्योर्तिमय है। यह अँधेरे को मिटाता है और मनुष्य के जीवन का प्रतीक है।

धान बोना एवं कूटना : विवाह के समय धान बोने का अर्थ होता है कि जिस प्रकार धान एक जगह बोकर बाद में खेतों में रोपे जाते हैं, उसी प्रकार कन्या का जन्म व पालन-पोषण माँ बाप के घर होता है, उसका सुख दूसरे के घर ही होता है।

इस प्रकार आदिकाल से लेकर अब तक विभिन्न प्रकार के तीज-त्योहार, उत्सव और संस्कार होते रहे हैं। उनके मनाने की विधियों में तत्कालीन सामाजिक, आर्थिक व सांस्कृतिक अवस्थाओं का प्रभाव पड़ा, पर उनके मनाने के पीछे केवल लोकहित की भावना का ही समावेश रहा है। विभिन्न प्रकार की वेदियों और यज्ञशालाओं की रचना में भूमि अलंकरण का सहारा लिया गया। मातृकाओं व पुतिलिकाओं की भी रचना हुई। तरह-तरह की भित्ति व भूमि अलंकरणों की वैज्ञानिक, तान्त्रिक व सौन्दर्यात्मक आधार पर रचना हुई, जो कुछ फेरबदल कर आज भी चल रही है। इन अलंकरणों में रेखाओं, बिन्दुओं अथवा विभिन्न प्रकार के ज्यामितिक आकारों, विभिन्न देवी-देवताओं, फूल-पत्तियों, वृक्ष, पशु-पक्षी आदि का चित्रण बड़ी उपयोगिता के साथ किया जाता है।

(ङ) लोक कला और ज्यामिति

लोक कला और ज्यामिति एक-दूसरे के पूरक हैं। अथवा हम कह सकते हैं कि इन दोनों का अत्यन्त घनिष्ठ सम्बन्ध है। लोक कला में पग-पग पर ज्यामिति का प्रयोग होता है। ज्यामिति लोक कला में प्रयोग होने वाले मापक अथवा उपकरण के रूप में धागा, अँगुल, बालिस्त और हाथ आदि के द्वारा रूप को ज्यामितीय आकार दिया जाता है।

सबसे पहले हम बिन्दु को लेते हैं जो सृष्टि का केन्द्रबिन्दु माना गया है और जब इस बिन्दु को केन्द्र मानकर परिधि बनाते हैं तो आध्यात्मिक क्षेत्र में वह पूर्ण

अनन्त ब्रह्माण्ड का प्रतीक अथवा रूप हो जाता है। वृत्त के द्वारा सूर्य तथा पृथ्वी के रूप का रूपाकरण होता है, अर्धवृत्त से चन्द्र का।

बिन्दु से ही त्रिभुज का निर्माण होता है। यह त्रिभुज तीन सीधी रेखाओं को जोड़ कर या बिन्दु को सीधी रेखा में रखकर बनाया जाता है। तीन रेखाओं को मिलाकर नौ भाग कर उसमें नौ ग्रहों को अंकित करते हैं तथा बिन्दुओं द्वारा त्रिभुज बनाकर सप्तघृत मातृकाओं को दर्शाया जाता है। त्रिकोण मानव के तीन गुणों (सत्व, रज एवं तम), तीनों कालों (वर्तमान, भूत एवं भविष्य), आनन्द की अनुभूतियों (सत चित्त तथा आनन्द अर्थात् सच्चिदानन्द) त्रिशक्ति (ज्ञान, इच्छा और क्रिया), बुद्धि के तीनों रत्नों (बुद्ध, धर्म एवं संघ), त्रिमूर्ति (ब्रह्मा, विष्णु और महेश) तथा तीन पराशक्तियों (महालक्ष्मी, महासरस्वती एवं महाकाली) का प्रतीक है। त्रिभुज रूप का लोक कला में गमला और फूलदान भी बनाते हैं। त्रिभुज के बाद लोक कला में प्रयोग होने वाला चतुर्भुज है। जिसको कई भागों में बाँटकर समयानुसार प्रयोग करते हैं। एक चतुर्भुज आसन का, चतुर्भुज के दो भाग करने पर शुभ-लाभ तथा 16 भाग करने पर षोडश मातृकाओं का संकेत करता है।

चतुर्भुज, पंचभुज, षट्भुज, अष्टभुज, अर्ध-गोलाकार त्रिभुज, पूर्ण वृत्त ये यज्ञ कुण्ड के रूप में प्रयोग किये जाते हैं।

इसके अतिरिक्त स्वास्तिक और अर्धवृत्त कोण विभिन्न देवी-देवताओं तथा उनके आयुध शंख, चक्र, पद्म, हाथी, नाग, मछली, तोता, मोर; तरह-तरह की लताएँ फूल, पत्ती, फल इत्यादि भी प्रायः ज्यामिति से कहीं-न-कहीं सम्बन्धित हैं क्योंकि इनमें सरल रेखा, वक्र रेखा आदि का प्रयोग होता है लोक कला में इन चिह्नों का प्रयोग ध्वजा में होता है। चूँकि अयोध्या धार्मिक स्थान है इसलिए प्राचीन काल से लेकर अब तक सभी ध्वजाओं में इनके चित्र बने होते हैं। अयोध्या के विभिन्न अखाड़ों के ध्वज चिह्न भी अलग-अलग हैं।

उपरोक्त सभी ज्यामितीय चिह्नों का प्रयोग हमारे अयोध्या क्षेत्र में बहुलता से होता है। तान्त्रिक क्रियाओं में भी ज्यामिति के विभिन्न आयामों का प्रयोग करते हैं। 'पुरइन' लोक कला का एक प्रत्यक्ष उदाहरण है जो अयोध्या क्षेत्र में दीपावली के अवसर पर दीवारों पर रंग-बिरंगे रंगों में बनाया जाता है यह भी ज्यामिति लोक कला से सम्बन्धित है। पुरइन में सात वृत्त एक-दूसरे को काटते हुए बनाये जाते हैं।

इस प्रकार ज्यामितीय लोक कला का दर्शन अयोध्या में विभिन्न रूपों, चित्रों में दिखाई देता है।

(च) लोक कला और मेहँदी तथा महावर

मेहँदी—मेहँदी भारतीय नारी के सौभाग्य की सूचक है। मांगलिक उत्सवों और त्योहारों पर प्रायः नारियाँ मेहँदी का प्रयोग करती हैं। इसमें विभिन्न प्रकार के आलेखन

अंकित किये जाते हैं। प्रायः उत्सव अथवा त्योहार के एक दिन पूर्व रात्रि को ही बालिकाएँ, छोटे-छोटे बच्चे और गृहिणी विभिन्न आलेखनों से अपने हाथों और पैरों को सजाती हैं। विदेशों में जो कार्य लिपस्टिक और इसी प्रकार का लाल रंग करता है, हमारे यहाँ मेहँदी से, महावर से तथा पान के खाने से वह उद्देश्य पूर्ण हो जाता है। विधवा नारी मेहँदी नहीं लगाती है। मेहँदी भारत में हिन्दुओं में ही सौभाग्य का चिह्न नहीं, मुसलमानों में भी है। विवाह के शुभ अवसर पर मेहँदी से हाथों और पैरों पर विभिन्न आलेखन बनाये जाते हैं। कुछ मुसलमान जातियों में नयी दुल्हन को मेहँदी लगाने का रिवाज होता है। आकृतियों में विशेषकर चौक, चौपड़, स्वास्तिक, अष्टदल, कमल, लहरिया, चुनरी, सूर्य, चन्द्रमा, पान, पंखा, खजूर, त्रिकोण, षट्कोण, छल्ला, मोर और बत्तख आदि है। इनकी आकृतियाँ पैर के चारों तरफ़ पंजे पर, हाथ की हथेली में चारों तरफ़ बनायी जाती हैं। आकृतियों के चारों तरफ़ छोटी-छोटी बिन्दियाँ लगायी जाती हैं। इन आलेखनों में मौलिकता होती है। अधिक रचने वाली मेहँदी का अधिक उपयोग किया जाता है। राजस्थान के सोजत रोड और मध्य प्रदेश में उज्जैन की मेहँदी प्रसिद्ध है। अयोध्या क्षेत्र में हरी पत्ती वाली मेहँदी का प्रचलन है। इन पत्तियों को तोड़कर इन्हें सिलौटी में ख़ूब महीन पीसा जाता है और तब उसे तिनके द्वारा, मोम द्वारा तथा दालों द्वारा लगाया जाता है। तिनके द्वारा मेहँदी को थोड़ा-थोड़ा उठाकर उससे आलेखन या अलंकरण बनाये जाते हैं। दाल वाली मेहँदी लगाने में पहले अरहर की दाल को हाथ में एक क्रम के अनुसार विभिन्न रूपों में चिपका लेते हैं और उसके ऊपर पूरी हथेली पर पिसी गीली मेंहदी का लेप कर लेते हैं। मेहँदी छुड़ाने पर दाल चिपके स्थानों पर मेहँदी नहीं चढ़ती, बाकी खाली स्थानों पर मेहँदी का रंग चढ़ जाता है। इसी प्रकार मोम द्वारा उसे पिघलाकर अलंकरण बनाते हैं और पुनः पूरी हथेली में मेहँदी लगा लेते हैं।

महावर—यह सौभाग्यवती अर्थात् सुहागिन स्त्रियों के सुहाग का चिह्न है। कन्याओं को महावर पूरी एड़ी भरकर इनकी शादी में लगायी जाती है। तभी से स्त्रियाँ हर पर्व, त्योहार, व्रत, पूजा-पाठ एवं शुभ कार्यों में महावर लगाती है। पुरुषों को भी विवाह में महावर लगाने का रिवाज है। महावर गुलाबी और पीले रंग को मिलाकर बनाया जाता है जिसे 'आलता' भी कहते हैं। कहीं-कहीं पर यह सिर्फ़ गुलाबी रंगों से ही लगाया जाता है। जिस प्रकार राजस्थान में एवं मुस्लिमों में मेहँदी एक रिवाज (प्रथा) है जो विवाह के अवसर पर वर-कन्या दोनों के लिए अत्यन्त आवश्यक है उसी प्रकार अयोध्या क्षेत्र में महावर भी एक प्रकार का अनिवार्य रिवाज या प्रथा है। इस कार्य को नाइन अथवा घर की औरतें पूरा करती हैं। महावर लगाने की विधि अनेक प्रकार की है। जैसे—चिरैया, लहरिया, अँगूठे वाला, छल्ला वाला आदि।

महावर की कलात्मकता पैरों में देखते ही बनती है। किसी पूजा-पाठ कर्म-काण्ड, पर्वों एवं त्योहारों पर सजी-धजी स्त्रियाँ इसे लगाती हैं। महावर सोलह श्रृंगार के अन्तर्गत आता है।

(छ) लोक कला और गोदना

भारतीय नारियों में विशेषकर उत्तर प्रदेश, बिहार और राजस्थान में लीला गुदवाने की एक बहुत प्राचीन प्रथा है। एक समय था जब नारियाँ शरीर के खुले अंगों को लीला गुदवाने वाली से लीला गुदवा कर अलंकृत करती थीं। भगवान कृष्ण और राम की कथाओं में भी लीला गोदने वाली कथा का वर्णन है। इसलिए अयोध्या क्षेत्र में गोदना का महत्त्व है। इस प्रकार हमारे देश में लीला गुदवाने की प्रथा अति प्राचीन है। पौराणिक कथाओं के अनुसार, भगवान कृष्ण ने भी लीला गुदवाने वाली का रूप बनाया था। अरब, अफ्रीका, ऑस्ट्रेलिया और पोलिनेशिया आदि देशों में शरीर गुदवाने की प्रथा का प्रचार है। अफ्रीका में इस विषय में एक विश्वास है कि जो लोग अधिक साहसी और योद्धा होते हैं वे अपने शरीर को गुदवाकर सुसज्जित करते हैं। भारत में नारियाँ विशेषकर ग्रामीण वातावरण में गोदना स्त्रियों को बहुत प्रिय है। अधिकतर इसे सौभाग्य का सूचक माना जाता है। स्त्रियाँ अपनी सास अथवा पति के हाथ पर हाथ रखकर गुदवाती हैं। इसका यह भाव होता है कि वही सास अथवा पति उनको अगले जन्म में प्राप्त हो। एक हाथ में मायके के तथा दूसरे हाथ में ससुराल के पैसे का गुदना गुदवाती है जिससे दोनों पक्ष कुशल रहें। कुछ स्त्रियाँ ठोड़ी में भी गुदवाती है। पहले गोदने वाली स्त्रियाँ होती थीं जो समय-समय पर फेरी लगाती थीं। परन्तु अब गोदने की मशीन का भी प्रयोग होता है। अब स्त्रियाँ किसी मेले, पर्व, नहान पर जाकर गोदना गुदवाती हैं। पुरुष अपने हाथों पर अपना नाम, किसी देवता का नाम, फूल-पत्ती और ऊँ की आकृति गुदवाते हैं। स्त्रियाँ अपने हाथों पर पति का नाम, फूल-पत्ती, परी, सीता की रसोई, हनुमान, श्री सीता जी आदि गुदवाती हैं। अयोध्या क्षेत्र में गोदना के लिए एक कहावत प्रचलित है–

"गोदना कै दाम गोहनवे जाय"

अर्थात् सब पैसा, धन-दौलत भौतिक वस्तुएँ यहीं रह जाती हैं। परन्तु जो पैसा, गोदना गोदने में लगता है वह मृत्युपर्यन्त भी शरीर के साथ जाता है। इसलिए एक हाथ में मायके के पैसे से तथा दूसरे हाथ में ससुराल के पैसे से बहुएँ-बेटियाँ गोदना गुदवाती हैं।

दूसरी धारणा यह है कि यदि बेटी के हाथ में गोदना नहीं है तो बड़े-बूढ़े उसके हाथ से दिया हुआ पानी तक नहीं ग्रहण करते हैं। शादी होने के बाद गोदना भी प्रत्येक महिला के लिए अत्यन्त आवश्यक है। गोदना गुदवाने की प्रथा अयोध्या के सावन के मेले में, रामनवमी के मेले में तथा कार्तिक के मेले में देखी जा सकती है।

सन्दर्भ

1. हिन्दी भक्ति साहितय में लोक तत्त्व, पृ. 33
2. वही, पृ. 34
3. मध्यकालीन धर्म साधना, पृ. 64
4. साँवलिया बिहारी लाल वर्मा, विश्व धर्म साधना, पटना 1953, पृ. 210
5. द वोई, हिन्दू मैनर्स, कस्टम एंड सेरिमोनिज़, ऑक्सफोर्ड 1936, पृ. 138
6. हिन्दी साहित्य कोश, प्रतीकवाद, पृ. 47
7. वही, पृ. 472
8. भारतीय प्रतीक विद्या, जनार्दन मिश्र, पृ. 1
9. केदारनाथ सिंह, आधुनिक कविता में बिम्ब विधान
10. उत्तर प्रदेश की लोक कला
11. परिपूर्णनन्द, प्रतीक शास्त्र, पृ. 20
12. वासुदेवशरण अग्रवाल, भारतीय कला, पृ. 67
13. भारतीय चित्रकला, गोपाल, मधुकर चतुर्वेदी, पृ. 113
14. वही।

लोक कला को प्रभावित करने वाले तत्त्व

(क) धार्मिक आस्था

वैज्ञानिक प्रगति के बावजूद भी लोगों की आस्था धर्म में बनी हुई है। प्राचीन युग में मनुष्य का जीवन सम्पूर्ण रूप में धर्म पर आधारित था, हालाँकि आज भी लोगों की विभिन्न धर्मों में आस्था बनी है। धर्मों का जब प्रादुर्भाव हुआ था तब भी संसार में केवल एक ही धर्म नहीं था, विभिन्न प्रकार के धर्म रहे हैं जैसे—वैदिक धर्म, बौद्ध धर्म, जैन धर्म, सिक्ख धर्म, मुस्लिम धर्म, पारसी धर्म तथा ईसाई धर्म इत्यादि। अर्थात् सुखमय जीवन व्यतीत करने के लिए धर्म के रूप में मनुष्य के सम्मुख अनेक मार्ग रखे गये। धर्म के द्वारा ही कला का प्रचार एवं विकास होता रहा है।

मानव जीवन में धर्म की प्रधानता है। मनुष्य और पशु में धर्म का ही अन्तर है। जैसा कि निम्नलिखित श्लोक से प्रमाणित होता है—

"आहार निद्रा भय मैथून व सामान्य मेतत पशुर्भिनराणाम्।
धर्मो हि तेषामथिको विशेषोः धर्मेण हीनः पशुर्भिसमानाः।।"

भारत के धार्मिक जीवन में लोक कला का विशेष स्थान है अन्य देशों के सामाजिक जीवन में भी लोक कला व्याप्त है। दैनिक दिनचर्या की वस्तु-आकृतियों का प्रयोग अलंकरण के लिए करते हैं। यही कारण है दैनिक जीवन के प्रत्येक पहलू में आनन्द और मनोरंजन का प्राधान्य है और वह नृत्य, गान, समारोह, त्योहार, सामाजिक उत्सवों और पर्वों में निहित है। अतः किसी देश के निवासियों के जीवन के सांस्कृतिक जीवन का विवरण जानने के लिए उनके रहन-सहन की विधि, वेशभूषा, अलंकरण निवास स्थान, शिक्षा-दीक्षा, धर्म-कर्म, खान-पान, रीति-रिवाज, आजीविका के साधन और आर्थिक परिस्थिति से परिचय प्राप्त करना आवश्यक होगा। जीवन में उनका सांसारिक बातों से कितना सम्बन्ध है आनन्द-मंगल के लिए उनकी मनोवृत्तियाँ कितनी चंचल रहती हैं। इसका अवलोकन हमें लोक कला में ही मिलता है।

अयोध्या क्षेत्र में धर्मभीरूता अधिक है, जातियों की कट्टरता अधिक है, कष्ट सहने की क्षमता व समुदाय में रहने की भावना भी अधिक है। एक-दूसरे के काम आने की इच्छा, दान-पुण्य करने की भावना, 'भगवान जो करता है अच्छा ही करता है', इसमें अडिग विश्वास सर्वत्र दृष्टिगोचर होता है। इस परिणाम से हम स्वतः ही अवगत होते हैं। धर्म कट्टरता के कारण अन्याय सहन करने की शक्ति एवं जीवन की विषमताएँ बढ़ गयी हैं और अकर्मण्यता भी आ गयी है। फिर भी यहाँ के मानव में जो व्यावहारिकता एवं सामाजिकता है, या सरसता तथा आनन्द है उसका पूरा श्रेय यहाँ की लोक कलाओं को है। इस क्षेत्र की विकसित और अविकसित जनता पर लोक कला का प्रभाव एक-सा है। हिन्दुत्व अधिक है, साधारण जनता राम के चरित्र में समाई हुई है। प्रत्येक उत्सव सम्मिलित रूप में मनाये जाते हैं। उनका आधार ही लोक कला पर टिका है, जो रामलीला, गाँवों का मेला, कजरी फाग के गान, दुर्गोत्सव आदि हैं। त्योहार और उत्सव अभी भी सुसंगठित होकर मनाये जाते हैं और विभिन्न जातियाँ अनेक प्रकार से इन उत्सवों व त्योहारों को मनाने में सहयोग प्रदान करती हैं।

लोक कला के धार्मिक पक्ष ने भी धरती को बहुत प्रभावित किया है। गाँवों की जनता में रूढ़िवादिता आ गयी है, सब भाग्य पर छोड़कर ही जीने की राह उन्होंने अपनाई है। रामायण के राम व सीता के चरित्र को अपनाने की कोशिश तो की है फिर भी उन्हें सीता जैसी वधू मिल जायेगी परन्तु राम जैसा वर नहीं। शूद्रों को हेय दृष्टि से देखना भी मिलता है जैसा कि तुलसी कृत रामचरितमानस में कहा गया है—

"ढोल गँवार सूद्र पशु नारी, ये सब ताड़न के अधिकारी।"

उपरोक्त चौपाई का अर्थ साधारण बोलचाल की भाषा में शूद्र और स्त्री आदि को ताड़ना का अधिकारी लिया गया है पर उसके भीतर छिपे गहन अर्थ को वे नहीं समझ पाये हैं। उनका विश्वास है कि जब पाप का घड़ा भर जायेगा तो भगवान रूप में कोई आकर उन्हें दुखों से छुटकारा दिलायेगा। स्वयं कर्म करने पर कम तथा भाग्य पर अधिक आस्था रखता है, फलस्वरूप यह क्षेत्र कर्मवादी कम और भाग्यवादी अधिक बन गया है। लोक कला के धार्मिक व सामाजिक पक्ष का प्रभाव यहाँ के जीवन पर बहुत पड़ा है। लोगों के दिलों में अपने से बड़ों के लिए आदर-सत्कार है, स्त्रियों को अत्यधिक मान-सम्मान प्राप्त है। द्वेष का वह भाव नहीं जो कि पाश्चात्य रंग में डूबी जनता में मिलेगा। जो कुछ प्राप्त है, उपलब्ध है उसी में सन्तोष है, शान्ति है अधिक की आवश्यकता ही क्या। धन की प्राप्ति के लिए अधिक भाग-दौड़ नहीं। उत्तर प्रदेश का यह क्षेत्र आर्थिक रूप से इसलिए पिछड़ा है क्योंकि यहाँ के लोग धर्मभीरू हैं। दो समय रोटी का मिलना किसी के जीवन स्तर को ऊपर नहीं उठा सकता।

केवल व्रत या अनुष्ठान ही तो किसी अन्यायी को सज़ा नहीं दे सकते हैं। उसके लिए तो कर्म चाहिए, अन्याय का डटकर मुकाबला करने का साहस चाहिए, न कि अन्याय को सहने की शक्ति ही चाहिए।

जातिवाद को भी बढ़ावा मिला है। जनसंख्या भी बहुत बढ़ी है क्योंकि वह भगवान की ही देन समझी जाती है। बाल-विवाह, अनमेल विवाह, सती-प्रथा, विधवा का घोर अपमान सभी कुछ तो इस समाज में पग-पग पर दिखाई देते हैं। यहाँ के लोगों धारणा है कि—'जो जैसा करता है वैसा ही फल पाता है', 'अमीर-ग़रीब भगवान की तरफ़ से ही बनकर आते हैं', 'यह उसके पूर्व-जन्मों का फल है' इत्यादि। परिणामस्वरूप—साहूकार, ज़मींदार व पण्डित लोग साधारण जनता पर धर्म से दूर हटकर अत्याचार करते हैं जिससे जन-साधारण घर छोड़कर विवशतावश वैराग्य रूप धारण करते हैं।

परन्तु दूसरी तरफ़ धार्मिक पक्ष ने ही इन्हें लोक कला की ओर आकर्षित किया है जिससे इन्होंने इस कला को ख़ूब सँवारा है। यहाँ की कला भित्ति चित्रों, भूमि अलंकरणों तथा मिट्टी के पात्रों और मूर्तियों के रूप में साथ-ही-साथ मकानों की बाह्य दीवारों पर चित्रकारी के रूप में सर्वत्र देखने को मिलती है। इनका मनोमुग्धकारी रूप इनके मन को शान्ति देता है तथा सरस बनाता है। इन्हें अपनी मिट्टी से प्यार है। वह मरने को तैयार हो सकते हैं, पर छोड़ने को नहीं। यह कला उनके आन्तरिक भावों को सशक्त बनाती है।

मनुष्य धर्म के लिए ही प्रत्येक कार्य करना चाहता था। कला का धर्म से घनिष्ठ सम्बन्ध है जीवन में धर्म का स्थान प्रमुख होने के कारण मनुष्य के सारे कार्य तथा शक्तियाँ धर्म की प्राप्ति में सेवक की भाँति थीं। इसी प्रकार कलाओं का भी लक्ष्य धर्म प्राप्ति था। कलाएँ धर्म के लिए थीं और हैं भी। धर्म पहले था, कला बाद में। धर्म के प्रचार में कलाएँ रत हैं। प्राचीन भारतीय कला का कार्य धर्म का प्रचार करना रहा, चाहे ब्राह्मण कला हो, बौद्धकला या जैन कला। आज चित्रकला लोककला के रूप में धर्म की सेवा कर रही है जिस प्रकार धर्म तथा विज्ञान मनुष्य के जीवन को सुखी और आनन्दमय बनाना चाहते हैं उसी प्रकार कला अब स्वयं यह कार्य करने को उद्धत है।

मनुष्य विभिन्न त्योहारों, सामाजिक उत्सवों एवं पूजा-पाठों पर अपनी लोक कला का परिचय देता है, चाहे वह संगीत रूप में, नृत्य रूप में, मूर्तिकला रूप में या चित्रकला के रूप में है। इन प्रयोजनों पर लोक-गीतों, लोक-नृत्यों द्वारा दूसरों का मनोरंजन करना है और स्वयं का भी। कुछ क्षण के लिए वह इस दुनिया के झंझावातों से छुटकारा पा जाता है। वह धर्म में आस्था रखकर कुछ क्षण के लिए अपने को

स्वतन्त्र अनुभव करता है। इन क्षणों में भी उसमें विभिन्न कलाओं का अभ्युदय होता है। वह अपनी कलाओं को धार्मिक भावना के कारण ही ईश्वर को समर्पित करना चाहता है। वह धार्मिक प्रवृत्तियों से प्रेरित होता है स्वयं धर्ममय हो जाता है।

अयोध्या भगवान राम की जन्मस्थली है, यहाँ का प्रत्येक क्रियाकलाप धर्म से जुड़ा है। अयोध्या मन्दिरों की नगरी है यहाँ भगवान राम की जीवन-लीलाओं से सम्बन्धित सभी उत्सवों पर लोक कला के दर्शन होते हैं। इसी से यहाँ पर धार्मिक आस्था का महत्त्वपूर्ण स्थान है। जन्म के संस्कारों से लेकर मृत्यु के संस्कार तक में कला की झलक दिखाई पड़ती है। भगवान राम का जन्मदिन, राम नवमी के रूप में प्रत्येक घर अथवा मन्दिर में मनाया जाता है। लोक-गीत एवं लोक-नृत्य होते हैं। इस समय सारा समाज राममय हो जाता है, राम नाम की गूँज ही गूँज रहती है।

उत्सवों एवं त्योहारों में धार्मिक आस्था—विकसित समाज में भी यह कलाएँ मधुरता बनाये हुए हैं। लोक कला के वैज्ञानिक पक्ष को, जिसके आधार पर विभिन्न उत्सवों का प्रादुर्भाव हुआ था विद्वान लोग जनता-जनार्दन के सम्मुख लाने का प्रयास कर रहे हैं ताकि शिक्षित जनता उनको समझे तथा हर्षोल्लास के साथ उत्सवों और संस्कारों को मनाये। वह इनसे सम्बन्धित भित्ति या भूमि अलंकरणों को भी चित्रित करे क्योंकि यह कला न केवल बनाने वाले को वरन् समाज को भी सुख देती है और उसी के लिए समर्पित है। स्वतन्त्रता के पश्चात विद्वानों द्वारा हिन्दी भाषा के बहुत-से पत्र-पत्रिकाओं में इन त्योहारों के वैज्ञानिक पक्ष को समाज के सम्मुख लाने का मुख्य कारण, भारतीय जनता में अपने वैदिक धर्म के प्रति जागरूकता उत्पन्न करना है ताकि वह भौतिक सुखों की चाह में अपने को बरबाद न करे। वह मानसिक शान्ति इनके माध्यम से प्राप्त करने का प्रयास करे। सर्वप्रथम हम करवा चौथ, भैया दूज, नागपंचमी के जो कि स्त्रियों के सर्वाधिक लोकप्रिय त्योहार हैं, के वैज्ञानिक महत्त्व को ले सकते हैं।

वर्षा ऋतु के बाद ही घरों की पुताई-सफ़ाई करके, कहीं रंग-बिरंगे रंगों से तो कहीं गोबर से लीप-पोतकर चावल के पीठे या ऐपन से भित्ति को अलंकृत कर दिया जाता है। नयी फसल भी खेतों में आ जाती है। इसलिए करवा चौथ जैसे त्योहार पर करवे में चिवड़े, बताशे, चावल आदि भरे जाते हैं जिसको किसी पूजनीय को देने की प्रथा है। इसी प्रकार नागपंचमी में नाग पूजा का विधान है। वर्षाकाल में नागों के बिलों में पानी भर जाता है। शान्त स्वभाव का यह प्राणी जो प्रकाश से शरमाता है अचानक पृथ्वी के ऊपर आ जाता है और घरों तथा अन्य स्थानों पर आश्रय खोजता है। हिन्दू धर्म की प्रवृत्ति है प्रकृति पूजा। अतः इसी परम्परा के अनुसार इस दिन नाग की पूजा की जाती है।

साँप अँधेरे स्थानों में रहने का आदी है और मानव भी अपना धन ऐसे ही स्थानों पर रखने का आदी है जिसके कारण सर्पों को गुप्तधन का पहरेदार भी माना गया। इसके पश्चात उसकी नदी के समान टेढ़ी-मेढ़ी बलखाती चाल होने तथा भीगी और दलदली भूमि में रहने के कारण पानी के साथ घनिष्ठ सम्बन्ध माना गया है। धार्मिक पक्ष के कारण नाग को देवता माना जाने लगा और स्त्रियाँ मानने लगीं कि जब यह भूमि की उपज बढ़ा सकता है तो बाँझपन भी दूर कर सकता है। वैष्णव व शैव धर्म के प्रभाव के कारण नाग देवता को महत्त्वपूर्ण स्थान प्राप्त हो गया। विष्णु का शयन स्थल तथा शिव के गले का हार यही विषधर नाग है। इस तरह यह उत्सव आरम्भ में लोकोत्सव के रूप में प्रचलित हुआ और धर्म का बाना पहनकर हिन्दू धर्म में सम्मिलित हो गया। फलस्वरूप आज भी स्त्रियाँ बहुत ही विश्वास के साथ इसे मानती हैं। नागों का चित्रण भित्तियों पर करके बताशा, दूध आदि का भोग लगाकर रोली, अक्षत व फूल से पूजा करती है, नागों का पूजन केवल अयोध्या क्षेत्र में ही नहीं वरन पूरे भारत में किसी-न-किसी रूप में किया जाता है।

इसी प्रकार शारदीय नवरात्रि के समय अग्रवाल बनियों के घर में गेहूँ या जौ मिट्टी के सकोरों में या फिर कुल देवता के कमरे में भूमि पर मिट्टी डालकर बोने की प्रथा है। दसवीं के दिन इन्हें उखाड़कर या तो बहनें भाइयों के कानों पर लगा देती हैं या फिर दुर्गा देवी के जागरण या दशहरे के सामान के साथ एक-दूसरे के घर भेंट स्वरूप भेज देती हैं। लौकिक रूप में यह आने वाली फसल (रबी) का द्योतक है। लोक मान्यता के अनुसार दस दिनों में यदि ज्वारें काफी बड़े हो गये हों तो फसल लम्बी अन्यथा खराब समझी जाती है। अगर इनको नर्सरी प्रथा प्रादुर्भाव कहें तो क्या बुरा, क्योंकि कहीं-कहीं इन ज्वारों में से कुछ को खेत में लगा देने की प्रथा है।

अब भारतवर्ष के चारों वर्णों के चार त्योहारों रक्षा बन्धन, दशहरा, दीपावली व होली के वैज्ञानिक पक्ष को निहारते हैं। ब्राह्मण का कार्य है अपने यजमान को धार्मिक कर्मों से अवगत कराते हुए जीवनयापन करना और यजमान का कर्तव्य है अपना भला चाहने वाले ग़रीब ब्राह्मण का पालन-पोषण करना, जिसका अधिकार ब्राह्मण यजमान के हाथ में एक लाल धागा बाँधकर प्राप्त करता था। तत्पश्चात् धीरे-धीरे यह भाई-बहन का त्योहार भी हो गया, क्योंकि माता पिता की मृत्यु के बाद भाई ही परिवार में प्रमुख होता है जो बहन के सुख-दुख का ध्यान रख सकता।

दशहरा क्षत्रियों का त्योहार है। रणभूमि में जाने के लिए उसे अस्त्र-शस्त्रों की आवश्यकता होती है इसलिए इस दिन शस्त्रों की सफ़ाई व धार लगाकर पूजा का विधान बन गया। वर्षाकाल के बाद यह त्योहार आता है। वर्षाकाल में हथियारों पर जंग लग जाया करता है। उसे साफ़ नहीं किया गया तो उसमें जंग लगा ही रहेगा।

युद्ध की सम्भावना वर्षाकाल के बाद सदैव ही बनी रहती है इसलिए आज के दिन इन हथियारों को साफ़ करके पूजा का विधान चल पड़ा। धार्मिक पक्ष के अनुसार पूजा करने का एक और अर्थ है अपने अन्नदाता के प्रति नतमस्तक होना। अयोध्या में यह पर्व भगवान राम की रावण पर विजय के उपलक्ष्य में रामलीला के रूप में खेला (मनाया) जाता है, तथा कहीं-कहीं पर शक्ति की उपासना, दुर्गा पूजा के रूप में भी मनाया जाता है।

दीपावली का त्योहार वैश्यों का त्योहार माना जाता है। नयी फसल खलिहानों में होती है और वैश्य इसे ख़रीदकर अपने गोदामों में लक्ष्मी के रूप में भरते हैं इसलिए वे विघ्न निवारक गणेश जी तथा धन की देवी लक्ष्मी जी का पूजन करते हैं, दीपदान करते हैं।

वैदिक साहित्य में ब्रह्मा का पूर्ण रूप प्रजापति तथा शिव का रूद्र में मिलता है। विष्णु वहाँ सूर्य का नाम है, जिसके तीन पग प्रभात, मध्यान्ह तथा सन्ध्या हैं जिनसे वह सम्पूर्ण पृथ्वी, आकाश को नाप देता है। ब्रह्मा जीवन देने वाले, विष्णु पालन करने वाले तथा शिव संहारक है। हम दैनिक जीवन में भी उसी व्यक्ति को अधिक मान्यता देते हैं जोकि किसी का पालन करता है। मानव शिशु का जन्म प्रायः नौ माह माँ के गर्भ में रहने के पश्चात होता है, जबकि उसको पालने में 16 से 22 वर्ष लग जाते हैं। इसके बाद ही वह कुछ जीविकोपार्जन योग्य हो पाता है, पर उसे मारना एक क्षण से भी कम का काम है। मृत्यु से हमें डर लगता है। स्वाभाविक रूप से तथा बिना कष्टों के हम मरना चाहते हैं। पाप चाहे कितने भी करें, दुष्कर्म भी करते हैं और फल भी पाना चाहते हैं इसलिए पालनकर्ता विष्णु की पूजा करते हैं और शिवजी की भी।

विष्णु की पूजा केवल पालनकर्ता के रूप में ही नहीं वरन् उनके दशावतार के रूप में भी बहुत होती है। उनके दो अवतार कृष्ण व राम तो बहुत लोकप्रिय हैं। राम द्वारा रावण पर विजय प्राप्त करने के बाद अवध लौटने पर अयोध्यावासियों ने दीपदान करके स्वागत किया था इसीलिए इस दिन दीपों की माला सजाई जाती है।

लक्ष्मी की पूजा इस दिन धूमधाम से की जाती है। लक्ष्मी का अर्थ है धन, इसलिए लक्ष्मी जी को धन प्रदान करने वाली अर्थात् अन्नपूर्णा व जीवन की सम्पन्नता प्रदान करने वाली कहते हैं।

धार्मिक पक्ष के अनुसार लक्ष्मी जी का वाहन उल्लू है जो अन्धकार में भी देखने की शक्ति रखता है। लक्ष्मीजी का आसन कमल पर है जो कलाओं का प्रतीक है, लक्ष्मी जी को अभिषेक करते हुए हाथी, अपनी गहनता के लिए प्रसिद्ध है, लक्ष्मी जी के हाथ में धान की बालियाँ धन का प्रतीक हैं तथा दूसरे हाथ का घट पाँच

तत्त्वों का प्रतीक हैं। लक्ष्मी जी कर्म की प्रेरणा हैं क्योंकि बिना कर्म के न तो धरती पर न हल चल सकता है, न बीज ही बोये जा सकते हैं, न सिंचाई हो सकती है न ही फल की प्राप्ति।

लक्ष्मी जी के साथ गणेश जी पूज्य हैं जिनके एक हाथ में परशु है जो विघ्नों को काटता है तथा दूसरे हाथ में पाश है जो बाधाओं को बाँधकर सिद्धि का मार्ग प्रशस्त करता है। तीसरे में मोदक है जो गणों को मोदने का प्रतीक है और चौथा हाथ अभय की मुद्रा में उठा हुआ है। वाहन मूषक उस सूक्ष्म काल का प्रतीक है जो समय को क्षण-क्षण कुतरता रहता है। इस प्रकार लक्ष्मी यदि कर्म की प्रेरणा हैं तो गणेश हमारे प्रयत्न मार्ग की बाधाएँ दूर करके कर्म को सिद्धि तक पहुँचाते हैं। अतः दोनों देव प्रतीक हमारे जीवन की सम्पूर्णता और सफलता के पर्याय हैं, रिद्धि-सिद्धि के प्रतीक हैं।

देवोत्थान एकादशी में विभिन्न प्रकार के भूमि अलंकरणों को गोबर से लीपी गयी भूमि पर गेरू और चावल के पीठे, ऐपन तथा विभिन्न रंगों से बनाते हैं। फिर चौक के बीच में तुलसी का बिरवा रखकर कृष्ण के चरण बना दिये जाते हैं। गन्ने का मण्डप उस चौक के चारों ओर छा दिया जाता है और उस समय के आने वाले फल सिंघाड़ा, गन्ना, शकरकन्दी, गुड़, चावल तथा विभिन्न प्रकार की नयी सब्जियों बैंगन आदि से भोग लगाया जाता है। तत्पश्चात् प्रसाद के रूप में बाँट दिया जाता है। विष्णु की घण्टा व थाली बजाकर दीपक से आरती उतारते हैं–"उठो देव, उठो देव कुँवारों की सगाई, ब्याहे का गौना, गौना को लड़का देवो देव, सुख देवो देव"। इस समय तुलसी का विवाह विष्णु अथवा कृष्ण से करने की प्रथा है।

होली जन-जीवन का अत्यन्त लोकप्रिय त्योहार है जिसे आरम्भ से शूद्रों का त्योहार कहा गया था। परन्तु आज यह सभी का त्योहार है। इसका आरम्भ लोकोत्सव के रूप में हुआ था। यह त्योहार बसन्त आगमन के कुछ दिनों बाद आता है, जाड़ा दूर जाता है तथा गर्मी पास आती नज़र आती है, मौसम में हलकी-सी ठण्डक, शीतकाल की जड़ता त्यागकर प्रकृति की देवी जब नये रूप-रंग और साज-सिंगार से शोभित हो प्रतिवर्ष आविर्भूत होती है तब चिरकाल से भारत के निवासी उनकी अगवानी करते आये हैं। फाल्गुन की पूर्णिमा इसका चरण बिन्दु माना गया है। वैदिक काल में इसी दिन से नववर्ष का शुभारम्भ माना जाता है तथा कर्मकाण्डी लोग इसी दिन से प्रथम चातुर्मास्य से सम्बन्धित देव यश का श्रीगणेश करते थे। लगभग तीसरी शताब्दी में रचित वात्स्यायन के कामसूत्र में इस उत्सव का नाम 'होलिका' दिया गया है। इस प्रकार के कथन हम कालिदास द्वारा रचित ग्रन्थों, श्री हर्षदेव की 'रत्नावली' नाटिका के प्रथमांक में तथा 'नारद पुराण' में पाते हैं। बाद में इसी होली

के उत्सव को होलिका-दहन, हिरण्यकश्यप व भक्त प्रह्लाद से सम्बद्ध कर दिया गया। इस प्रकार विष्णु के नृसिंह अवतार से जुड़ते ही इस त्योहार ने धर्म का बाना पहन लिया और आज लोग इस त्योहार को लौकिक राग-रंग, नृत्य-गायन, हँसी-मज़ाक़ व रंगों से होली-खेलना आदि से लेकर होलिका दहन से सम्बन्धित धार्मिक पक्ष के साथ ख़ूब धूमधाम और उल्लास से मनाते हैं। होली के रूप में स्थान-स्थान पर यज्ञ करके वातावरण को शुद्ध बनाते हैं और नये अनाज को अग्नि को चढ़ाने के बाद अपने निजी प्रयोग में लाते हैं।

इस प्रकार कलाकार का स्वप्न और कल्पना सम्पूर्ण समाज को जब मान्य हो जाते हैं तब वे धर्म की संज्ञा से अभिहित होते हैं। मानव इतिहास के बहुत बड़े भाग में कला की विलक्षण जीवनी और चिरायु शक्ति का धर्म से किसी-न-किसी रूप में घनिष्ठ सम्बन्ध होता है।

कला के विकास के लिए धार्मिक वातावरण अत्यन्त अनुकूल होता है। अतः कला निष्प्रयोजन विकसित नहीं होती है। स्वान्तः सुखाय के सिद्धान्त पर कला के सार्वजनिक महत्त्व की व्याख्या नहीं हो सकती है। धर्म और कला का प्राचीन संस्कृतियों से अविछिन्न सम्बन्ध है। हमारे देश में धार्मिक स्मारकों, मन्दिरों, चैत्यों और देवी-देवताओं की मूर्तियों की आवश्यकता सदैव बहुतायत रूप में रही है। इसकी पूर्ति के लिए कला का अभूतपूर्व विकास होना स्वाभाविक था। कलाकार स्वयं ही इन आध्यात्मिक आवश्यकताओं से प्रेरित हो मन्दिर या मूर्ति के निर्माण में अपने जीवन की चरितार्थता समझता था। और यह भी अत्यन्त सत्य है कि कला के विकास में अधिक-से-अधिक व्यक्तिगत लाभ का सिद्धान्त नगण्य ही था। प्राचीन सभ्यताओं में अत्यन्त गहन आध्यात्मिक चंचलता व्याप्त थी, पर कला के लिए यही वास्तविक प्रेरणा है।

वास्तुकला, स्थापत्य कला एवं मूर्तिकला के माध्यम से ही भक्त अपने आराध्य देव की अर्चना कर सन्तुष्ट हो सकता था। ब्राह्मण धर्म में धार्मिक विधियों और यज्ञों का करना प्रत्येक मनुष्य का दैनिक कर्तव्य था। इसलिए कला सर्वसाधारण के जीवन का भी एक आवश्यक अंग बन गयी, क्योंकि धर्म सम्बन्धी सभी वस्तुओं में कला का निखार रहना आवश्यक था। स्वयं धर्म सर्वसाधारण और समृद्ध सभी के लिए जीवन का प्रमुख अंग था इसलिए व्यक्ति तथा समाज की प्रतिभा एवं समृद्धि का उचित व्यय धर्म सम्बन्धी सभी उपक्रमों में किया जाना कर्तव्य माना गया था।

कलाकारों का ध्यान कला की प्रकृति और अनुभूति करने की अपेक्षा किसी अन्य आदर्श को मूर्त रूप देने में संलग्न है कलाकार कला के आध्यात्मिक तत्त्व की खोज में योगाभ्यास द्वारा ध्यानावस्थित हो जाता है और कलात्मक कृति के निर्माण

में यही सबसे महत्त्वपूर्ण क्षण है। गम्भीर भावमय प्रेरणा ही कलात्मक कृति का स्रोत है। कला की उत्पत्ति के लिए दीर्घकाल तक मानसिक हलचल की आवश्यकता है, बलवती इच्छा और उसकी पूर्ति के अभ्यन्तर काल में अनेक प्रकार की कल्पनाओं, विचारों और छवियों का मानस पटल पर बनने-बिगड़ने का क्रम जारी रहता है और यही उत्सुकतापूर्ण स्थिति जब चिन्तन के क्षण में शुद्ध और शान्त होकर एकाग्र होती है, तब वही कला के सृजन के लिए उपयोगी बन जाती है।

कलाकार सर्वदा काल्पनिक आदर्श को ही आत्मसात् कर उसके सादृश्य निर्माण में अपने को सार्थक समझता है। यह सर्वमान्य है कि कला का मुख्य तत्त्व निर्मल मानसिक हलचल है। कलाकार जितना अधिक बहिर्जगत से आँखें मूँदकर ध्यानावस्थित हो अपने इष्ट की कल्पना में खो जायेगा। कलाकृति उतनी ही मात्रा में अधिक आध्यात्मिक, सुन्दर और आकर्षक हो सकेगी। इस प्रसंग में दाँते की यह उक्ति—"कौन चित्र बनाता है। जो स्वयं चित्र नहीं बन जाता वह कभी भी चित्र चित्रित नहीं कर सकता।"

कलाकार कलाकृति बनाने से पहले ही अपने विषय को प्रत्यक्ष कर लेता है, भले ही स्थल चक्षु से बाद में देखता है। वह अपनी कृति की प्राकृतिक सुन्दरता के लिए परेशान नहीं रहता वह तो मानसिक जगत् के रूप को ही सादृश्य चित्रित करता है और उसकी कृति आदर्शमयी हो जाती है। अन्तरात्मा से उद्वेलित भावनाओं की प्रतीक के रूप में कृतियाँ अत्यन्त ही प्रभावोत्पादक होती हैं। कलाकार को वैयक्तिक भावनाओं को अभिव्यक्त करने की पूर्ण स्वतन्त्रता है। परन्तु वह उसके साथ-साथ समाज में मान्य आध्यात्मिक भावनाओं और आदर्शों को भी अभिव्यक्त करने में प्रयत्नशील रहता है।

इहलौकिक सुख और दुख की अभिव्यक्ति के साथ-साथ आत्मा की सुदूर उड़ान भी इन अत्युत्तम रहस्यमयी कलाओं से स्पष्ट होती है। लोक कला तो प्रायः धार्मिक रही है इसलिए इसमें आध्यात्मिकता की छाप भरी पड़ी है।

कलाकारों और भक्तों के लिए प्रतिमा का रहस्यमय महत्त्व है। देवता की इन्द्रजालिक शक्ति, उसकी कृति में भी अवतरित हो ऐसी प्रतिमा या कृति ही मंगल और अमंगलकारक हो सकती है। ऐसा विश्वास है यदि कृति अधूरी रह गयी तो यह अमंगलकारी ही नहीं बल्कि महान अपराध माना जायेगा। कलाकृतियों में मानव, पशु और जड़ पदार्थ का पर्याप्त स्थान है, इन सबको चित्रित करने में कलाकार का यह प्रयास रहा है कि सृष्टि के इन सभी प्रतिनिधियों को एक सूत्र में बाँधा जाये। सृष्टि कण-कण से अनुप्राणित है—कोई बड़ा या छोटा नहीं है, विषय के अनुसार ही एक प्रधान और दूसरा गौण हो जाता है। दृश्यों में सभी पदार्थ प्राणमय और स्फूर्तिमय

दिखते हैं। वे जड़ हों या चेतन। कलाकारों का यह निष्पक्ष आचरण और प्रबन्ध भारतीय आत्मा का सादृश्य ज्वलन्त प्रमाण है। इन दृश्यों में प्राकृतिक दृश्यों का विशेष चित्रण नहीं पाते क्योंकि दृश्य की प्रत्येक वस्तु स्वयं प्रकृति की प्रतिनिधि है और उन सबका समुचित चित्रण हुआ है, कलाकार प्रकृति की समृद्धि व्यक्त करने में पशु-पक्षी, वृक्ष, मानव, फूल इत्यादि से भर देते हैं। जीवन के घनत्व और विभिन्न उपकरण चित्रों में अत्यन्त प्राणमय और शक्ति से संचरित लगते हैं। जीवन की इस रहस्यमय लय की लम्बे कमलनाल के माध्यम से सुन्दर अभिव्यक्ति की गयी है। कमल सृष्टि का प्रतीक माना गया है, अल्पना में या कथा चित्रों में कमलनाल को एक घर से दूसरे घर तक समूचे विश्व को लपेटे देखते हैं। इन विभिन्न दृश्यों में जीवन का एक ही प्रवाह उद्वेलित है और इस भावना का चमत्कार पूर्णतया स्पष्ट है। जीवन का उतार-चढ़ाव और मृत्यु से जीवन की ओर सृष्टि के निरन्तर बहाव की अभिव्यक्ति कमलनाल तथा कली से विकसित फूल के रूप में की गयी है। इसी कारण कलाकृतियों में स्फूर्ति है।

चतुर्भुज और अष्टभुजी मूर्तियों के हाथों में कौन-कौन से आयुध रखे जायें, उनकी भाव-भंगिमा कैसी हो, इन सभी विस्तृत एवं वर्णित नियमों का पालन करना कलाकारों के लिए अनिवार्य है।

हर्बट रीड के अनुसार, "हमें यह मानना ही पड़ेगा कि कला किसी विशेष भावना और कल्पना की ही अभिव्यक्ति नहीं है यह किसी भी ऐसी भावना की अभिव्यक्ति हो सकती है जिसे कलाकार मूर्त रूप देने में सफल हो सका है। उदाहरणार्थ–चतुर्भुजी एवं अष्टभुजी मूर्ति की आकृति, देवताओं की अवर्णनीय शक्ति और सामर्थ्य की अभिव्यक्ति, अमानवीय आकृति देकर करना है। तीन मुँह वाली मूर्ति–त्रिमूर्ति की भावना का, नरसिंह रूप उनकी अपरिमित शक्ति एवं संहारक गुण के कारण और विभिन्न कलाओं में रस का समावेश भी एक अत्यावश्यक और सर्वव्यापक अंग रहा है।"[1]

किसी कलाकृति की उत्कृष्ट कसौटी वही है कि उसे देखकर दर्शक के मस्तिष्क पर उस चित्र की किस हद तक रसानुभूति होती है। दर्शक अपनी प्रवृत्ति के अनुकूल जब अपने इष्टदेव की प्रतिमा में रसों की अनुभूति पाता है तब उस पर प्रतिमा का मनोवैज्ञानिक प्रभाव पड़ता है। वह देवता में आत्मसात्-सा हो जाता है और अपने इष्टदेव के प्रति अत्यन्त सामीप्य और पूर्ण विश्वास की भावना से उद्वेलित हो जाता है।

कलाकार अपने सुर, लय और ताल की तरह ही चराचर जगत् में भी सुर, लय और ताल की झंकार सुनता है इसी तदात्मीयता की भावना से प्रेरित होकर वह अपनी कला में इस सर्वव्यापी सुर को भरने की कोशिश करता है। जीवन ही सुरमय है। इसी सत्य को वह कलाकृति में अनेक प्रकार से अभिव्यक्त करता है।

कला का यह मूल मन्त्र रहा है कि सम्पूर्ण विश्व एक सनातन संज्ञा से सुरभित है और उससे ही भिन्न-भिन्न आकृतियाँ पानी के बुलबुले की तरह सामने आती हैं तथा फिर दृष्टि से ओझल हो जाती हैं। जीवन के राग और आध्यात्मिक रसास्वादन दोनों ही पहलुओं को भारतीय धर्म और कला में उचित स्थान दिया गया है।

आत्म-विसर्जन भाव का प्रमाण है कि लोक कलाकार अपने को बराबर अज्ञात (गुमनाम) रखता है। शिल्पकला, चित्रकला, वास्तुकला तथा संगीत कला के अनेक उत्कृष्ट उदाहरण हैं, पर हम उनके निर्माता के नाम भी नहीं जानते। कलाकार को अपनी कला के अतिरिक्त अपने व्यक्तित्व की क़तई चिन्ता नहीं थी। उसकी कृति उसकी नहीं, बल्कि भगवत कृपा का प्रसाद है। उसके इष्टदेव को पूर्णरूपेण समर्पित है। उसकी कलाकृति तो वस्तुतः उसकी योग मुद्रा में एवं ध्यानावस्था में ही बन चुकी थी। वह अपने और अपने अहं को अन्तरात्मा की पुकार पर आदि शक्ति से विसर्जित कर चुका था। अतः उसे अपनी कला में इसी आध्यात्मिक अभिव्यक्ति की कामना थी, अपने नाम या मान की आकांक्षा नहीं थी।

लोक कला का विषय विस्तृत और अनन्त प्रकृति का है जिससे ये कलाएँ कभी शिथिल और जीर्ण नहीं दिखतीं। बराबर उसमें ताज़गी और नवीनता का अनुभव होता है। वह कभी रुका नहीं, उसका मार्ग कभी अवरुद्ध नहीं हुआ। समृद्ध प्रकृति के प्रांगण के कलाकार के नये भाव और नयी संज्ञा से भेंट होती रही है। लोक कला में हंस को परमेश्वर का प्रतीक माना गया है। जिस प्रकार जल में विहार करने वाला हंस सरोवर से बँधा नहीं रहता है वह आकाश में अपने पंखों के सहारे विचरण कर सकता है। उसी प्रकार व्यक्ति मायारूपी संसार में रहते हुए भी ईश मिलन के लिए आत्मरूपी पंख का प्रयोग कर सकता है। हंस का रंग श्वेत है और मायारहित जीवन के सत्व गुण का रंग भी शुभ्र माना गया है।

लोक कला की सबसे बड़ी विशेषता है कि वह राजकीय नहीं रही। वह तो सच्चे अर्थ में जन-साधारण की ही सम्पत्ति रही है। ये कलाकार अपनी वैयक्तिक रुचि और स्वार्थ के साथ-साथ समूह की रुचि का भी ध्यान रखते हैं। यह लोक कला परम्परागत है। इसके लिए ये कलाकार प्राचीन और दीर्घजीवी कलाकारों के ऋणी हैं। इन्होंने नये गुणों और आकृतियों को प्राचीन परम्पराओं में दूध और पानी की तरह मिला लिया है। इस कला की दो विशेषताएँ हैं, एकरूपता और पुनरावृत्ति।

धर्म के प्रभाव के बदले आधुनिक संसार में धर्म का अभाव अधिक बलवान होता जा रहा है। प्राचीन समय से धर्म के ऊपर मनुष्य का जीवन आधारित था। आज जीवन का आधार विज्ञान है। धर्म भी मनुष्य को सुखमय जीवन व्यतीत करने का

मार्ग दिखाता था। विज्ञान भी यही प्रयत्न कर रहा है लक्ष्य एक ही है, केवल मार्ग भिन्न हैं। धर्मों का जब प्रादुर्भाव हुआ था तब भी संसार में केवल एक ही धर्म नहीं था। विभिन्न प्रकार के धर्म रहे हैं जैसे—वैदिक धर्म, बौद्ध धर्म, जैन धर्म, सिक्ख धर्म, मुस्लिम धर्म, पारसी धर्म तथा अन्य दूसरे धर्म इत्यादि। अर्थात् सुखमय जीवन व्यतीत करने के लिए धर्मों के रूप में मनुष्य के सम्मुख अनेक मार्ग रखे गये। इसी प्रकार विज्ञान भी एक मार्ग है और इसे भी यदि एक धर्म कह दिया जाये तो बहुत आपत्तिपूर्ण नहीं है। धर्म और विज्ञान में यदि अन्तर है तो एक ही—पहला रहस्य को सत्यमान कर ईश्वर में अधिक विश्वास करता है और दूसरा रहस्य का उद्घाटन करते हुए सत्य की खोज में लगा है वैसे तो धर्म में भी सत्य का बहुत महत्त्वपूर्ण स्थान है पर एक सत्य में विश्वास कर चुका है, दूसरा सत्य को खोज रहा है। दोनों ही धर्म मनुष्य के जीवन को सुखी बनाना चाहते हैं। इससे तो कोई इनकार नहीं कर सकता है। धर्म भी कलाओं का प्रचार चाहता था और विज्ञान भी कला के महत्त्व को मानता है। और उसकी सहायता के लिए अपना ज्ञान देना चाहता है।

प्राचीन समय में धर्म मार्ग होते हुए भी लक्ष्य के रूप में था। मनुष्य का लक्ष्य धर्म को प्राप्त करना था। धर्म के लिए ही मनुष्य को प्रत्येक कार्य करना पड़ता था, धर्म का स्थान प्रमुख था। मनुष्य के सारे कार्य तथा शक्तियाँ धर्म की प्राप्ति में सेवक की भाँति थीं। इसी प्रकार कलाओं का भी लक्ष्य धर्म-प्राप्ति था। कलाएँ धर्म के लिए थीं। धर्म पहले था, कला बाद में। धर्म के प्रचार में कलाएँ रत हुईं। सम्पूर्ण प्राचीन भारतीय कला का कार्य धर्म का प्रचार करना रहा चाहे ब्राह्मण कला हो, बौद्धकला हो या जैन कला। आज इस बीसवीं शताब्दी में आकर चित्रकला को धर्म की सेवा से छुटकारा मिलता दृष्टिगोचर होता है परन्तु आधुनिक यूरोपीय कला धर्म से प्रभावित न होते हुए भी विज्ञान से अधिकाधिक प्रभावित हुई और उसका असर कुछ अंश में भारत की कला पर भी पड़ा। धर्म की सेवा छोड़कर कला ने विज्ञान की सेवा करना आरम्भ किया, परन्तु बहुत थोड़े ही समय में कला ने विज्ञान को भी झटका दे दिया। आधुनिक कला ने वैज्ञानिक सत्यों को ताक पर रखना प्रारम्भ कर दिया और कला स्वयं एक धर्म बन गयी है। जिस प्रकार धर्म तथा विज्ञान मनुष्य के जीवन को सुखी और आनन्दमय बनाना चाहते हैं उसी प्रकार अब कला स्वयं यही कार्य करने को उद्धत है। कला अब दूसरे का सहारा नहीं लेना चाहती बल्कि स्वयं शक्तिशाली बनना चाहती है, कला स्वयं एक धर्म है। धर्म का युग बीता, विज्ञान का युग बीत रहा है और कला का युग सामने है। धर्म के अभाव पर और विज्ञान के प्रभाव पर हमने संसार को अवनति की ओर जाते समझा, विज्ञान के युग का लाभ उठाकर हमने उसे भी देख लिया; अब कला के युग की आशा है। क्या विज्ञान के

प्रभाव को कम होते देखकर कला के युग की ओर जाते हुए भी हम कह सकेंगे कि हम अवनति की ओर जा रहे हैं, शायद नहीं; क्योंकि अब हमें धर्म और कला ने जो हमारे जीवन सम्मुख जीवन का एक नया और उज्जवल मार्ग रखते हैं और मंगल भविष्य की कामना करते हैं हमें अवनति की ओर नहीं प्रगति की ओर ले जा रहे हैं।

(ख) सामाजिकता

"स्वभाव से मानव एक सामाजिक प्राणी है। समाज से बिछुड़कर उसके लिए जीवित रहना कठिन हो जाता है। इसीलिए मुख्यतः सामाजिकता के सुख का अनुभव दिलाने और साथ ही संसार के प्रपंच में फँसे हुए जीवों को थोड़ी देर के लिए शारीरिक और मानसिक विराम देने के लिए प्राचीनकाल से ही प्रत्येक देश के मानव समाज में नियम से मुहूर्त और दिन पर उत्सव मनाने का आयोजन किया गया। तात्पर्य यह है कि सामूहिक रूप से बहुत से नर-नारी एकत्र होकर एक-दूसरे को आनन्द प्रदान कर हृदय को उदार व उन्मत्त बनाने का प्रयत्न करते हैं।

प्राचीनकाल से भारत में एक नहीं, अनेक जातियाँ उत्तर पश्चिम की ओर से आती रहीं और अपने साथ अपनी संस्कृति, तीज-त्योहार, उत्सवों एवं संस्कारों को भी लायीं। आर्य जातियाँ विजयी वर्ग के रूप में सदैव ही अल्पसंख्यक रूप में रहीं परन्तु आर्यतर जातियों की प्राचीन किन्तु सशक्त संस्कृति एवं सभ्यता को बिल्कुल जड़ से उखाड़ नहीं पायीं। फलतः इस देश में बहुत दिनों तक एकाधिक समानान्तर संस्कृतियाँ चालू रहीं। कालान्तर में जैसे-जैसे पारस्परिक संसर्ग और सम्पर्क गाढ़ा होता गया वैसे-वैसे एक सामान्य जातीय संस्कृति का आविर्भाव हुआ जो न तो विशुद्ध आर्य थी और न निरी आर्यतर। इसी पुण्य सम्मेलन का महत्त्वपूर्ण प्रतीक हिन्दू धर्म था, जिसे हम सनातन धर्म मानते हैं और जिसकी आधारशिला श्रुति, पुराण और स्मृति ग्रन्थ आदि हैं।"[1]

लोक कला का एक पैर सदैव धर्म पर और दूसरा समाज पर आरूढ़ रहा है। इसलिए इस कला पर गुलामी के समय का बहुत ही हानिकारक प्रभाव पड़ा। समय-समय पर लोगों पर जजिया कर लगाया गया, पीड़ितों पर अत्याचार बढ़ा, धर्म परिवर्तन के मामले में ज़ोर-ज़बरदस्ती भी हुई जिसके परिणामस्वरूप हिन्दुओं के बहुत से त्योहार जो बड़े हर्षोल्लास से स्त्री-पुरुष दोनों मिलकर नृत्यगान के साथ मनाया करते थे, कम हो गये। जब जीवन की सुरक्षा ही नहीं तब उत्सव कैसे मनायें, अशिक्षा में वृद्धि हुई, संस्कृत भाषा के स्थान पर उर्दू व अरबी का बोलबाला हुआ। अंग्रेज़ी का भी प्रचार बढ़ता गया। स्त्रियों का स्थान समाज में दिनोदिन गिरता गया। पर्दा-प्रथा, बाल-विवाह, बहुविवाह, अनमेल विवाह तथा सतीप्रथा आदि का बोलबाला हो गया।

इस कुसमय में भी स्त्रियाँ कुछ त्योहार अपने पति एवं पुत्र की मंगलकामना के लिए और अपने घर-परिवार के कल्याण के लिए मनाती रहीं, परन्तु अब धीरे-धीरे उनमें कुछ रूढ़िवादिता आ गयी थी। वह उसे वैसे ही करती थी जैसे कि पण्डित लोग बताते थे। त्योहारों, उत्सवों के पीछे छिपे वैज्ञानिक तथ्य को वे भूल गयीं तथा लकीर के फ़क़ीर की भाँति वे उसे मनाती रहीं तथा किसी-न-किसी प्रकार भित्ति व भूमि अलंकरण के रूप में उन लोक-चित्रों को चित्रित भी करती रहीं। परन्तु ऐसा कब तक चलता? आख़िर वह समय भी आया जब आंग्ल भाषा के प्रचार के साथ-साथ पढ़े लिखे लोगों ने इन उत्सवों व व्रतों को मनाना छोड़ दिया। परन्तु ग्रामीण नारियों ने इनका आँचल न छोड़ा और वे इन्हें मनाती रहीं।

व्यक्ति और समाज में एकता लाना अर्थात् सामाजिकता ही कलाकार्य है। कला के द्वारा ही समाज में व्यक्ति बराबर समीप आते हैं। लोक कला से समाज के सभी वर्ग लाभ उठाते हैं। चित्रकला के एक निश्चित रूप तथा प्रचार से ही समाज लाभ उठाता है अन्यथा नहीं। ये ही व्यक्ति को व्यक्ति से, व्यक्ति को समाज से जोड़े हैं।

इस प्रकार किसी भी कला के दो दृष्टिकोण हैं। एक तो कला की रचना, दूसरा उसका सामाजिक महत्त्व। कला की रचना का सम्बन्ध कलाकार से होता है। वह आत्माभिव्यक्ति हेतु रचना करता है, अपनी सहज क्रियात्मक शक्ति के बल पर। रचना के बाद उसकी कृति समाज के सम्मुख आती है और यहाँ समाज की प्रतिक्रिया का कार्य आरम्भ होता है। इस प्रतिक्रिया के बल पर उस रचना का सामाजिक मूल्यांकन होता है जिसका आधार सामाजिक रुचि है। जिस प्रकार समाज कलाकार की रुचि की अवहेलना नहीं कर सकता। कला का कार्य अभिव्यक्ति है जो उसका उपयोग है जिनके लिए इसका उपयोग है, उनकी मनोवृत्ति और रुचि को समझना भी कलाकार के लिए अत्यन्त आवश्यक है। जिस प्रकार कुएँ से पानी खींचना। जब कुआँ काफ़ी दिनों तक बन्द रहता है तो उस कुएँ के स्रोत सूख जाते हैं, या बन्द हो जाते हैं, उसी प्रकार हमारे हृदय के स्रोत सूख चुके हैं, उनमें अपना कार्य करने की क्षमता ही नहीं रह गयी। जब मनुष्य का व्यवहार अति मानसिक या मशीन की भाँति हो जाता है तब हृदय की यही स्थिति होती है। परन्तु लोक कला के क्षेत्र में यह धारणा ग़लत है क्योंकि लोक कला निरन्तर धाराप्रवाह रूप में चली जा रही है। जन्म से मृत्युपर्यन्त तक यह कला लगातार चलती रहती है।

कला समाज और विश्व की हितैषी होने के अतिरिक्त व्यक्ति के कल्याण का भी माध्यम है। सामाजिक और पारिवारिक अस्त-व्यस्तता तथा विप्लव से ऊबकर हम कला की ओर पलायन करने पर शान्ति पाते हैं। साधारणतः हमारी प्रवृत्तियाँ अन्तस्तल में छिपी रह जाती हैं—दबी रह जाती हैं किन्तु जब कलाकार कविता,

चित्रकला, संगीत कला, नृत्य कला एवं मूर्तिकला में पूर्ण मनोयोग से लीन हो जाता है तब अपनी उस कृति में अपने अन्तस्तल की सुप्त और पीड़ित भावनाओं को शिष्टतापूर्वक ही सही उड़ेल देता है। इस प्रकार उसका अवरुद्ध व्यक्तित्व मुक्ति का अनुभव करता है। भावुकता में भी मनुष्य अपनी पीड़ित भावनाओं को उद्वेगपूर्ण रूप से प्रकट करता है, पर कला के माध्यम से भावनाओं की अभिव्यक्ति अत्यन्त मितव्ययिता से होती है। इस प्रकार कला केवल पीड़ाओं से छुटकारा ही नहीं देती बल्कि शक्ति भी देती है–उच्छृंखलता के बदले आत्म-संयमपूर्वक दबी भावनाओं के अभिव्यक्तिकरण में सम्बल बनती है। वह उसे बराबर उत्साह और स्फूर्ति देती है। कला परमात्मा का ओजपूर्ण और आनन्ददायक आत्मप्रदर्शन करने का माध्यम है। इसलिए वह वास्तव में पीड़ित आत्मा और समाज के लिए शक्तिदायक और कष्टनिवारक आनन्दप्रद औषधि है।

त्योहारों, पर्वों में सामाजिकता–सामाजिकता को प्रभावित करने वाले तत्त्व हमारे त्योहार, पर्व, उत्सव एवं सांस्कृतिक कार्य आदि हैं जिनको हम सामूहिक रूप में मनाते हैं, उनका आनन्द उठाते हैं एवं एक-दूसरे को आदान-प्रदान करते हैं। चाहे वह लोक-गीत के रूप में हों, लोक-नृत्य के रूप में या लोककृति के रूप में हों। इससे समाज का प्रत्येक वर्ग लाभान्वित होता है। सांसारिक एवं भौतिक कष्टों से ऊबकर कुछ क्षण के लिए ये कलाएँ हमें भाव-विभोर एवं स्वप्निल अवस्था में पहुँचा देती हैं। अपने बहुमूल्य समय में से थोड़ा समय निकालकर इसमें भाग लेने पर मानव को आत्मिक आनन्द मिलता है।

त्योहार के द्वारा एक-दूसरे की खुशियों को बाँटते हैं तथा उनकी संस्कृति, कला एवं परम्परा से अवगत होते हैं। इस प्रकार पर्व, स्नान अथवा मेला भी एक बहुत बड़े समूह को एकत्रित करके उनको आत्मिक शान्ति एवं प्रसन्नता प्रदान करता है। रोज़ के कार्यों से ऊबकर मन बदलाव एवं स्थान परिवर्तन में भी सहायक होता है। शादी-विवाह, मुण्डन आदि संस्कारों में तो सामाजिकता प्रचुर मात्रा में देखने को मिलती है। बिना समाज के ये कार्य सम्भव नहीं हैं।

"मनुष्य एक सामाजिक प्राणी है अतः उसकी कला का विकास भी सामाजिक व सामूहिक रूप में होता है। समाज से पृथक अकेला रहता हुआ मनुष्य न तो भौतिक क्षेत्र में उन्नति कर सकता है और न सांस्कृतिक क्षेत्र में। इसलिए लोक कला भी किसी एक व्यक्ति के प्रयत्न का परिणाम नहीं। वह समाज के अनगिनत व्यक्तियों के सामूहिक प्रयत्न का परिणाम होती है और यह प्रयत्न भी ऐसा, जिसे एक के बाद एक आने वाले मनुष्यों की विविध सन्ततियाँ निरन्तर करती रहती हैं। यहाँ कारण यह है कि लोक कला का विकास धीरे-धीरे होता है। वह किसी युग की कृति

नहीं होती अपितु विभिन्न युगों के विविध मनुष्यों के सामूहिक व अनवरत श्रम का परिणाम होती है।

यह पृथ्वी बहुत विशाल है। इसके विविध प्रदेशों में मनुष्यों के विविध समूह हज़ारों वर्षों से पृथक-पृथक स्थानों पर निवास करते रहे हैं। इन सब प्रदेशों की प्राकृतिक व भौगोलिक परिस्थितियाँ एक जैसी नहीं है। यही कारण है कि पृथ्वी के विविध प्रदेशों में निवास करने वाले मनुष्यों के विभिन्न समूहों ने अपनी सभ्यता और संस्कृति एवं कला का विकास विविध तरह से किया है।"[2]

किसी भी सभ्यता की स्थायी सफलताओं की संरक्षिका कला ही रही है। सामाजिक तथा आर्थिक व्यवस्था धर्म के रूप और साम्राज्य सभी बदल जाते हैं, पर कला में हम उस सभ्यता की अमूल्य निधियों का संचय और सांस्कृतिक तत्त्व पाते हैं। सामाजिक धारणाओं और मान्यताओं को जो किसी भी समाज की विशिष्ट और सुसंस्कृत रेखाएँ रही हैं, हम उस जाति की कला में सर्वदा सजीव और स्पष्ट देखते हैं। यह सत्य है कि मानव प्रत्येक देश और समय में कुछ मूल प्रवृत्तियों एवं भावनाओं से उद्वेलित रहा है, इनकी अभिव्यक्ति विभिन्न कलाओं में हुई और कला के अमर महत्त्व और विश्वव्यापी चित्ताकर्षण का मूल कारण यही है। फिर भी प्रत्येक सभ्यता, विशेषता, भौगोलिक स्थिति और परम्परा के आधार पर विशिष्ट मान्यताओं, उद्‌गारों और सामाजिक तथा धार्मिक क्रिया-प्रतिक्रियाओं की कड़ी जोड़ती आयी, जिसे कला के माध्यम से ही मानव को कला की विरासत के रूप में उपहार दिया गया है। कला मानव-जीवन के कुछ विशिष्ट भावों और समकालीन सामाजिक वातावरण को प्रकाश में लाती है और उनके अन्दर विद्यमान भावों के अर्थ को समझती है क्योंकि वह मानव के इन्द्रियजनित ज्ञान, भावना और कल्पना को प्रभावित करती है तथा जन-साधारण के लिए उपयोगी होती है।

राधा कमल मुकर्जी के शब्दों में, "कला व्यक्ति की चिरस्थायी कीर्ति और संस्कृति की अनश्वर धरोहर ही नहीं बल्कि उसकी प्रधान-प्रेरणा भी है। कला स्फूर्ति देती है, प्रोत्साहन और सुशिक्षित करती है। कला सबको एक सूत्र में बाँधने वाली एक बड़ी शक्ति है, जनजीवन पर जिसकी छाप सर्वव्याप्त है।"[3]

"कला का यही काम है कि वह मृत्यु के पंजे में पीड़ित और डूबते हुए मानव को अनवरत नवजीवन देती रहे।"[4]

कला का मुख्य ध्येय मानव का पूर्णरूपेण विकास है। यथार्थपूर्ण कला समाज की आत्मा है। वह राष्ट्रीय संस्कृति के सनातन बहुमूल्य भावों, भावनाओं और विश्वासों को पूर्णतया और गम्भीरता से व्यक्त करती है। यह पूर्ण सत्य है कि किसी भी देश की संस्कृति उसकी वास्तविक आत्मा की झलक है और इसकी

झाँकी हमें उस देश के भौतिक विकास, साहित्य, मूर्तिकला, वास्तुकला तथा चित्रकला में मिलती है।

कला धार्मिक सत्य और नैतिक आदर्शों का वाहन रही है और सामाजिक जीवन के विभिन्न अंगों को उत्तेजित करती है और ऐसी प्रतिमाओं में देवता सिर्फ़ रहस्यमयी शक्तियों का ही नहीं बल्कि मानव की आत्मा की महत्त्वाकांक्षा और पीड़ा का भी प्रतिनिधित्व करती है।

किसी भी प्रकार की कला की श्रेष्ठता के लिए यह ज़रूरी है कि उसे देखकर दर्शकों के हृदय और मस्तिष्क पर एक विशेष प्रकार की छाप पड़े। यदि प्रत्येक दर्शक किसी कलात्मक कृति से भिन्न-भिन्न प्रकार से प्रभावित होता है तो उसका कोई अर्थ ही नहीं रहता। यद्यपि कलात्मक कृति कलाकार की वैयक्तिक प्रतिभा का परिणाम है, तथापि उसे कला की श्रेणी में रखने के निमित्त समाज के द्वारा मान्यता मिलना ज़रूरी है। इसलिए कला और समाज का अन्योन्याश्रय सम्बन्ध है किसी भी सभ्यता का स्थायी महत्त्व उसकी भौतिक समृद्धि पर नहीं वरन् नैतिक और आध्यात्मिक देन पर है। कला और साहित्य के माध्यम से ही इसकी यथार्थ सराहना की जा सकती है। कला कलाकार की कृति है। कलाकार तो स्वयं ही उन तत्कालीन सामाजिक संस्थाओं और व्याप्त भावों में जन्मा तथा पला है, जिन्होंने उसकी आन्तरिक शक्तियों को सिखाया, पढ़ाया है तथा जीवन के प्रति उसके दृष्टिकोण को निश्चित रूप दिया है। कलाकार अपने भावों और अनुभवों को जन-साधारण के लिए प्रेरक बनाकर एक उच्च उदात्त कार्य करता है इस प्रकार कलाकार समाज का सृष्टा होता है, पर समाज संस्कृति की प्रतिछाया है, जिसे वह अपने ढंग से अपने हृदय में धारण कर सका है और सबके सामने अभिव्यक्त कर सका है। तत्कालीन वातावरण कलाकार की प्रतिभा को विकसित करने में अत्यधिक सहायक होता है और अत्यन्त प्रतिकूल वातावरण उसे मृतप्राय-सा कर देता है। एक प्रकार से समाज की देन ही कलाकार है।

अयोध्या में सामाजिकता, दैनिक जीवन के पूजा-पाठ, भजन-कीर्तन में, पर्व-स्थान में, त्योहारों में एवं आयोजित मेलों में दिखाई देती है। मेले में राम नवमी का मेला एवं सावन का मेला प्रमुख है। स्नान पर्व में कार्तिक पूर्णिमा का स्नान मुख्य है, इसके अतिरिक्त पुण्य हिन्दी तिथियों पर होने वाले स्नान भी हैं और त्योहार तो सामाजिक उत्सव हैं ही।

(ग) नैसर्गिकता

डॉ. जी.के. अग्रवाल के अनुसार, "भारतीय चित्रकला का प्रधान लक्ष्य धार्मिक अनुभूति तथा रस की व्यंजना रहा है। विशुद्ध प्रकृति-चित्रण के प्रति यहाँ का कलाकार कभी

आकर्षित नहीं हुआ उसने मानवीय क्रियाकलापों को प्रधान तथा प्राकृतिक जगत् को गौड़ महत्त्व प्रदान किया है। प्राकृतिक सौन्दर्य के प्रतीक यह सापेक्षिक दृष्टि केवल चित्र, मूर्ति अथवा वास्तु में ही नहीं वरन् काव्य, नाटक आदि में भी रही है। इसलिए शिल्प शास्त्रों में प्राकृतिक चित्रण के नियमों का जो यत्किंचित् उल्लेख हुआ है वह प्रायः प्रकृति को उद्दीपन मानकर ही किया गया है। इस दृष्टि से चित्रशास्त्र और काव्यशास्त्र भी परस्पर सम्बन्धित हो जाते हैं।"[5]

शिल्प शास्त्रों के स्थान एवं समूह संयोजन तथा समय एवं ऋतु चित्रण के नियम काव्यशास्त्रीय नियमों से प्रभावित हैं–

"नगरार्ण व शैलर्तु चन्द्राकेदिय वर्णनैः। उद्यान सलिल क्रीड़ा मधुपान ऋतुत्सवैः।"[6]

उपरोक्त श्लोक के अनुसार काव्य के विभिन्न सर्गों में नगर, समुद्र, पर्वत, चन्द्रोदय, सूर्योदय, उद्यान एवं सलिल क्रीड़ा, मधुपान तथा ऋतुत्सवों का वर्णन किया जाता है।"

राजपूतकालीन काव्यों में केशव कृत कवि प्रिया के सातवें, आठवें तथा दसवें अध्यायों में, भानुदत्त कृत रस मंजरी में, केशवदास कृत रसिक प्रिया और कवि प्रिया की रचना में प्रकृति-चित्रण का वर्णन है। इसके अतिरिक्त रसाल कवि, गोविन्द कवि एवं सेनापति के काव्य के आधार पर भी बारहमासा चित्र बने हैं। इनके प्रकृति-चित्रण में वस्तुओं की रूप-रचना और विम्ब-योजना मौलिक है।

काव्यों में मानव के अंगों-उपांगों के वर्णन ने उपमा का आश्रय लिया है जैसे–

"नीलाम्बुज श्यामल कोमलांगम्"[7]

इस श्लोक में भगवान राम के शरीर की उपमा नीले कमल से दी गयी है और इसके लिए चित्रों में भी भगवान राम के शरीर का रंग नीला अर्थात् श्याम वर्ण दर्शाया जाता है।

वाल्मीकि रचित संस्कृत शास्त्रों में प्रकृति के विविध उपादानों को उपमा के रूप में प्रयुक्त किया गया है। जैसे–कमल-नयन, मुखार-विन्द, मीन रूपी नयन, खंजन दृग एवं मृगनयनी। कमल की कली के अनुसार नेत्र की कल्पना की जाती है। कहीं-कहीं पर नेत्र की उपमा मछली सदृश्य से होती है क्योंकि मछली का आकार बीच से मोटा होता है और वह चंचल होती है। वह एक जगह स्थिर नहीं रहती है, नयन भी चंचल होते हैं। वे भी अस्थिर हैं। नयन की उपमा खंजन पक्षी और मृगी से भी किया जाती है। नीचे झुके चंचल नेत्र की तुलना खंजन पक्षी से की जाती है क्योंकि खंजन पक्षी लम्बी-पतली पूँछ सहित निरन्तर फुदकता रहता है। मृगी की तुलना भी नयन से की जाती है क्योंकि मृगी स्वभावतः भोली एवं बड़े-बड़े गोल नेत्र वाली होती है। इस प्रकार नख-शिख वर्णन अर्थात् पैरों के

नाखून से लेकर शिखा (बाल, केश) तक का वर्णन अथवा चित्रण विभिन्न उपमाओं द्वारा किया जाता है।

नैसर्गिकता की अनुभूति काव्यों को पढ़ने से, उसके रसास्वादन से एवं चित्रों को देखने से होती है।

अयोध्या धार्मिक स्थान होने के कारण यहाँ की वास्तुकला में प्रकृति के विभिन्न उपादानों का चित्रण हुआ है जैसे—मन्दिरों की दीवारों, द्वारों, खम्भों आदि के चित्रण। इन चित्रों में प्राकृतिक पुष्पों, पक्षियों एवं पेड़-पौधों के चित्र आदि सम्मिलित हैं।

पशुओं में अश्व, वृषभ, सिंह, भैंस; पक्षियों में—मयूर, हंस, तोता, बगुला, कीड़ों-मकोड़ों में—सर्प; वनस्पति में—वृक्षों, लताओं, पुष्पों का वर्णन एवं चित्रण किया गया है। इन चित्रों की अयोध्या में अधिकता है। इन वास्तुकला के चित्रों में बारह राशियों के चित्र भी आते हैं।

इस प्रकार प्रतिदिन के पूजा-पाठों में नवग्रह पूजन विधि में नवग्रह-चित्रण अथवा उसका प्रतीक रूप, पृथ्वी पूजन जिसको माता के रूप में मनाया जाता है, जल का पूजन जो कलश रूप में होता है, अग्नि पूजा, वायु पूजा, सूर्य पूजा, चन्द्र पूजा होती है। इनके चित्र भी अनेक रूपों में प्राप्त हैं।

प्राचीनकाल से आज तक मानव नैसर्गिक सौन्दर्य चेतना का उपासक रहा है, उसकी भावनाओं, क्रियाकलापों का सम्बन्ध प्रकृति से अटूट है। प्रकृति पूजा भी नित्य क्रिया में सम्मिलित है। वनस्पति पूजा जो विभिन्न त्योहारों, उत्सवों एवं पर्वों पर की जाती है उसका सम्बन्ध मानव के आत्मिक पक्ष से है जैसे वट पूजन, नीम पूजन, केले के वृक्ष की पूजा इत्यादि त्योहारों में, नाग पूजा, होलिका पूजा जो प्रकृति पूजा के उदाहरण हैं—नाग को देवता मानकर उसका चित्रण करके ही उसकी पूजा-अर्चना करते हैं। शेषनाग का चित्रण कनक भवन के मुख्य द्वार पर बना है। आज भी सावन के महीने में वृक्षों पर झूला डाल कर झूलोत्सव मनाने की प्रथा है। अयोध्या में 'सावन का झूला' मेले के नाम से विख्यात है। यह उत्सव शुक्ल पक्ष तृतीया पर होने वाले मणि पर्वत के मेले से शुरू होता है। इसी दिन से प्रत्येक मन्दिर में भगवान को झूले पर आरूढ़ कर झूला झुलाया जाता है। इसी दिन से गृहस्थ लोग भी झूला-झूलना शुरू करते हैं। मणि पर्वत के प्रत्येक वृक्ष पर झूल रही राम सीता की मूर्तियाँ तथा इनके रूपों में सजे ब्राह्मण बच्चे जो साक्षात् राम और सीता के रूप में दृष्टिगत होते हैं की छवि देखते ही बनती है। उस प्राकृतिक छटा को देखकर मानव कुछ समय के लिए भाव-विभोर होकर रामयुग में पहुँच जाता है। 'सावन झूला' नैसर्गिक आभा का प्रतीक है।

इस प्रकार पीपल की पूजा जो विष्णु का निवास स्थान है, करते हैं, शनि ग्रह की शान्ति के लिए भी पीपल की पूजा की जाती है। आम के पल्लव (पत्तियों) का प्रयोग कलश की सजावट एवं बन्दनवार की सजावट में करते हैं। पान के पत्तों का उपयोग तो सभी पूजा में करते हैं। प्राचीनकाल से लेकर आज तक आम्र पल्लव से सजे घड़े को गणेश का प्रतीक मानकर पूजते हैं। द्वार पर कलश शुभ का सूचक है। कलश लिए हुए नारी का चित्रण तो अयोध्या के अधिकांश मन्दिरों, भवनों के मुख्य द्वारों पर दिखाई देता है। कलश लिए नारी को लोक में शुभ मानते हैं। इस वनस्पति पूजन में वनदेवी का पूजन अपना अलग स्थान रखता है जिसका वर्णन लोक संगीत में भी है जैसे–

"भितरां से निकली बन देवी, वै सुख-दुख पूछ हों।"

इस लोक-गीत में वन देवी को माता के रूप में माना गया है और वह अपनी बेटी से उसके सुख-दुख के बारे में पूछ रही है। प्रत्येक देवी-देवता के वाहन में भी नैसर्गिकता की अनुभूति होती है। लक्ष्मी जी का वाहन उल्लू, गणेश का वाहन चूहा एवं मुख गज का, सरस्वती विद्यादात्री का वाहन हंस, शिव का वाहन वृषभ, कार्तिकेय का वाहन मयूर, विष्णु का वाहन गरुड़, दुर्गा जी का वाहन सिंह जैसे नैसर्गिक तथ्यों का चित्रण होता है।

भगवान बुद्ध देव की प्रतिमा तथा तीर्थंकरों के साथ प्रतीक रूप में प्रकृति-चित्रण किया गया है। कृष्ण लीला के साथ कदम्ब वृक्ष का चित्रण एवं गाय का चित्रण भी अवश्य रहता है। इस प्रकार राम के बाल रूप चित्रों में 'काक' का चित्र भी साथ-साथ देखने को मिलता है।

वर्तमान में प्रचलित ग्रन्थों जैसे–रामायण, महाभारत एवं रामचरितमानस के अनेक पदों, छन्दों एवं कथाओं में नैसर्गिक सौन्दर्य चेतना का दृश्यांकन है।

इस प्रकार कलाकृति में कलाकार अपने भाव में आध्यात्मिकता, धार्मिकता के साथ-साथ नैसर्गिकता का भी समन्वय करता है। वह कृति में प्रकृति का कोरा अनुकरण न करके उसको कुछ और अधिक समन्वित करके चित्रित करता है। इसलिए कला में नैसर्गिकता का पूर्णरूपेण वर्णन होता है।

ऋतु लोक-गीतों में नैसर्गिकता की झलक दिखाई देती है। प्राकृतिक उपादानों एवं धार्मिक मिश्रित रूपों में गणेश का रूप जिनमें हस्ति एवं मानव का समन्वय है, देखा जा सकता है। इस प्रकार नरसिंह के स्वरूप में सिंह और मानव, हनुमान के स्वरूप में कपि एवं मानव, नागकन्या के स्वरूप में नाग और स्त्री नैसर्गिक सौन्दर्य के उदाहरण हैं।

आजकल की चित्रकला में मछली, पशु, पक्षी, शंख, मानव को फूलों के साथ अलंकरण में बनाया जाता है। कभी-कभी तो इन अलंकरणों में इन रूपों को खोजना कठिन हो जाता है। इस प्रकार अयोध्या की विभिन्न कलाओं में प्राकृतिक सौन्दर्य अर्थात् नैसर्गिकता का पूर्णरूपेण समन्वय दिखाई पड़ता है।

सन्दर्भ

1. उत्तर प्रदेश की लोक कला, सूचना एवं सम्पर्क विभाग, पृ. 127
2. भारतीय संस्कृति का विकास, सत्यकेतु विद्यालंकार, पृ. 11
3. भारतीय कला को बिहार की देन, डॉ. विन्ध्येश्वरी प्रसाद सिंह पृ. 2
4. वही।
5. रूप, शिल्प प्रकृति चित्रण की भारतीय परम्परा, डॉ. जी.के. अग्रवाल, पृ. 56
6. वही।
7. रामचरितमानस, तुलसीदास, अयोध्याकाण्ड।

उपसंहार

हमारे देश पर विदेशी जातियों ने आक्रमण किया एवं देश के विभिन्न भागों पर शासन भी किया जिसके कारण यहाँ की कला एवं संस्कृति दोनों प्रभावित हुई। परन्तु इनसे यहाँ की कला की मूलधारा नष्ट नहीं हुई। जिस प्रकार अनेक छोटी-छोटी नदियाँ या नाले गंगा में मिलकर उसे अधिक समृद्ध करते जाते हैं और स्वयं गंगा के ही अंग बन जाते हैं, वैसे ही विविध जातियों ने भारत में प्रवेश कर इस देश की संस्कृति और कला को समृद्ध बनाया।

डॉ. विन्ध्येश्वरी प्रसाद सिंह के अनुसार, "हमारा देश अनेकों बार विदेशियों के द्वारा पदाक्रान्त हुआ और इन असभ्य या अनुदार जातियों ने प्राचीन भारतीय कला को पूरी क्षति भी पहुँचायी। तुर्कों के आक्रमण के परिणामस्वरूप कितने प्राचीन भवन खँडहर बन गये और अनेक कलाकृतियाँ नष्ट हो गयीं। कला के अध्ययन के लिए पर्याप्त सामग्रियाँ प्राप्त नहीं है, फिर भी जो कुछ सामग्रियाँ बची हैं उनसे ही भारत की प्राचीन कला के ऐश्वर्य और गौरव का पता चलता है।

इतने लम्बे युग के इतिहास में भी भारतीय कला परम्पराओं की शृंखला बनी रही, यह कम आश्चर्य की बात नहीं है। मोहनजोदड़ो से आज तक की कला में हम पूर्व-परम्पराओं का समुचित और शाश्वत प्रमाण पाते हैं। भारतीय कला अनेकों उतार-चढ़ाव के साथ अपनी राह पर चलती रही और इसके विशिष्ट गुण कम या अधिक सर्वदा उपस्थित रहे। भारतीय संस्कृति और कला के 'महौदधि' में भिन्न-भिन्न अनेक धाराएँ आयीं और विलीन हो गयीं। इनसे भारतीय कला को उचित बल मिला और भारतीय कला अपनी विशेष परम्पराओं का आदर करती हुई बढ़ती गयी।"[1]

इस प्रकार भारतीय कला और संस्कृति में विभिन्नता होते हुए भी, इनकी एकता के कारण लोक कला पूर्णतः विलीन न हो सकी। वह अपने विभिन्न माध्यमों—मूर्तिकला, चित्रकला, नृत्यकला, संगीत कला के किसी-न-किसी रूप में जीवित रही।

डॉ.आर्यन के अनुसार, "लोक कला अपने स्थानीय सामाजिक ढाँचे में जड़ पकड़े पैठी रहती है। इस कला में तत्कालीन बाज़ार की कला और ग्रामीण कलाकारों की तुरन्त निर्मित कृतियाँ भी सम्मिलित है।"[2]

डॉ. प्रेम चन्द्र गोस्वामी के अनुसार, "नामहीनता लोक कला की अन्यतम विशेषता है। उस पर किसी व्यक्ति विशेष की छाप नहीं होती। यह तो कला दृष्टि सम्पन्न जन की दिनचर्या का अंग है। कालहीन होना लोक कला के अनन्त आकर्षण का प्रमुख कारण है, जिसने इसकी सार्थकता और चमत्कार को अक्षुण्ण बनाये रखा है।"[3]

भगवती शरण झा के अनुसार, "किसी भी देश की लोक कला उस देश के जन मानस का प्रतिबिम्ब है। लोक कला में जनता की कृतियाँ, उसके जीवन, उसके हास-विलास और अनुयायियों का यथार्थ और सरल अंकन होता है। लोक कलाकार काल और परिस्थितियों को देखकर निर्द्वन्द्व और सहज भाव से रचना करता है। उसका प्रमाण बिखरे हुए लोक-गीतों, लोकोक्तियों, लोक गाथाओं, लोक नृत्यों, एवं लोक कलाओं में हमें प्राप्त होता है। ये ही कृतियाँ हमारी निधियाँ, इतिहास की कड़ियाँ एवं जीवन के चित्रों की रेखाएँ हैं। ये हमारी संस्कृति की परिचारिकाएँ हैं।"[4]

राम नारायण अग्रवाल के अनुसार, "भारत की संस्कृति संसार की प्राचीनतम संस्कृतियों में शीर्षस्थ है। साहित्य कला और विशेष रूप से लोक कला जिसके लिए तो यह भूमि प्राचीनतम केन्द्रस्थली है। लोक कलाएँ अलिखित परम्परा की कड़ी होती हैं जो लोक परम्परा से जुड़ी होती हैं क्योंकि वह लोक जीवन में गहरी आस्था रखने के साथ-साथ अपनी जन्मदात्री भूमि की भीनी-भीनी गन्ध से सदा सुवासित बनी रहती है। यह लोक जीवन की गरिमा से अनुप्राणित होती है।"[5]

लोक कला से अभिप्राय, लोक में फैली लोक द्वारा अर्थात् जन-समुदाय द्वारा निर्मित, रचित भावनाएँ ही लोक कला हैं। लोक कला को प्रस्तुत करने के विविध माध्यम है, जैसे—लोक-गीत, लोक-नृत्य, लोकचित्र, लोक-कथा आदि। ऊपर लिखे माध्यमों द्वारा जन समाज अपने उद्वेगों, विचारों, अनुभूतियों को प्रस्तुत करता है।

यह लोककृति लिपिबद्ध न होकर मौखिक रूप में एक पीढ़ी से दूसरी पीढ़ी तक ज्यों-की-त्यों विद्यमान रहती है। लोक प्राणी अपनी इन कलाओं को जन समूह की इच्छाओं के अनुसार एवं उनकी भावनाओं को ध्यान में रखते हुए दर्शाता है। परन्तु हम लोक कला को पूर्ण रूप से मौखिक भी नहीं कह सकते। समय परिवर्तन के साथ-साथ लोक-गीत तथा लोक-कथा जैसी लोक कलाएँ लिपिबद्ध भी होने लगी हैं।

लोक कला उस स्थान की स्थानीय भाषा अथवा बोली में ही प्राप्त होती है। इसका विकास मानव के विकास के साथ-साथ हुआ है, इसलिए लोक कला में

नयापन का मिश्रण भी रहता है। इसका कोई इतिहास नहीं है। फिर भी यह अतीत से वर्तमान तक अविच्छिन्न रूप से हमारे साथ बँधी है। जिस प्रकार हमारा परिवार, हमारा समाज हमसे जुड़ा है। लोक कला की प्राचीन थाती (धरोहर) गुफा चित्र हैं, जिसका अनुकरण प्रत्येक काल की शैलियों में लक्षित है। उदाहरणस्वरूप—अजन्ता की आलंकारिकता एवं मानव तथा पशुओं की विभिन्न मुद्राएँ। आदिम जातियों द्वारा निर्मित चित्र सरल एवं बाल्यतुल्य कला के समान हैं, जो पूर्व पाषाणकालीन चित्र कहलाते हैं। इनमें प्रयुक्त लाल, पीले, काले रंग चर्बीयुक्त हैं।

मानव जीवन में संस्कृति एवं परम्परा का मुख्य स्थान है, क्योंकि संस्कृति में ही संस्कार जन्म लेते हैं और संस्कार ही विविध लोक कलाओं के प्राप्ति स्थान हैं। संस्कारों के रीति-रिवाजों, परम्पराओं से लोक कला निरन्तर जुड़ी हुई है। इस प्रकार लोक कला और संस्कार का सम्बन्ध अटूट है।

लोक कला का मूल्यांकन लोक कला के उद्देश्यों जैसे—आनुष्ठानिकता, आलंकारिकता, मनोरंजनात्मकता तथा शोभात दर्शनीयता से प्रस्फुटित होता है। इन्हीं भावनाओं के कारण ही कलाकार ने रहने के लिए घर बनाया, उसे सजाया तथा विभिन्न प्रकार की सुख-सुविधा की वस्तुओं का निर्माण किया। परम्परागत प्रवृत्ति के कारण ही लोक कला आज तक फलती-फूलती तथा पल्लवित होती रही है। कलाकार अपनी रुचि, उत्साह एवं मनोबल से कुरूप दिखने वाली वस्तुओं को सुन्दर तथा आकर्षक बना लेता है। इसीलिए वह कुछ नये तथ्यों का अन्वेषण कर अपनी कृति में उसका समावेश करता है। ऐसी कृति से उसे आत्मिक सन्तोष तथा आनन्द तो प्राप्त होता ही है, साथ-साथ दर्शनार्थियों को भी आनन्द की प्राप्ति होती है। कुछ क्षण के लिए वे भी उसी रंग में रँग जाते हैं।

कलाकार समाज में रहने वाला एक सामाजिक प्राणी है, क्योंकि उसे अपनी कलाकृति के लिए समाज से ही प्रेरणा, सान्त्वना एवं सम्मान प्राप्त होता है जिसका वह आकांक्षी है। समाज के विभिन्न रूपों का चित्रण कलाकार अपनी भावनाओं एवं मनोवेगों के सम्मिश्रण से करता है और तब उसकी कला स्वान्तः सुखाय होती है। परन्तु उस कृति में जब समाज की परछाईं परिलक्षित होती है और समाज उससे लाभान्वित होता है, तब वह कला परान्तः सुखाय बन जाती है।

अयोध्या क्षेत्र का नाम भी लोक कला के साथ पूर्णरूपेण जुड़ा हुआ है, जिसका वर्णन हमें वाल्मीकि तथा तुलसी के ग्रन्थों में मिलता है। अयोध्या नगरी विभिन्न नामों से विभूषित रही। अयोध्या का नाम कौशल भी है, क्योंकि रामचरितमानस में राजा दशरथ को कोशलेश कहा गया है जैसा कि निम्नलिखित चौपाई से ज्ञात होता है—

"कोसलेस दशरथ के जाये, हम पितु बचन मान बन आये।"

अयोध्या को अवध भी कहते हैं। यह अवध मुग़लों, नवाबों की राजधानी भी रही, इसके अलावा अयोध्या का वर्णन चीनी यात्री ह्वेनसांग ने भी किया है। उसने अयोध्या को बौद्ध देवी-देवताओं तथा राम प्रतिमाओं से सुशोभित लिखा है। अयोध्या पवित्र-पावन सरयू नदी के तट पर आज भी बसी है। अयोध्या भारत की सात पुरियों में से एक है। ऋषि वाल्मीकि ने अपनी रामायण में अयोध्या को अमरावती के नाम से सम्बोधित कर उसकी तुलना इन्द्र की नगरी स्वर्ग से की है, जिसे आदिराज मनु से बसाया था। अयोध्या का एक नाम साकेत भी है। वर्तमान में साकेत महाविद्यालय, साकेत दुग्ध डेरी आदि इसी साकेत (अयोध्या) को दिग्दर्शित करते हैं। अयोध्या पुरुषोत्तम राम की जन्मस्थली एवं राजधानी भी रही है।

मत्स्य पुराण के अनुसार अयोध्या का आकार मछली के समान है। अन्य पुराणों के अनुसार इसकी लम्बाई-चौड़ाई से अधिक है और इसके उत्तर में सरयू नदी बहती है। यथास्थिति वर्तमान में भी है। आजकल अयोध्या की सीमा का निर्धारण अयोध्या नगर पालिका क्षेत्र के अनुसार ज्ञात होता है। जन-साधारण में इसकी सीमा पाँच कोसी परिक्रमा द्वारा निर्धारित की जाती है।

यहाँ की मूर्तियों का वर्णन तो किया ही नहीं जा सकता। राम एवं सीता सहित अन्य देवी-देवताओं की मूर्तियों के आकर्षण से कुछ क्षण के लिए परमानन्द की अनुभूति होती है। मूर्तियों में पशु, पक्षी, राजा-महाराजा एवं महात्माओं आदि की मूर्तियाँ भी शोभायमान हैं। उदाहरणस्वरूप—अमवा के तथा राजसदन के राजा और रानी की मूर्ति। गोस्वामी तुलसीदास ने अपनी कृतियों में अयोध्या की लोक कला का वर्णन अनेकों स्थान पर किया है। लोक चित्रकला में मांगलिक कलश, गोदना, चौक पूरना, आरती थाल सजाना, बन्दनवार की सुन्दरता, छापा-तिलक एवं चन्दन लगाना, भूतकाल से लेकर वर्तमानकाल तक उसी गति में प्रवहमान है।

सम्पूर्ण विश्व कलामय है। इसके प्रत्येक कण में कला की झलक दिखाई पड़ती है। सभी लोक कलाएँ आदिकाल से वर्तमान तक मानव के मनोरंजन का साधन रही हैं। लोक-गीत तो जीवन में रसानुभूति उत्पन्न करने वाले एवं मानसिक वेदनाओं को स्वर रूप में व्यक्त करने का माध्यम रहे हैं। प्रतिदिन अपने इष्टदेव को रिझाने एवं वन्दना रूप में गाये जाने वाले भक्ति-भाव गीत, पर्वों, उत्सवों, अनुष्ठानों पर गाये जाने वाले गीत और ऋतु गीत आदि यहाँ के लोक-गीतों के प्रकार हैं। इन समस्त गीतों में राम के चरित्र एवं यश का गुणगान रहता है। इसके अतिरिक्त रामचरितमानस की लययुक्त चौपाइयाँ तथा दोहे, गीतावली के पद्य, रामलला नहछू के मांगलिक गीत भी भाव-विभोर कर देते हैं। लोक-गीतों में सोहर, बधाई गीत, कजरी, फाग, बिरहा, आल्हा, चैता आदि का अलग स्थान है। ये लोक-गीत बड़े ही

मर्मस्पर्शी होते हैं। इन गीतों में लोक जीवन की झाँकी भी दिखाई देती है। इनकी परम्परा आज भी नारियों तथा ग्रामीण जीवन में पूर्णतः सुरक्षित है। इनके साथ संगत देने वाले लोक वाद्य यन्त्र ढोलक, झाँझ, मंजीरा, करताल आदि के मधुर एवं लययुक्त स्वर मन को आह्लादित कर देते हैं। राम विवाह पर गाये जाने वाले विवाह गीत, कलेवा गीत एवं गारी की अपनी अलग विशेषता है। ऊपर लिखे लोक-गीत लोक वाद्य यन्त्रों के साथ सम्मिलित स्वर में गाये जाते हैं।

लोक नृत्य कला व्यक्तिगत एवं सामूहिक क्रिया के सौन्दर्य का प्रतीक है। भक्त द्वारा भगवान को रिझाने एवं अपने हाव-भाव को दूसरों तक पहुँचाने में ही लोक नृत्यक आनन्दानुभूति एवं सन्तुष्टि प्राप्त करता है। इन लोक नृत्यों में विभिन्न जातियों द्वारा नाचे जाने वाले नृत्य जैसे—अहीर नृत्य, चमरवा नृत्य, धोबिया नृत्य, कहरवा नृत्य एवं कथक नृत्य आदि आते हैं। इनका अपना अलग पहनावा होता है एवं संगीत की तान भी अलग होती है। इन नृत्यों में ग्रामीण लोक जीवन की झाँकी अधिक दर्शायी जाती है। अयोध्या के सावन के मेले में अधिकांश मन्दिरों में नाचे जाने वाले कथक नृत्य की अपनी अलग परम्परा है। नाट्य कला के रूप में अयोध्या की रामलीला अपना विशेष स्थान रखती है। अयोध्या राम जन्मस्थली है इसलिए राम के चरित्रों एवं कथानकों का प्रदर्शन नाटक रूप में क्वार के शुक्ल पक्ष में दर्शाया जाता है। लोगों का कहना है कि रामलीला का उत्पत्ति स्थान अयोध्या ही है, क्योंकि अयोध्या से ही रामलीला की प्रथा का शुभारम्भ हुआ है। इन नाट्य कलाओं के कथानक वाल्मीकि रामायण तथा तुलसी कृत रामचरितमानस एवं गीतावली से लिए जाते हैं। रामलीला का मंचन रंगमंच एवं मैदान दोनों स्थानों पर किया जाता है। रामलीला में भरत मिलाप एवं राम राज्याभिषेक का अपना अलग ही महत्त्व है।

अयोध्या के मन्दिर, भवन एवं अखाड़े आदि की दीवारें, खम्भे, तथा छत के निचले भाग सभी तो चित्रकारी से परिपूर्ण हैं। चित्रकला के साथ-साथ इनकी बनावट, भव्यता, नक्काशी आदि वास्तुकला के उदाहरण हैं। दैनिक जीवन भी लोक चित्रकला से अछूता नहीं है। धार्मिक पुट के कारण छापा-तिलक एवं वेदी के निर्माण में चित्रकला पूर्णरूपेण घुली-मिली है।

चित्रकला के अतिरिक्त मूर्तिकला के रूप में विभिन्न प्रकार के मिट्टी के खिलौने, लक्ष्मी-गणेश की हाथों से बनी मूर्तियाँ, मातृकाएँ एवं शक्तियों की उपासना स्वरूप मिट्टी के पिण्ड 'जिन्हें ग्राम्य देवता, कुल देवता एवं डिवहारी बाबा के नाम से भी जाना जाता है। जगह-जगह चौराहों पर, घर के द्वार के सामने की भूमि पर ये दृष्टिगत होते हैं। 'घरौंदा' जो बच्चों का घर कहलाता है उसकी रंगीन छवि तो

दीपोत्सव के समय प्रत्येक घर में दिखाई देती है। तीर्थस्थान होने के कारण यज्ञकुण्ड की कला अपना विशेष स्थान रखती है।

अयोध्या की लोक चित्रकला में भित्ति एवं भूमि चित्र संस्कारों, पर्वों एवं त्योहारों पर विशेष रूप से निर्मित किये जाते हैं। इन चित्रों के निर्माण में सुख-समृद्धि के साथ-साथ राष्ट्र, समाज एवं परिवार की मंगलकामना का भाव भी निहित होता है। लोकचित्रों में गोबर का विशेष रूप से प्रयोग होता है। अधिकतर भूमि चित्रण तथा भित्ति चित्रण गाय के गोबर से लीपकर (स्थान को शुद्ध कर) किये जाते हैं, जैसे—कोहबर, चौक पूरना आदि। मातृकाएँ, गौरी, उपले, पीड़ियाँ, गोवर्धन, नाग-नागिन, साँझी के चित्र आदि तो गोबर द्वारा ही निर्मित किये जाते हैं। इसके अतिरिक्त चित्रण सामग्री में चावल का आटा, रोली, हल्दी, चन्दन, तिल आदि भी आते हैं। अयोध्या प्राचीन धार्मिक एवं सांस्कृतिक केन्द्र माना गया है। यहाँ पर चारों वर्णों के त्योहारों को सभी लोग मिल-जुलकर मनाते हैं। इन सभी त्योहारों पर अयोध्या की गलियों, चौराहों, मन्दिरों, भवनों एवं अखाड़ों की शोभा देखने योग्य होती है। रक्षाबन्धन में ब्राह्मण (पुरोहित) अपने यजमान की रक्षा के लिए मंगल धागा बाँधते हैं तथा बहन अपने भाई को रक्षा सूत्र बाँधकर जयी (जव का सुकमार पीले रंग का पौधा) उसके कानों पर उसकी सुख-समृद्धि एवं फलने-फूलने के लिए रखती है।

दशहरा की धूमधाम तो अयोध्या क्षेत्र में जगमगाहट एवं रौनक उत्पन्न कर देती है। कई स्थानों पर राम लीलाएँ नाट्य रूप में प्रस्तुत की जाती हैं। अयोध्या तो रामलीला के शुभारम्भ का केन्द्र स्थान है ही। यहाँ पर रामायण एवं रामचरितमानस की चौपाइयों, दोहों, तथा गीतावली और रामलला नहछू के पदों में वाद-संवाद बोले जाते हैं जिनके साथ-साथ लोक वाद्य यन्त्र भी बजते रहते हैं। मनोरंजन के लिए बीच-बीच में लोक-नृत्य, लोक-गीत एवं विदूषक का भी समावेश रहता है। रामलीला के साथ-साथ यहाँ पर दुर्गा पूजा का भी प्रचलन है। भरत मिलाप तथा राज्याभिषेक भी दर्शाये जाते हैं।

अयोध्या क्षेत्र का तीसरा बड़ा त्योहार दीपावली है। कहा जाता है कि इसी दिन भगवान राम रावण का वध करके अयोध्या वापस आये थे। चौदह वर्ष के उपरान्त पुनः अयोध्या वापस आने पर उनके स्वागत के लिए पूरी नगरी को दुल्हन की भाँति दीपकों से सजाया गया था, तभी से दीपावली मनाने की प्रथा है। दीपावली के एक दिन पूर्व हनुमान जयन्ती, हनुमान गढ़ी पर मनाया जाने वाला विशेष पर्व है। इसलिए इस क्षेत्र में दीपावली के दिन लक्ष्मी-गणेश के मूर्ति पूजन के साथ-साथ हनुमान की मूर्ति की भी पूजा होती है। दीपोत्सव के दूसरे दिन अन्नकूट (गोवर्धन) की पूजा होती है। सभी मन्दिरों में छप्पन प्रकार के व्यंजनों द्वारा देवी-देवताओं का

भोग लगाया जाता है। इस दिन अन्नपूर्णा देवी की विशेष रूप से पूजा होती है और प्रसाद वितरण किया जाता है।

होली पर गाये जाने वाले फाग, लोक-गीत एवं जोगीरा नृत्य की अपनी अलग ही विशेषता है। फाग गीत के साथ-साथ सूखे रंग (अबीर, गुलाल) एवं तरल रंगों को प्रसन्नतापूर्वक एक-दूसरे पर डालकर होलिकोत्सव मनाते हैं।

प्रत्येक त्योहार, पर्व एवं स्थान आदि के अपने लोक-गीत एवं लोक-कथाएँ हैं जिनका इन अवसरों पर श्रवण आवश्यक है तथा उनमें बताये गये नियमों का पालन भी किया जाता है। सामाजिक उत्सव जो जन्म से लेकर मृत्युपर्यन्त तक मनाये जाते हैं, उनके रूढ़िग्रस्त रीति-रिवाज एवं परम्पराएँ भी होती हैं जिनका पूर्णतया पालन करना ही सामाजिक कार्य एवं कर्तव्य है। कुछ रीति-रिवाज एवं परम्पराएँ व्यक्तिगत रूप में अपने परिवार में ही मनाये जाते हैं तथा कुछ समाज में सामूहिक रूप में मनाये जाते हैं। इन सभी लोकनीतियों से लोक घनिष्ठ रूप से सम्बन्धित है। यहाँ के सामाजिक एवं धार्मिक उत्सवों में रामजन्म, राम विवाह, झूलनोत्सव, हनुमान जयन्ती, परिक्रमा, शिवरात्रि विशेष हैं। इसके अतिरिक्त अन्य उत्सव भी पूर्ण तत्परता एवं आनन्द के साथ मनाये जाते हैं।

लोक कला में प्रतीक भी अपना महत्त्व रखता है जो प्रतिदिन के क्रियाकलापों, मन्त्र, यन्त्र-तन्त्र में दिखाई देती है। गौरी-गणेश के रूप में गोबर एवं सुपारी (साबुत) का प्रयोग, भोज-पत्र पर तन्त्र बनाकर उसे अभिमन्त्रित करना, झाड़-फूँक आदि है। ध्वजाओं के चित्र, मातृकाओं के लिए गोबर की पीड़ियाँ, ध्वजाओं के चिह्न, पताकाएँ, छापा-तिलक अपने स्थान एवं सम्प्रदाय विशेष का परिचय देते हैं।

लोक कला में धार्मिकता, सामाजिकता एवं नैसर्गिकता पूर्णरूपेण समाहित है। मानव प्रत्येक कार्य धर्म के लिए, धर्म से प्रेरित होकर आत्मा की सन्तुष्टि के लिए करता है। प्रकृति पूजा उसके जीवन का अंग है इसलिए क्षिति, जल, पावक, गगन एवं समीर की पूजा भी वह करता है। उसकी यह धारणा है कि बिना धर्म के मनुष्य पशु सदृश्य है इसलिए लोकजीवन धर्ममय है जो प्रतिदिन की दिनचर्या, पर्व, उत्सव आदि में पूर्ण रूप से विलीन है।

लोक कला से शिक्षा—लोक कला से जो शिक्षा मिलती है वह ललित कला के लिए सर्वदा प्रेरक न भी हो फिर भी वह देश की व्यापारिक प्रचनाओं की उन्नति के लिए हानिकारक नहीं समझी जा सकती। रंग-बिरंगी आकर्षक लोक कला इस प्रकार व्यापारिक कला में आत्मसात् की जा सकती है। लोक कला और ललित कला के बीच प्रतिद्वन्द्विता का कोई प्रश्न नहीं उठता, क्योंकि लोक कला सदा अपने दायरे में अनुभवहीन ग्रामीणों की आवश्यकताओं को पूरा करती रहेगी और ललित

कला एक सौन्दर्य की वस्तु है जो अतिसौम्य कला, ज्ञान गर्भित विशिष्ट मानव के आनन्द का साधन है।

लोक कला का उद्देश्य—इसका उद्देश्य जनता के मानसिक जगत् में रसोद्रेक करके उसकी भावनाओं को झकझोरकर, उसके मनोरंजन की सामग्री प्रस्तुत करना है। इसका उद्देश्य किसी सामयिक मर्यादा या आदर्श की स्थापना नहीं वरन् लोक जीवन की वास्तविकता का सही चित्रांकन करना है। इसके अतिरिक्त उसका उद्देश्य जनकल्याण, राष्ट्रजागरण, सुख-समृद्धि एवं वैभव प्रदान करना भी है। इनका विकास अपनी भिन्न-भिन्न परम्पराओं के आधार पर हुआ है।

लोक कला का योगदान—हमारी परम्परागत लोक रुचियों को जीवित रखने के लिए भारत के विभिन्न प्रदेशों में लोक कला ने जो कार्य किया, विज्ञान और दर्शन की दृष्टि से उसकी तुलना नहीं की जा सकती। लोक कलाकारों जिनमें नारी की प्रमुखता रही, धरती के प्रति, परिवार के प्रति एवं समाज के प्रति अपनी पवित्र निष्ठा को अपने हृदय की अजस्र रसधारा द्वारा अभिसिंचित करके कुछ ऐसी सहज, सुन्दर, कलाकृतियाँ हमें दीं जो हमारे राष्ट्र की सम्पूर्ण चेतना को आह्लादित करती हैं लोककृतियों के विभिन्न नाम होते हुए भी उन सब में एक जैसा आह्लाद और आत्मीयता विद्यमान है। इनके भीतर हमारे देश, समाज एवं परिवार की आत्मा बोलती रहती है।

वर्तमान में लोक कला के योगदान के कारण ही मानव अपने दैनिक जीवन में उसका उपयोग कर रहा है, जैसे—कपड़ों में, बर्तनों में, घर की सजावट आदि में। लोक कला के द्वारा ही राष्ट्र एवं स्थान विशेष की सांस्कृतिक एकता का आभास मिलता है। इस प्रकार हम कह सकते हैं कि लोक कला का अपना राष्ट्रीय महत्त्व भी है। वस्तुतः सांस्कृतिक एकता और राष्ट्रीय महत्त्व के कारण ऐसा प्रतीत होता है कि लोक कला विशाल सागर के समान गम्भीर और किसी ओर-छोर से विमुक्त है।

सन्दर्भ

1. भारतीय कला को बिहार की देन, विन्ध्येश्वरी प्रसाद सिंह पृ.।
2. दैनिक जागरण (समाचार पत्र), 10 जुलाई 1989
3. वही, 14 अगस्त 1989
4. उत्तर प्रदेश के लोकगीत, सूचना एवं जन सम्पर्क विभाग।
5. संगीत एवं लाक-नाट्य परम्परा।

सहायक ग्रन्थ सूची

लेखक का नाम	पुस्तक का नाम
1. श्री अवधवासी लाल	अयोध्या का इतिहास
2. श्री असित कुमार हालदार	भारतीय चित्रकला का इतिहास
3. श्री अमल चन्द्र चटर्जी	कोशलवाणी
4. डॉ. श्रीमती इन्दुमती मिश्रा	प्रतिमा विज्ञान
5. श्री ईश्वर चन्द्र विद्यासागर	कुमाऊँ की लोक चित्रकला
6. डॉ. श्री उमेश मिश्रा	लीला गोदन वर्ग जाति लेख
7. डॉ. श्री कृष्णदेव उपाध्याय	लोक-साहित्य की भूमिका
8. डॉ. श्रीकृष्णदेव उपाध्याय	लोक संस्कृति
9. डॉ. श्रीकृष्णदेव उपाध्याय	लोक-साहित्य की भूमिका
10. श्री कपिल तिवारी (सम्पादक)	चौमासा पत्रिका
11. श्रीमती कुसुमदास	भारतीय कला परिचय
12. श्री कुमारिल स्वामी	भारतीय कला और कलाकार
13. डॉ. श्री कान्तिचन्द्र पाण्डेय	स्वतन्त्र कला शास्त्र
14. श्री गोपाल मधुकर चतुर्वेदी	भारतीय चित्रकला
15. डॉ. श्री गिरिराज किशोर अग्रवाल	कला समीक्षा
16. डॉ. श्री गिरिराज किशोर अग्रवाल	कला निबन्ध
17. डॉ. श्री चिरंजी लाल झा	कला में मूल तत्त्व
18. डॉ. श्री चिरंजी लाल झा	कला एक मीमांसा
19. श्री जनार्दन मिश्रा	भारत में प्रतीकं विद्या
20. श्री जिनदास जैन	भारतीय चित्रकला का आलोचनात्मक अध्ययन
21. पं. श्री जवाहरलाल नेहरू	लोक-कथा परिचय
22. पं. श्री देवदत्त शास्त्री	तन्त्र सिद्धान्त और साधना

23.	डॉ. श्री दिनेश्वर प्रसाद	लोक-साहित्य एवं लोक संस्कृति
24.	डॉ. श्री द्विजेन्द्र नाथ शुक्ल	राजनिवेश एवं राजसी कलाएँ
25.	श्री नलिन विलोचन शर्मा	लोक गाथा परिचय
26.	श्री निहार रंजन राय	भारतीय कला के आयाम
27.	श्री नगीना सिंह	अयोध्या का राजवंश
28.	श्री नरेन्द्र नीरव	भारतीय चित्रकला एवं उसके वनवासियों की लोक-कथाएँ
29.	श्रीमती पद्मा अग्रवाल	प्रतीकवाद
30.	श्री परिपूर्णानन्द वर्मा	प्रतीक शास्त्र
31.	श्री पुरुषोत्तम दास शर्मा	भाषा लोक शास्त्र
32.	श्री प्रभाशंकर पाण्डेय	भारतीय कला एवं संस्कृति में प्रतीकवाद
33.	डॉ. श्री ब्रजभूषण पालीवाल	कला के सिद्धान्त
34.	श्री विहारी लाल वर्मा	भारत में प्रतीक पूजा का आरम्भ एवं विकास
35.	श्री बुद्ध सिंह प्रकाश	भारतीय धर्म एवं संस्कृति
36.	श्री बाबूराम सक्सेना	अवधी का विकास
37.	श्री ब्रह्मचारी भगीरथन	अयोध्या दर्पण
38.	बाबू गुलाबराय	भारतीय संस्कृति की रूपरेखा
39.	श्री भगवत शरण उपाध्याय	भारतीय कला एवं संस्कृति की भूमिका
40.	डॉ. श्री भगवती प्रसाद सिंह	मनीषी की लोक यात्रा
41.	श्री भगवती शरण झा	उत्तर प्रदेश के लोक गीत
42.	श्री भाऊसमर्थ	चित्रकला एवं समाज
43.	श्री मन्मथ राय	हमारे प्राचीन लोक उत्सव
44.	श्री मार्कण्डेय	लोक कला एवं लोक-साहित्य
45.	श्री मुकेश गुप्ता	मेहँदी के रंग
46.	डॉ. श्री मोती चन्द	प्राचीन भारतीय वेशभूषा
47.	श्री राजबली पाण्डेय	हिन्दू संस्कार
48.	श्री रघुनन्दन प्रसाद तिवारी	भारतीय चित्रकला एवं उसके मूल तत्त्व
49.	श्री राधा कमल मुकर्जी	भारतीय कला का विकास
50.	श्री राजकिशोर सिंह	प्राचीन भारतीय कला एवं संस्कृति

51. श्री रामविलास शर्मा	लोक जीवन का साहित्य
52. श्री रामरक्षा त्रिपाठी	अयोध्या दिग्दर्शन गाइड
53. श्री रायकृष्ण दास	भारतीय मूर्तिकला
54. श्री रायकृष्ण दास	भारत की चित्रकला
55. श्री रामप्रताप त्रिपाठी	हिन्दुओं के व्रत एवं त्योहार
56. डॉ. श्री रामचन्द्र शुक्ल	कला दर्शन
57. डॉ. श्री रामचन्द्र शुक्ल	कला और आधुनिक प्रवृत्तियाँ
58. डॉ. श्री रवीन्द्र नाथ मिश्र	तन्त्र कला में प्रतीक
59. श्री विन्ध्येश्वरी प्रसाद सिंह	भारतीय कला को बिहार की देन
60. श्री वासन्ती लाल	भारतीय लोक कला
61. श्री वाचस्पति गैरोला	भारतीय चित्रकला का संक्षिप्त इतिहास
62. श्री विष्णु कुमार त्रिपाठी	नाटक के तत्त्व, सिद्धान्त व समीक्षा
63. श्री वासुदेव शरण अग्रवाल	कला और संस्कृति
64. श्री वासुदेव शरण अग्रवाल	पुराण एवं साहित्य
65. श्री विश्वनाथ प्रसाद	कला में साहित्य, प्रवृत्ति और परम्परा
66. डॉ. श्री बासुदेव शरण	प्राचीन भारतीय लोक धर्म
67. डॉ. श्रीमती विमला वर्मा	उत्तर प्रदेश की लोक कला : भूमि और भित्ति अलंकरण
68. श्री श्याम परमार	भारतीय लोक-साहित्य
69. श्री सम्पूर्णानन्द सिंह	भारतीय कला का विकास
70. श्रीमती सीता देवी	भारत की लोक-कथाएँ
71. श्रीमती सरोजनी रोहतगी	अवधी लोक-साहित्य
72. डॉ. श्रीमती सत्या गुप्ता	खड़ी बोली का लोक-साहित्य
73. श्री एस. पी. उपाध्याय	भारतीय पर्व एवं त्योहार
74. डॉ. श्री सत्येन्द्र	लोक-साहित्य प्रवेश
75. डॉ. श्री सत्येन्द्र	लोक-साहित्य विज्ञान
76. श्रीमती शची रानी गुर्टू	कला दर्शन
77. श्री हरीराम वर्मा	अवधी लोक गीत और परम्परा
78. श्री त्रिलोकी नारायण दीक्षित	अवधी और उसका साहित्य
79. डॉ. श्री त्रिलोचन पाण्डेय	लोक-साहित्य का अध्ययन
80. श्री ज्ञानचन्द्र	लोक विज्ञान

फ़ोटो एलबम

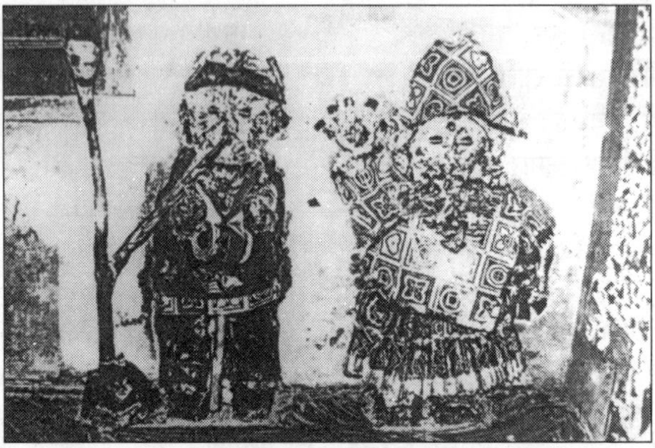

मिट्टी एवं काग़ज़ की मूर्तियाँ

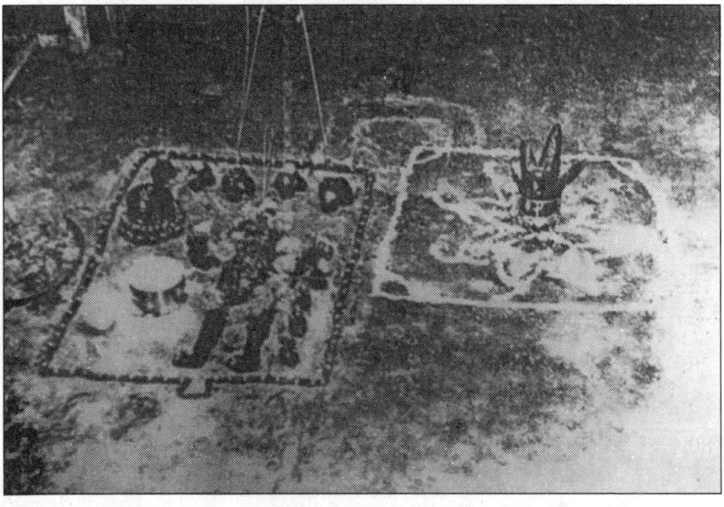

गोवर्धन (भूमि चित्रण)

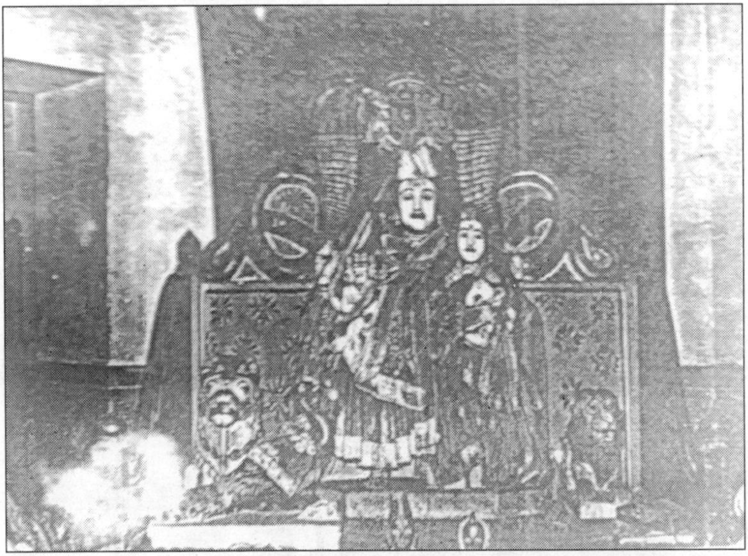

अमावा मन्दिर (नैसर्गिकता)

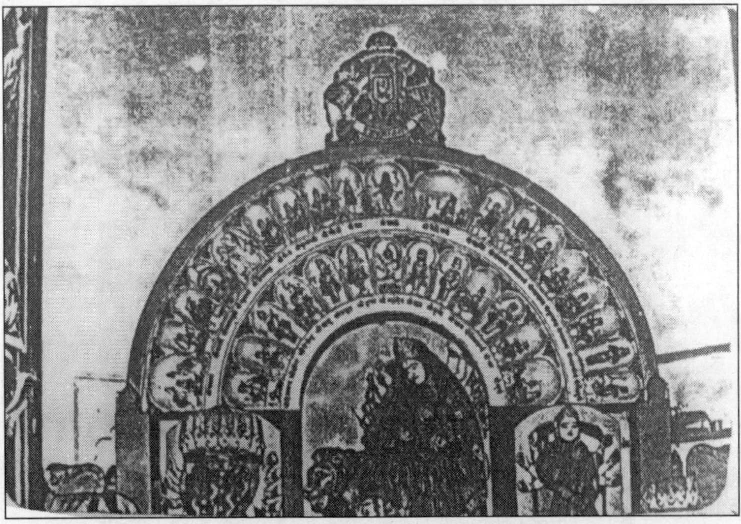

अमावा मन्दिर (देवी-देवताओं के फलक चित्र)

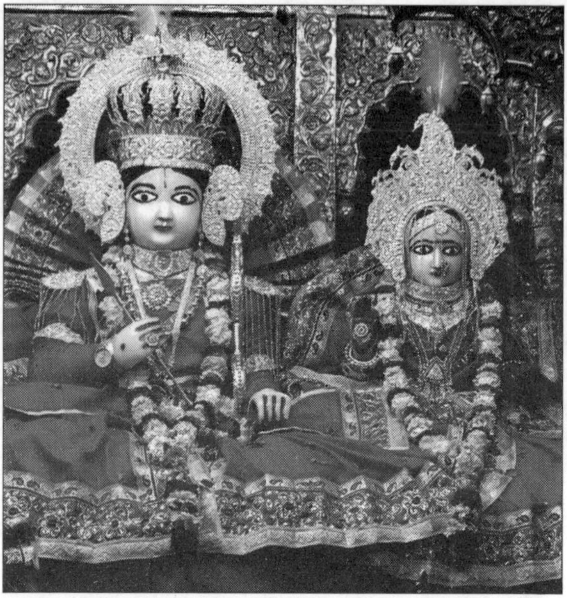

कनक भवन (मूर्ति सज्जा)

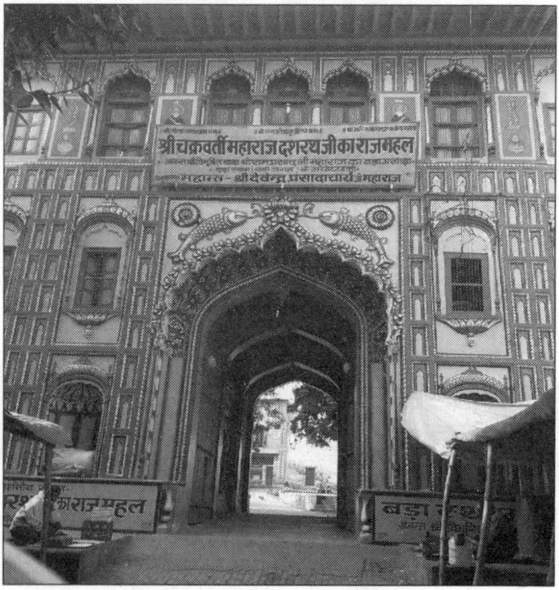

बड़ी जगह (स्थापत्य कला)

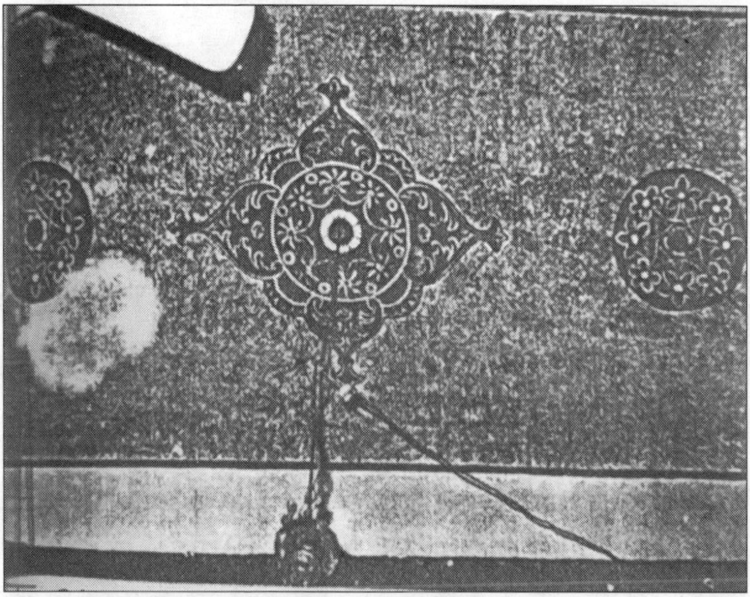

छत अलंकरण (अमावा मन्दिर)

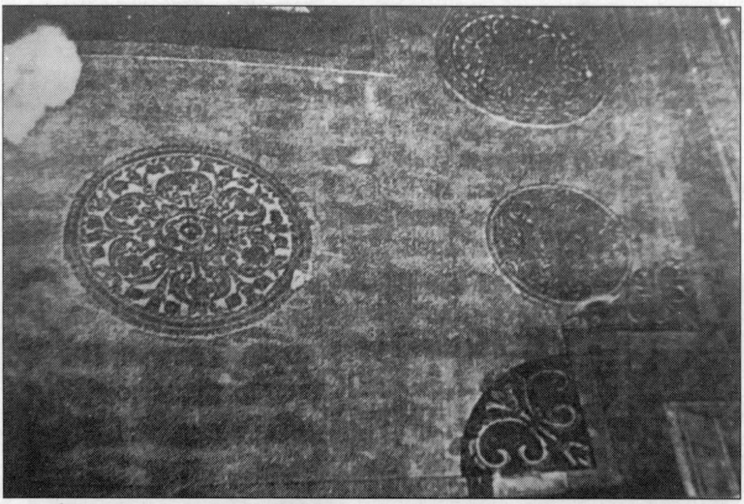

छत अलंकरण (अमावा मन्दिर)

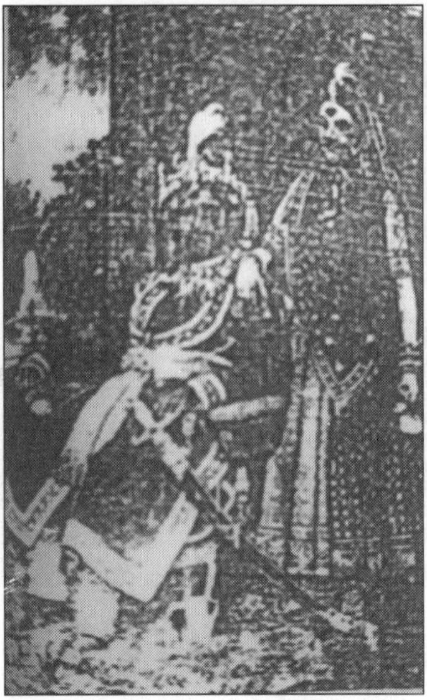

फलक चित्र (महाराजा-महारानी)

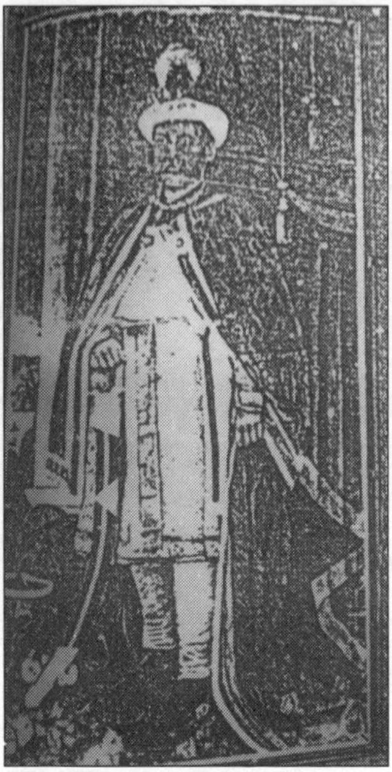

फलक चित्र (महाराजा)

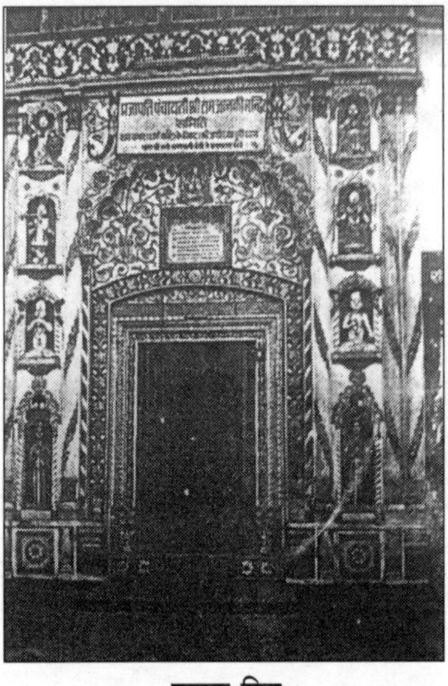

फलक चित्र

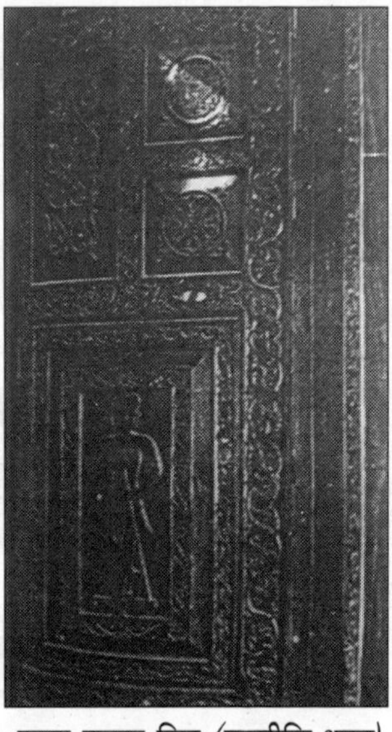

काष्ठ फलक चित्र (वाल्मीकि भवन)

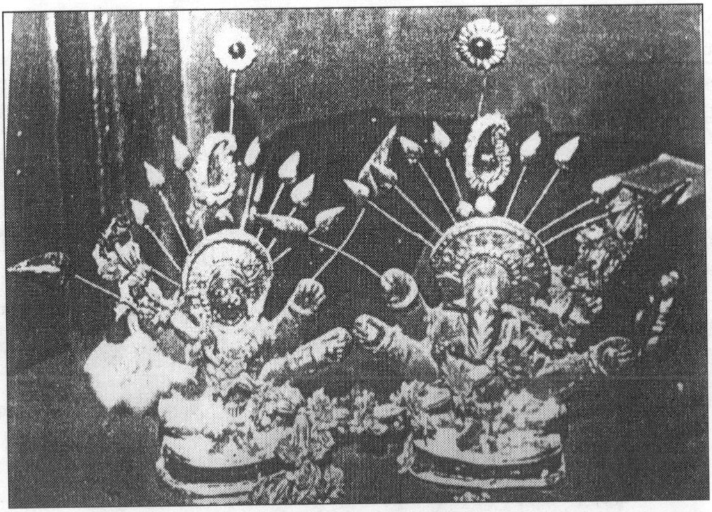

मिट्टी की मूर्ति (लक्ष्मी-गणेश)

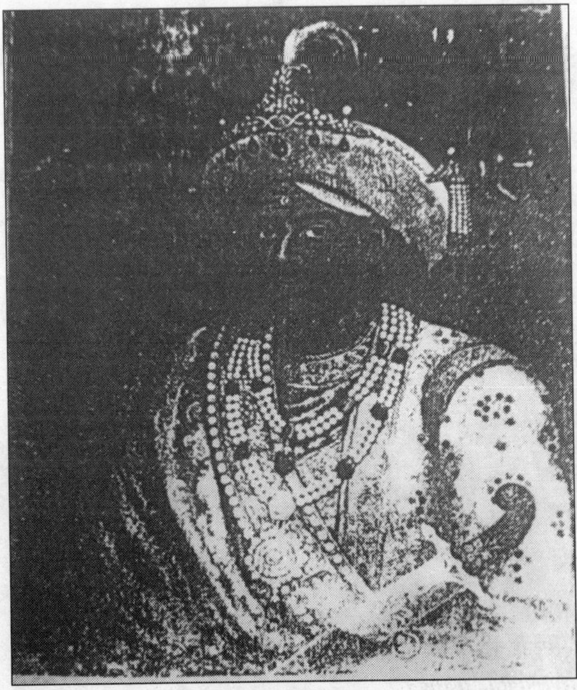

काष्ठ फलक (महाराजा)

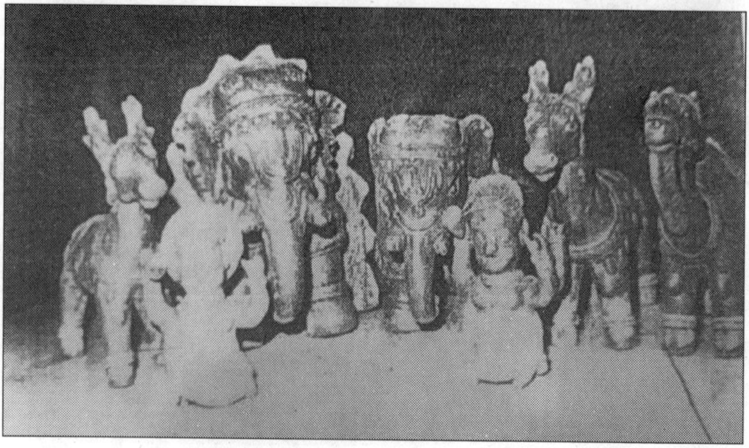

मिट्टी की मूर्तियाँ (देवी-देवता एवं पशु)

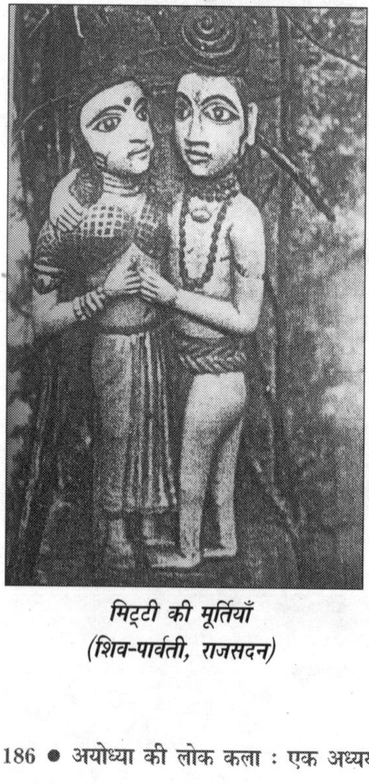

मिट्टी की मूर्तियाँ
(शिव-पार्वती, राजसदन)

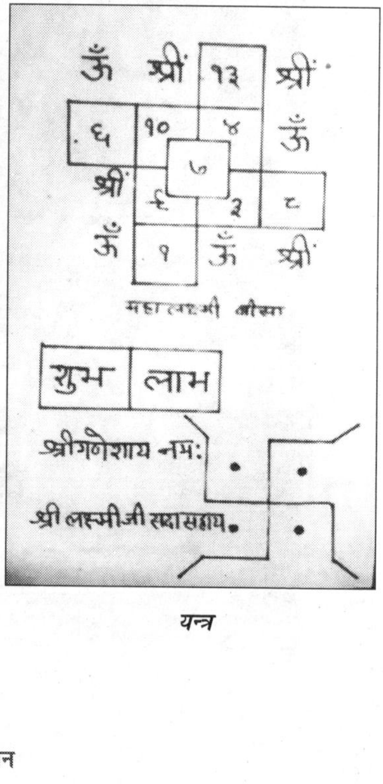

यन्त्र

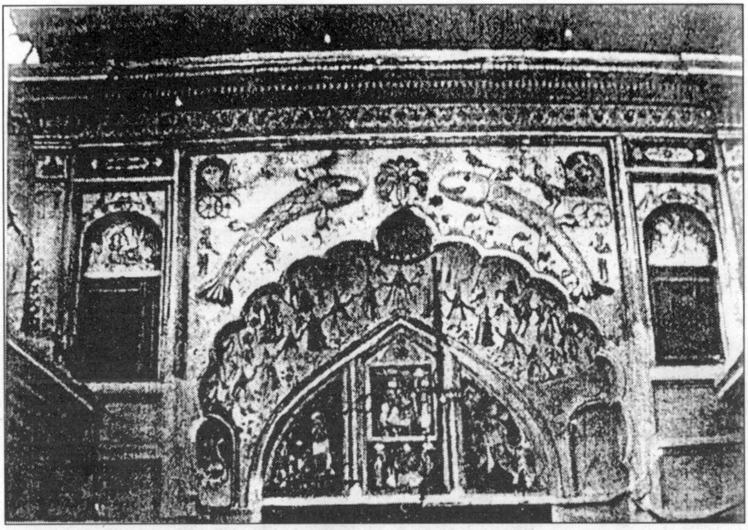

चित्रकला (रासलीला)

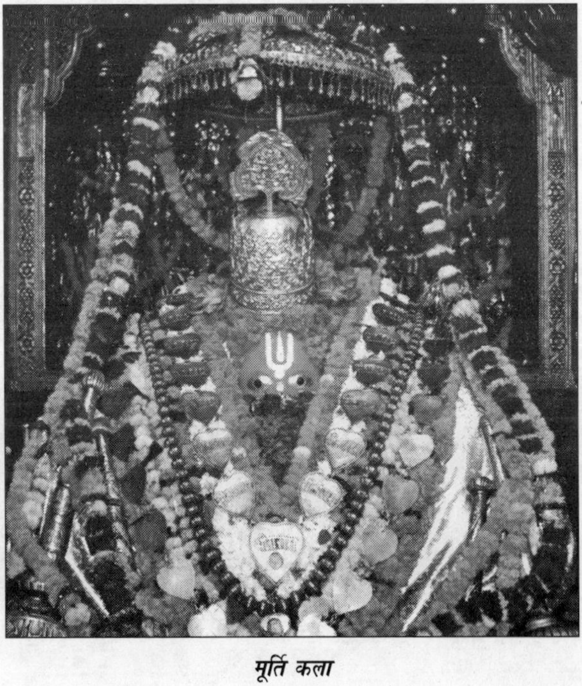

मूर्ति कला

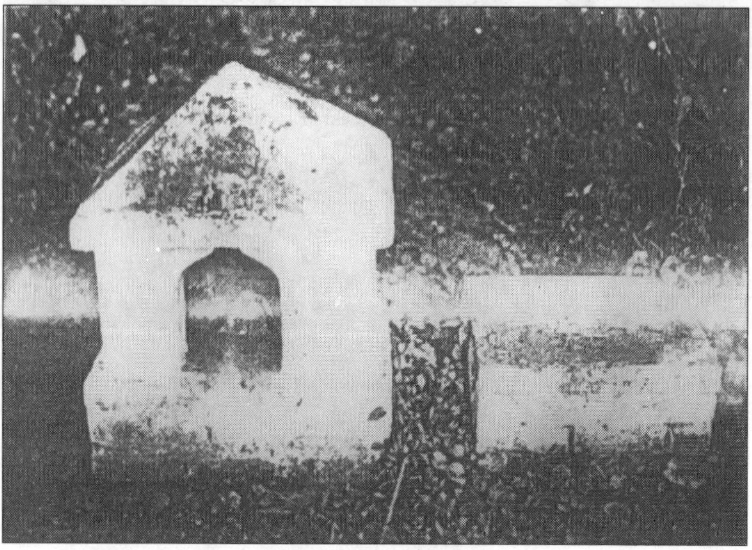

मिट्टी का पिण्ड (मूर्ति कला)

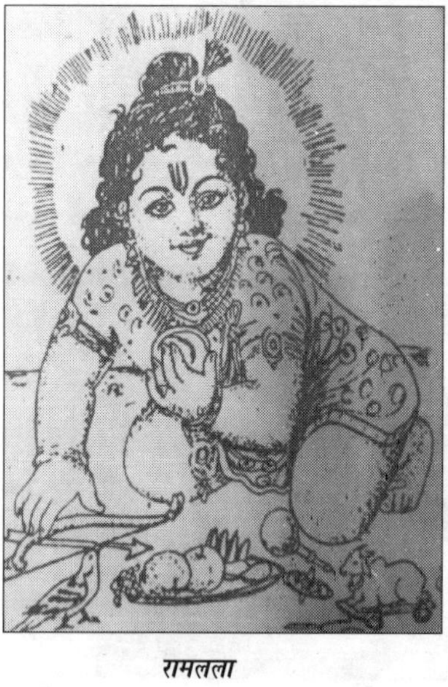

रामलला

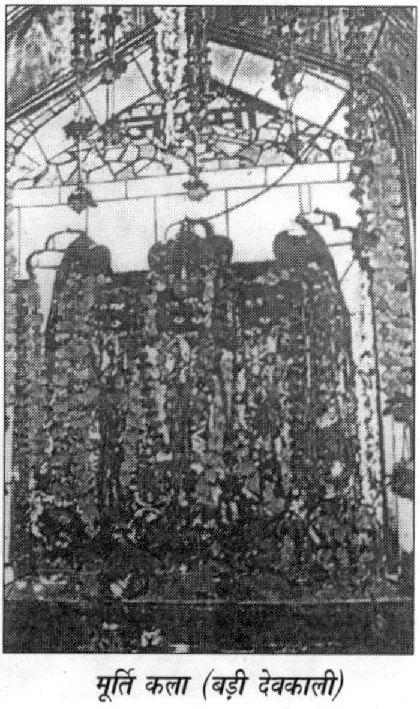

मूर्ति कला (बड़ी देवकाली)

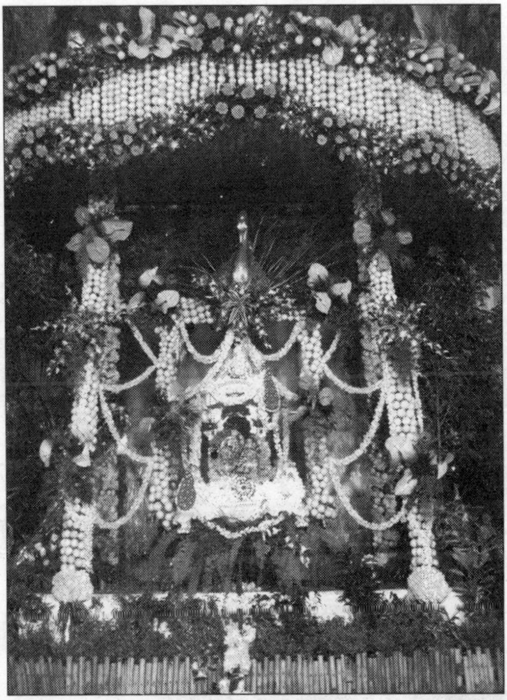

झूलनोत्सव

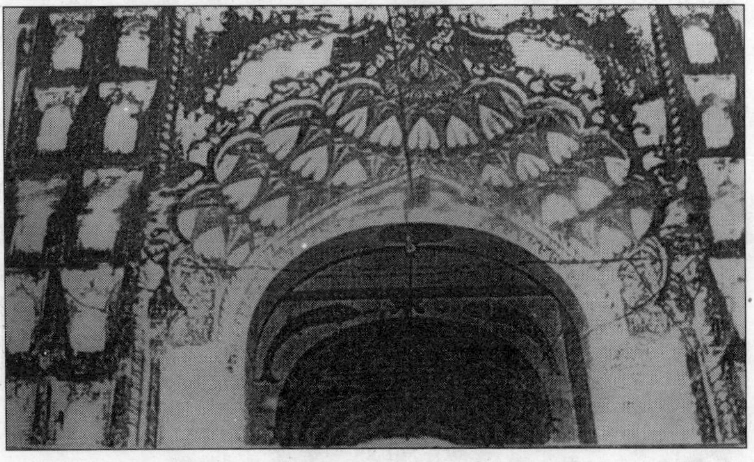

भित्ति चित्रण (गुप्तार घाट)

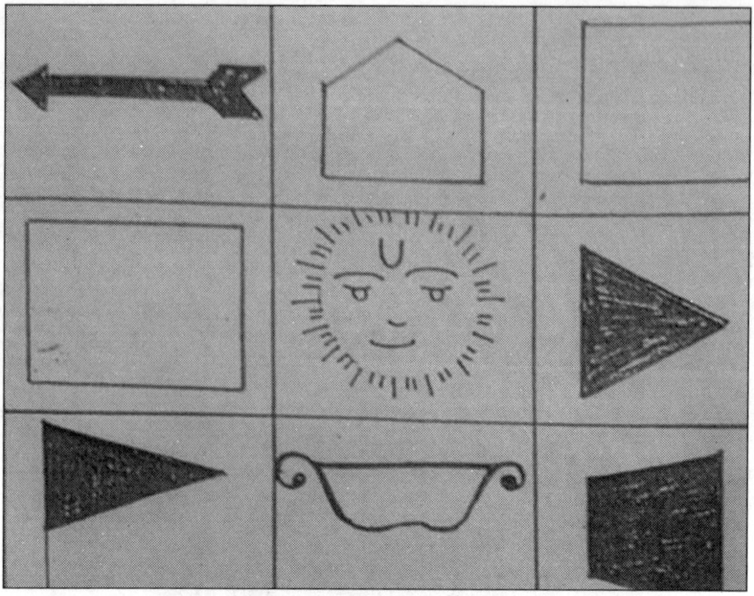

नवग्रह (वेदी बनाना)

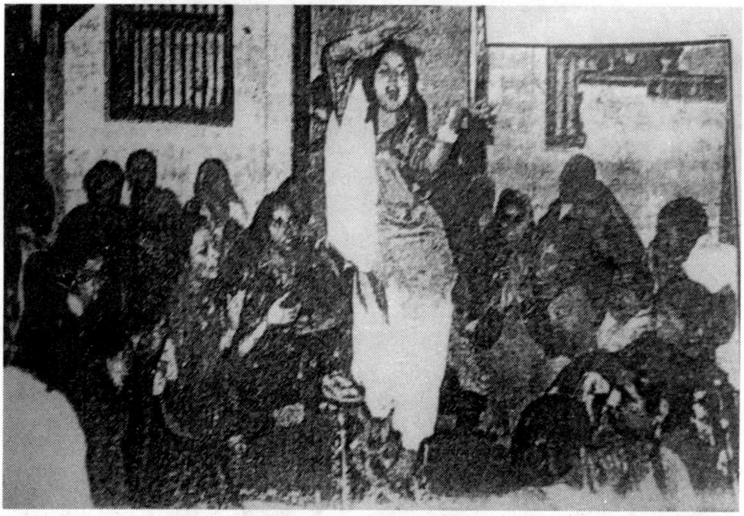

लोक गीत एवं लोक नृत्य

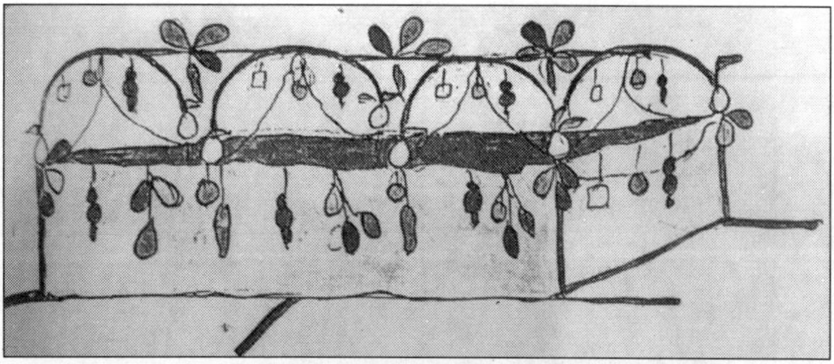

वृद्ध की अर्थी सज्जा

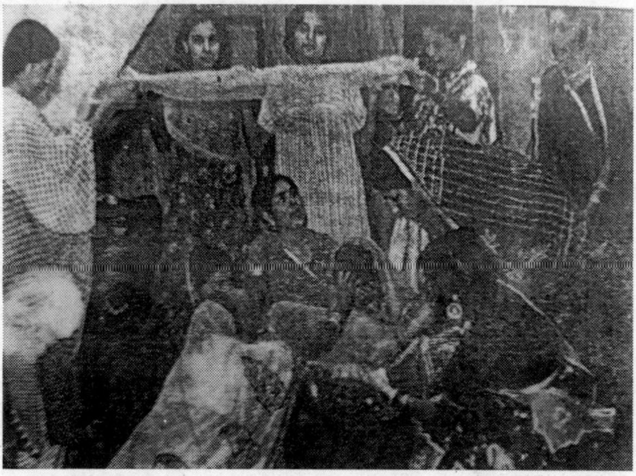

सोना धोबन का सुहाग

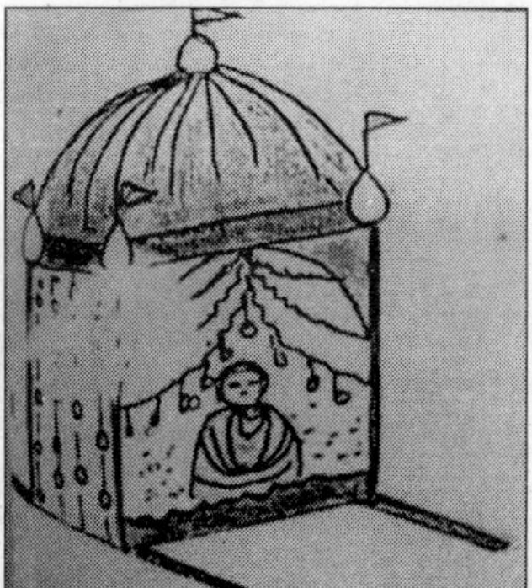

महात्मा की स्वर्गिक विमान सज्जा

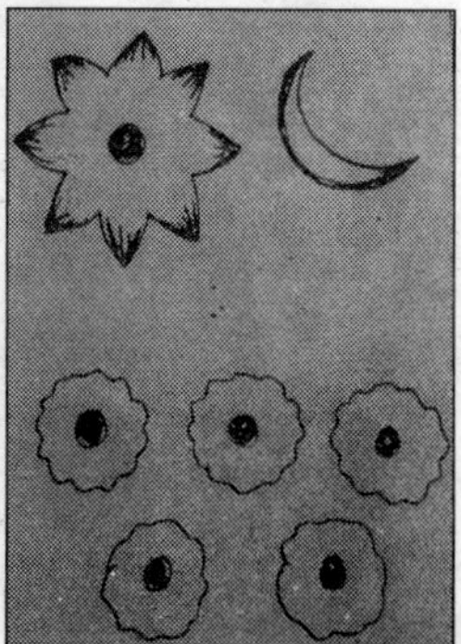

बल्ला (गोबर से निर्मित)

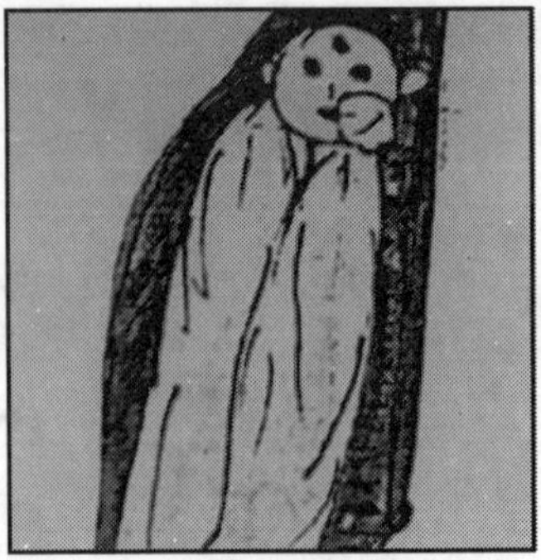

आटे की पुतली

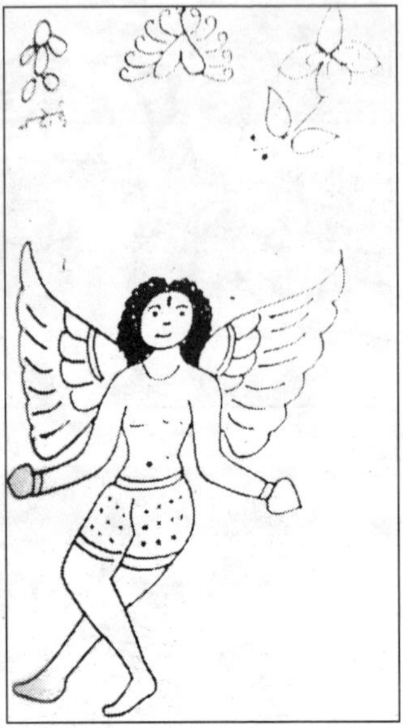

गोदना

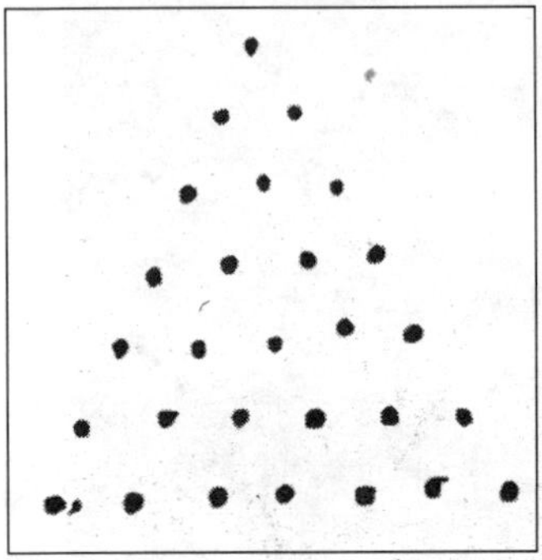

त्रिभुज

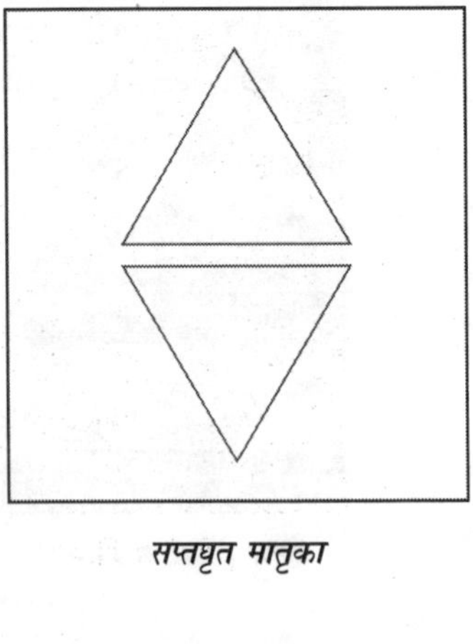

सप्तघृत मातृका

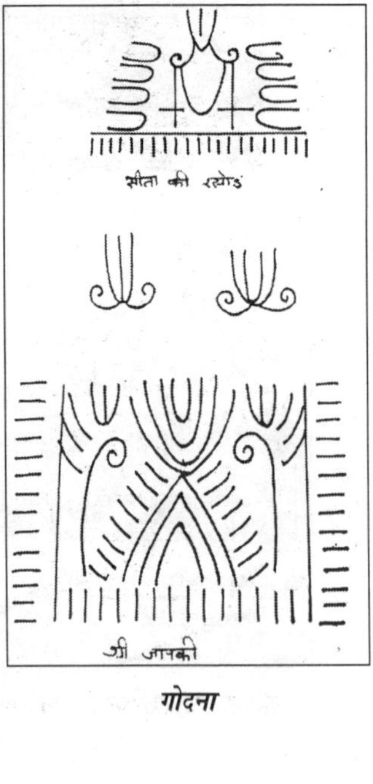

गोदना

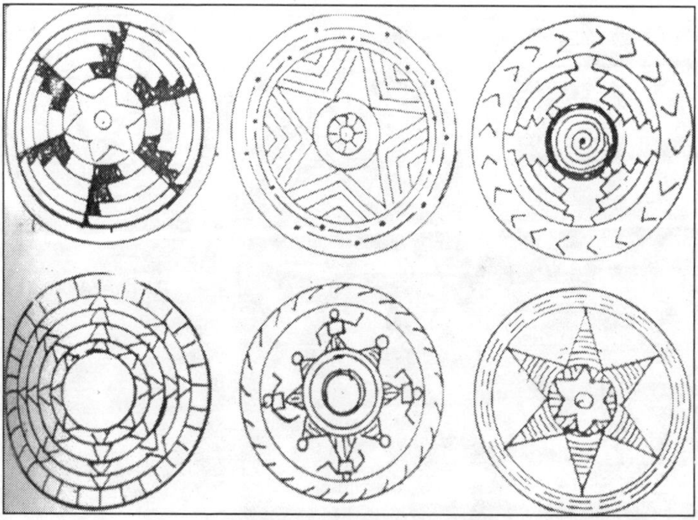

डलिया में ज्यामितीय चित्रण

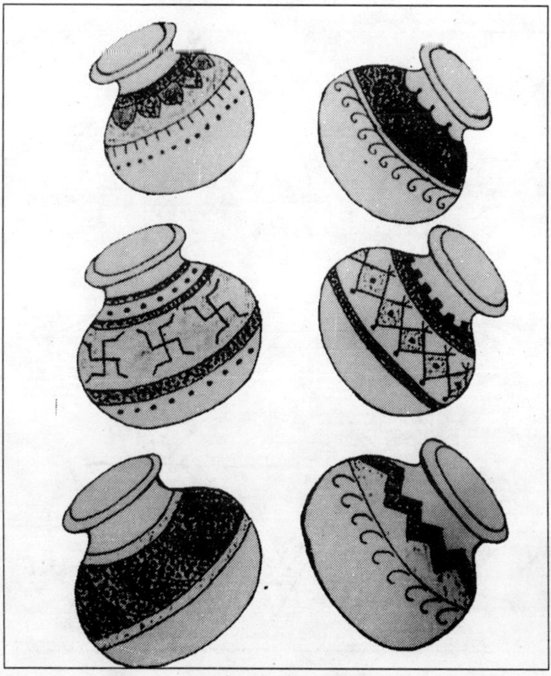

मांगलिक कलश चित्रण

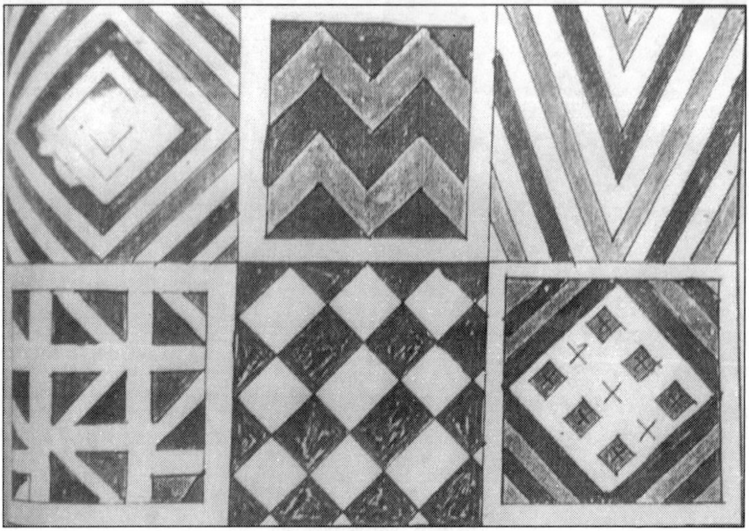

पंखे में ज्यामितीय चित्रण

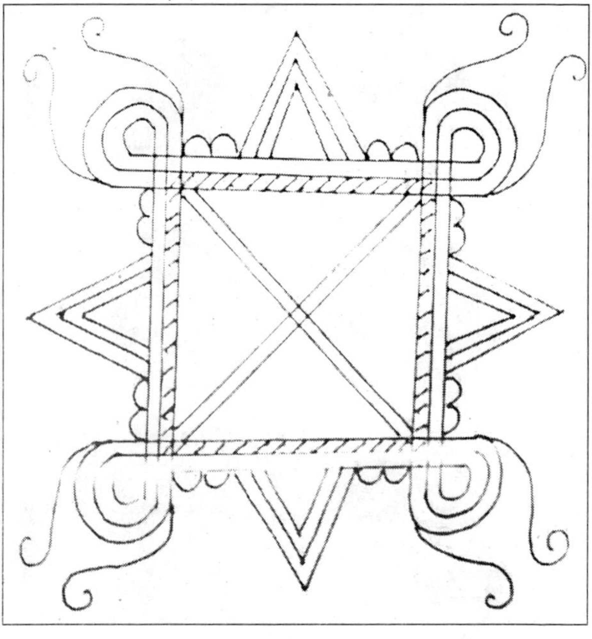

भ ूमि चित्रण

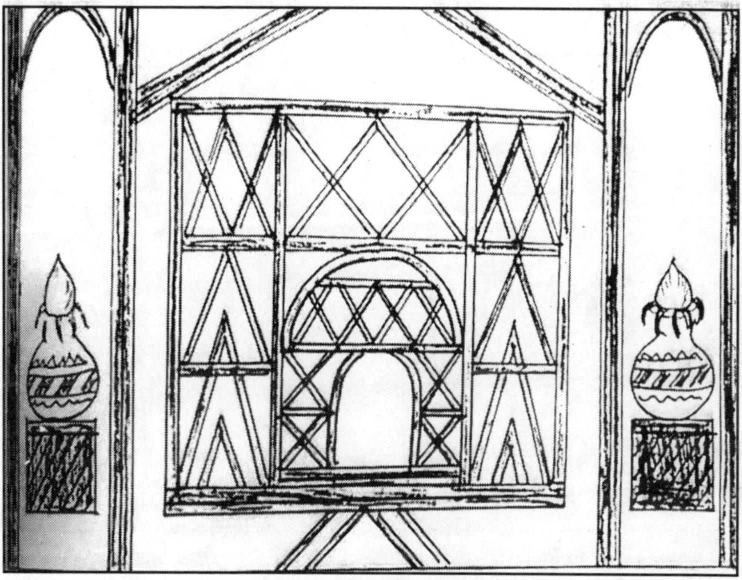

कदली वृक्ष छाल की झाँकी (छोटी देवकाली)

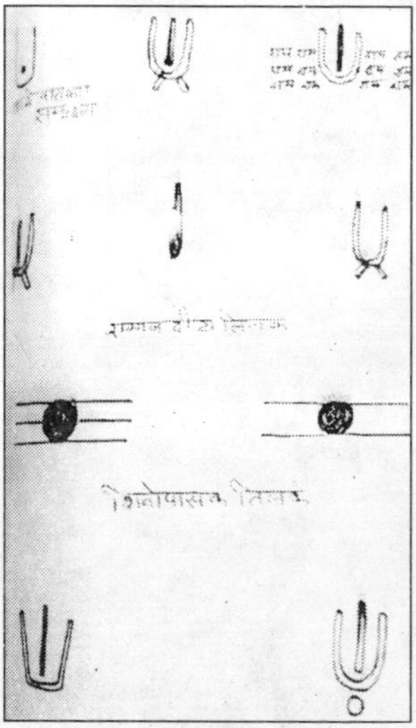

विभिन्न सम्प्रदायों के तिलक

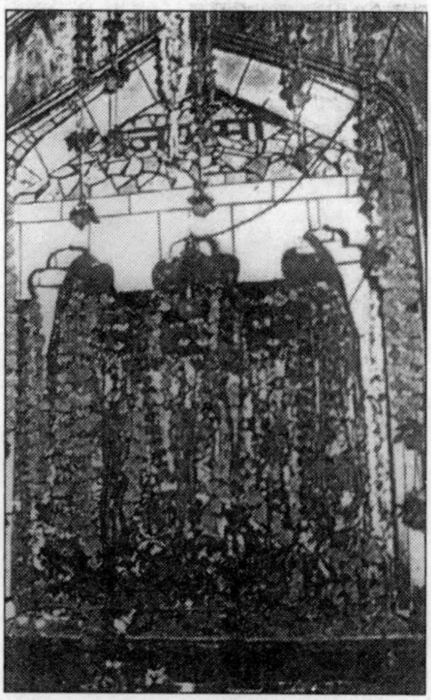

भित्ति चित्रण
(बड़ी बावड़ी मन्दिर)

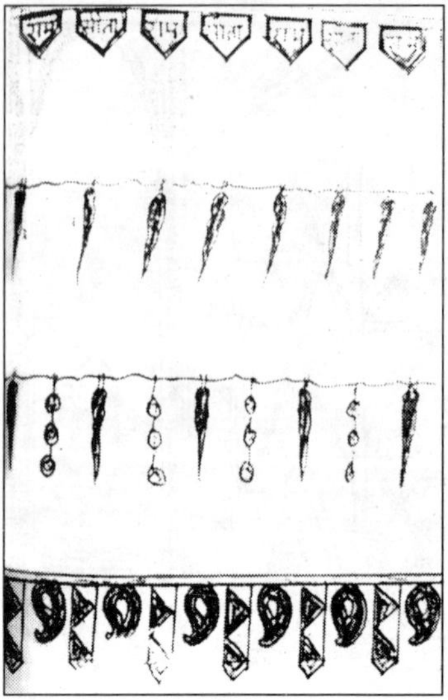

बन्दनवार

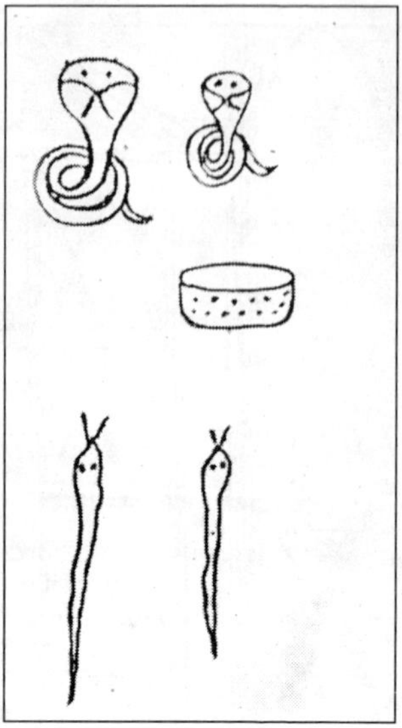

भित्ति अलंकरण
(नाग पंचमी)

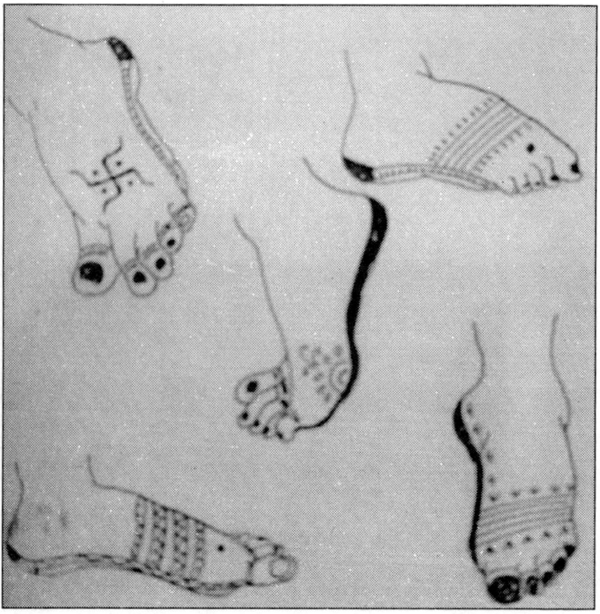

महावर

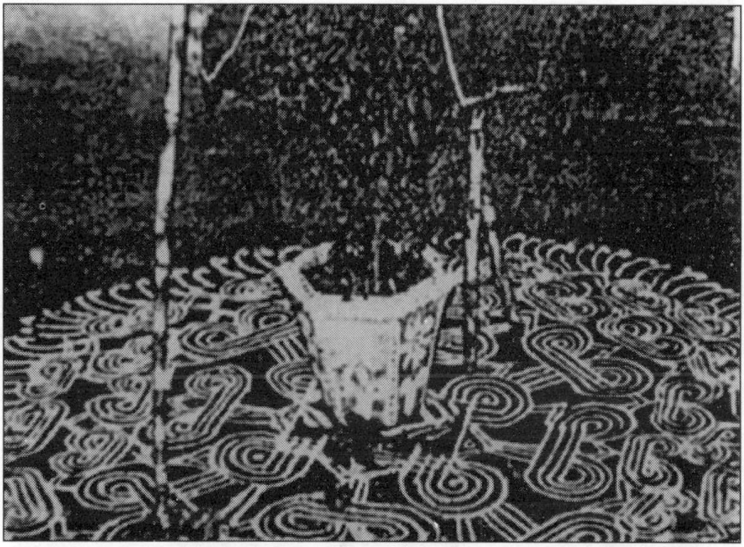

तुलसी का बिरवा (तुलसी-विवाह के अवसर पर)

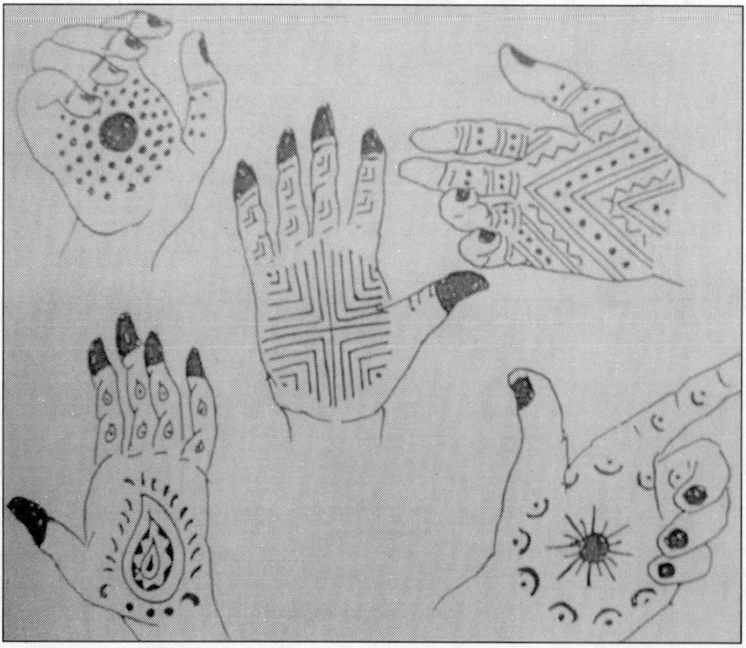

मेहँदी

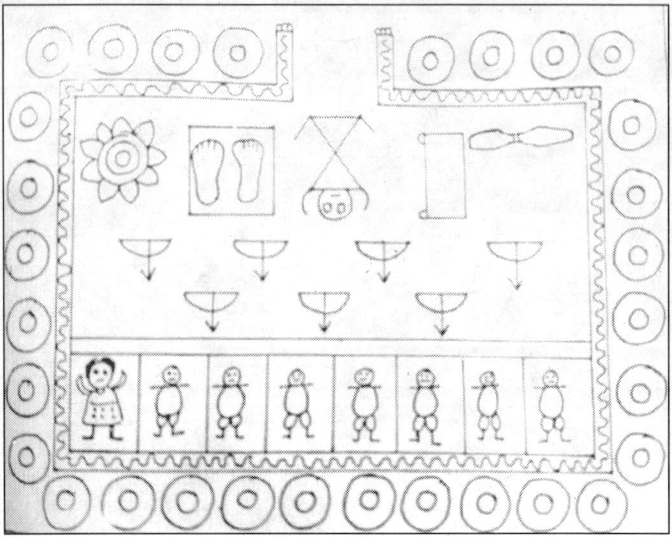

भूमि चित्रण (भैया दूज)

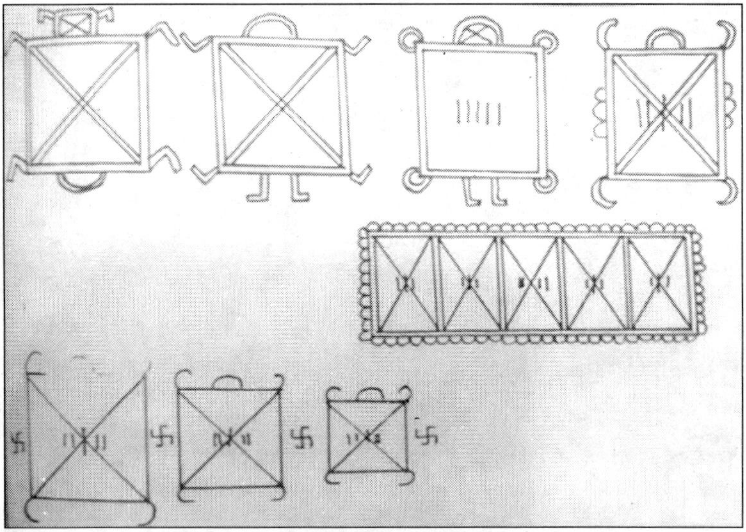

भित्ति अलंकरण (कोहबर)

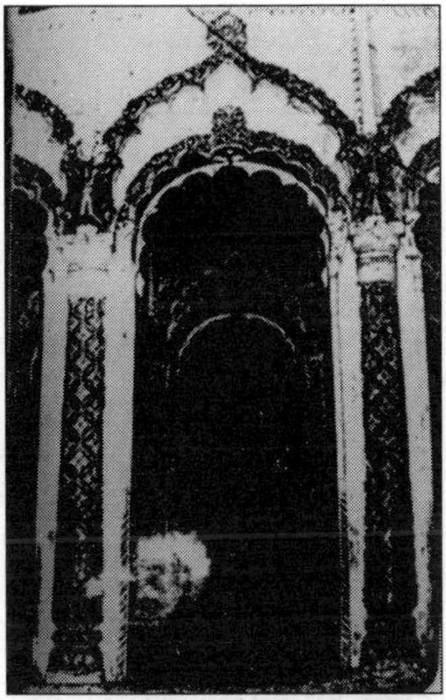

भित्ति अलंकरण

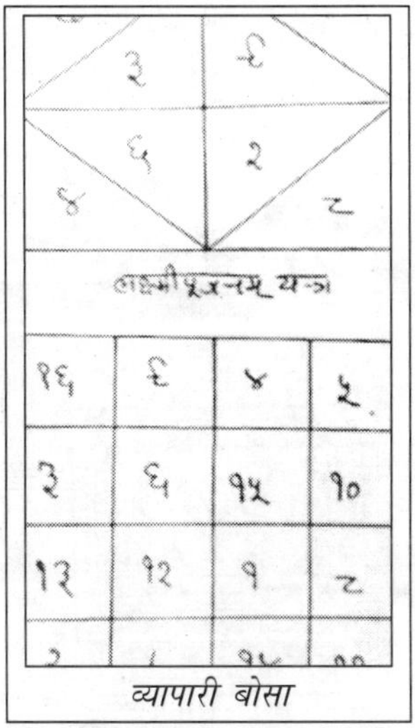

यन्त्र

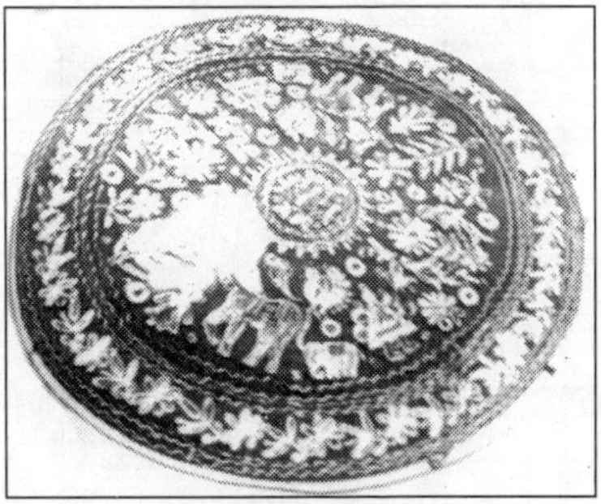

पट चित्र

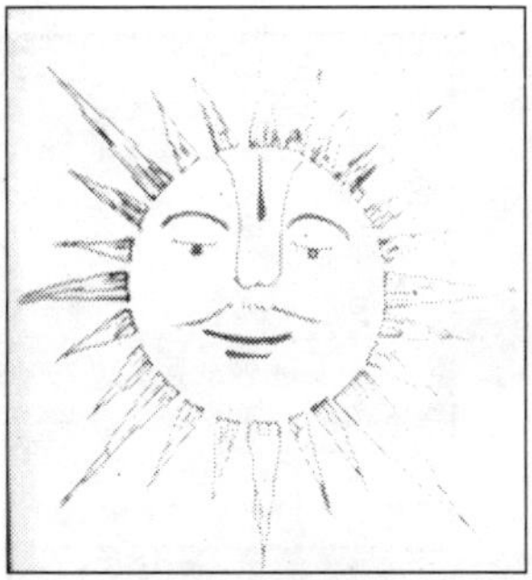

सूर्य (सूर्य कुण्ड)

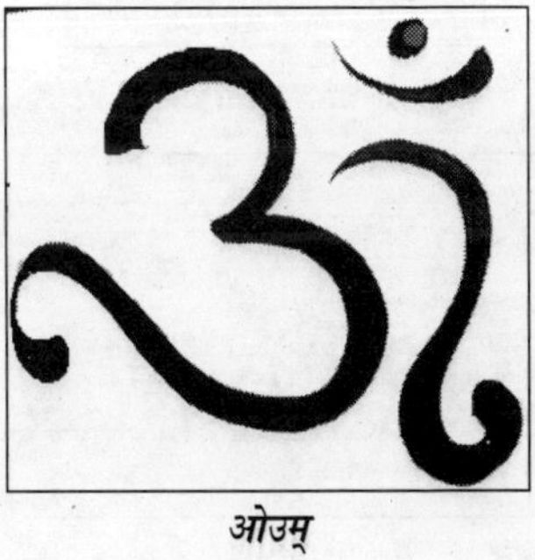

ओउम्

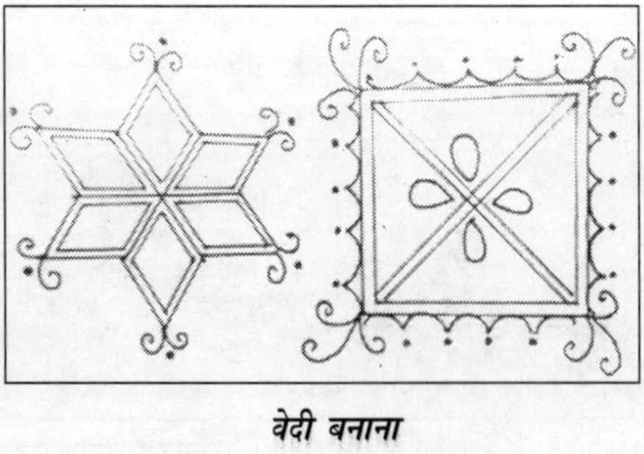

वेदी बनाना

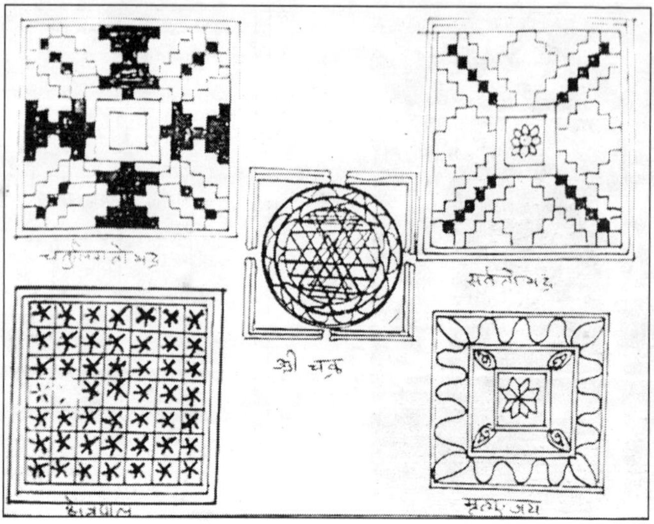

यन्त्र

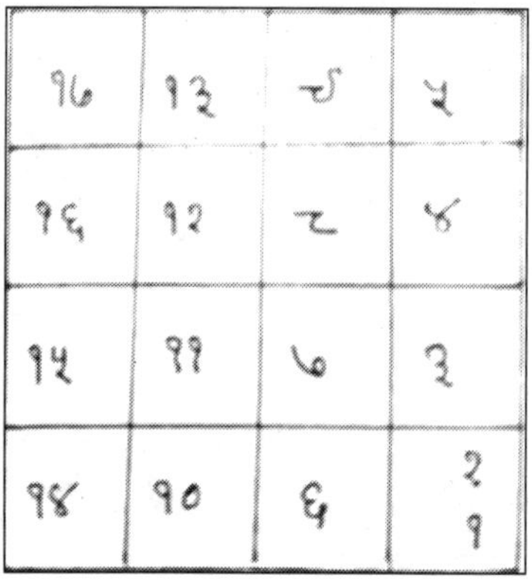

षोडश मातृका चक्रम्

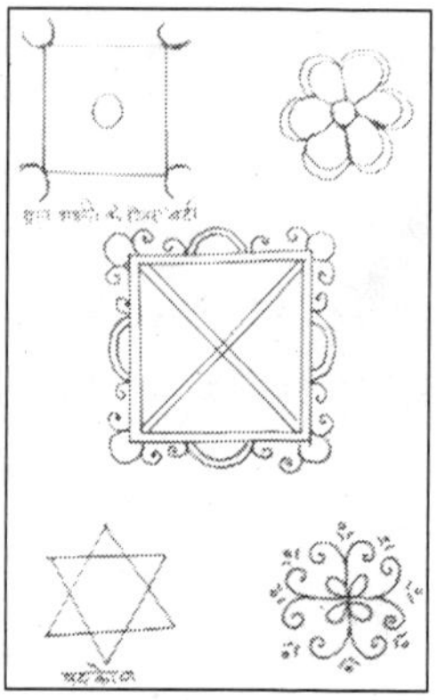

चौक पूरना

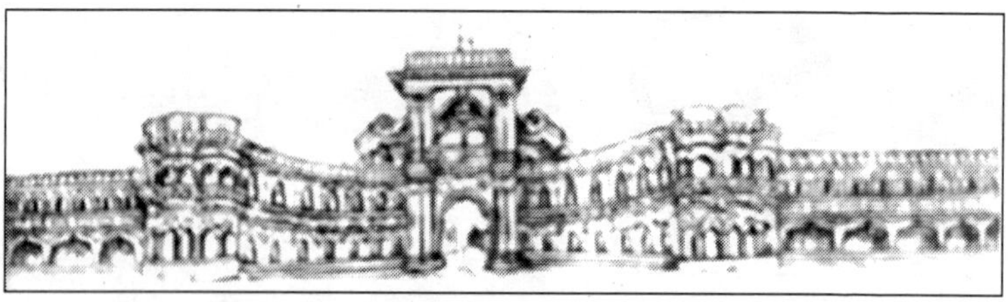

स्थापत्य कला राजसदन

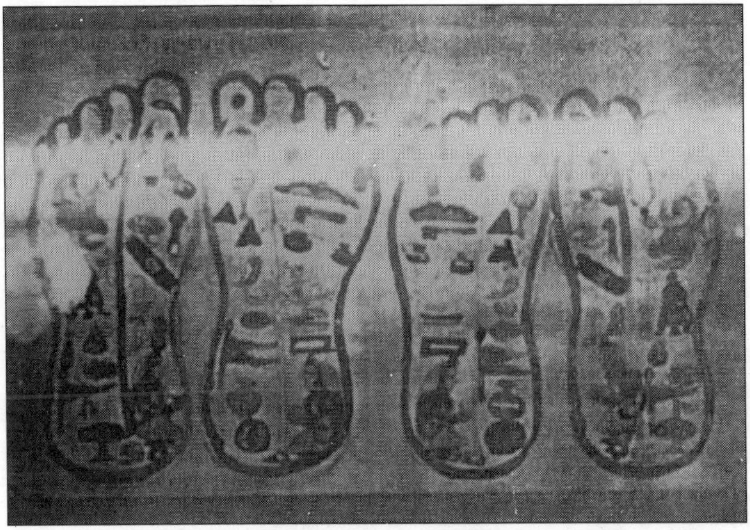

चरण चिन्ह (गोरे राम का मन्दिर)

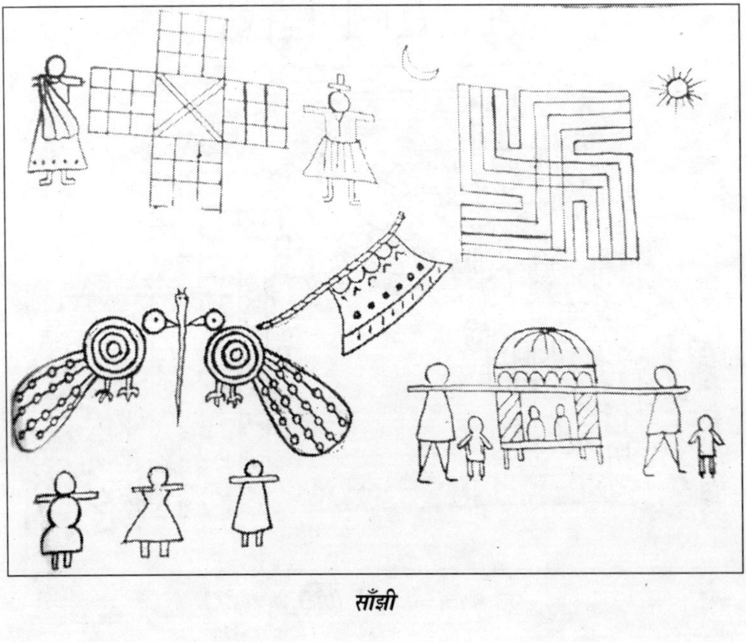

साँझी

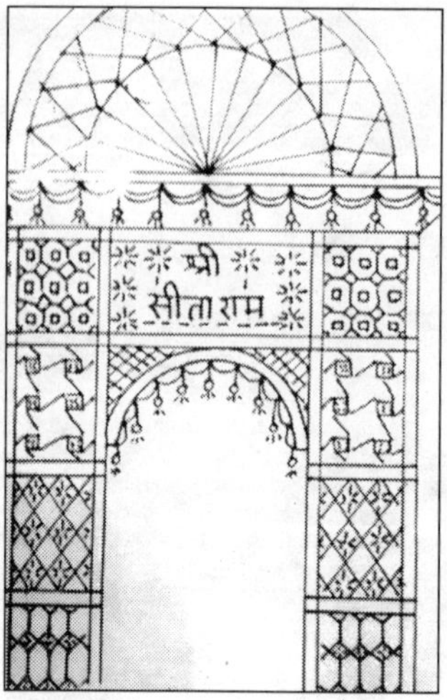

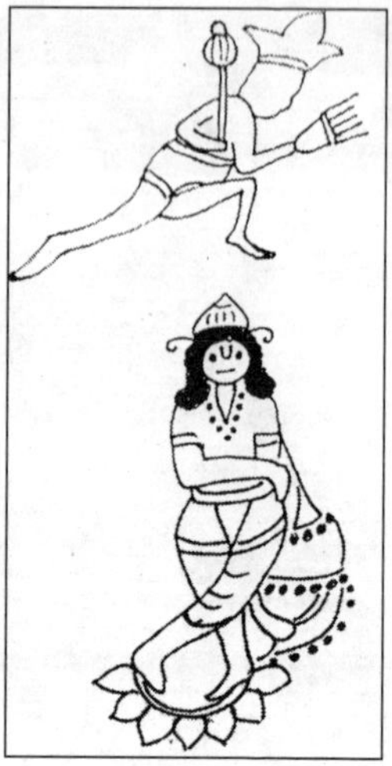

फूल बँगला की झाँकी (हनुमान गढ़ी)

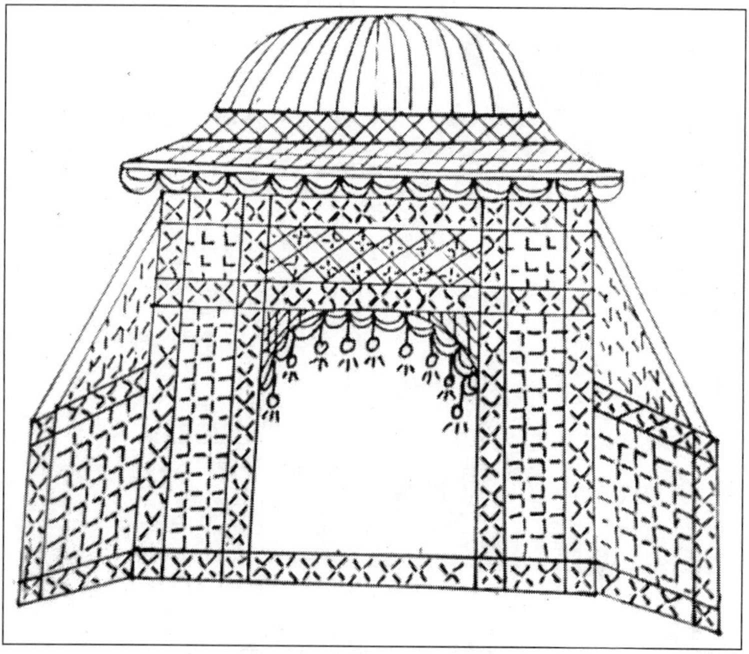

फूल बँगला की झाँकी (छोटी देवकाली)

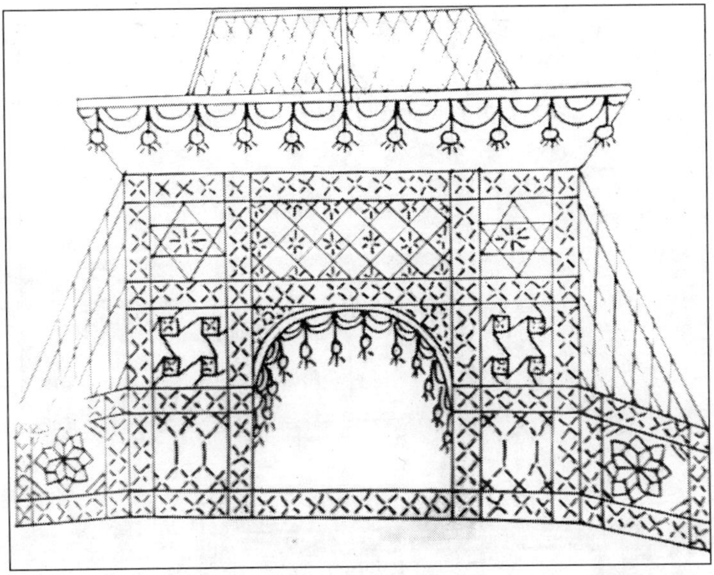

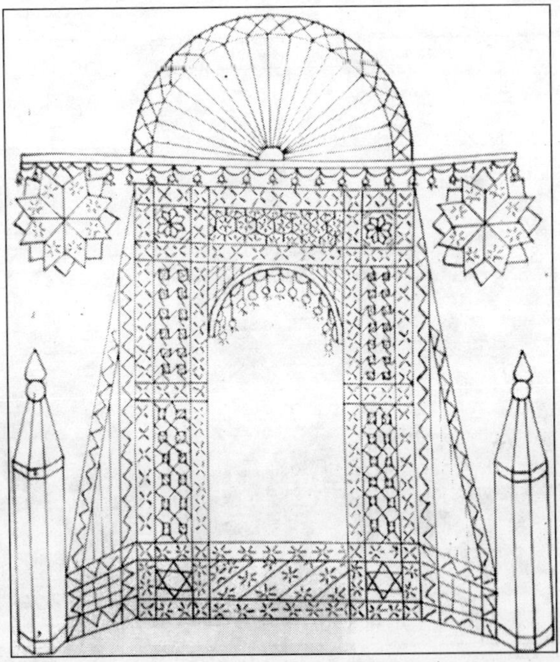

फूल बँगला की झाँकी (सरयू जी की)

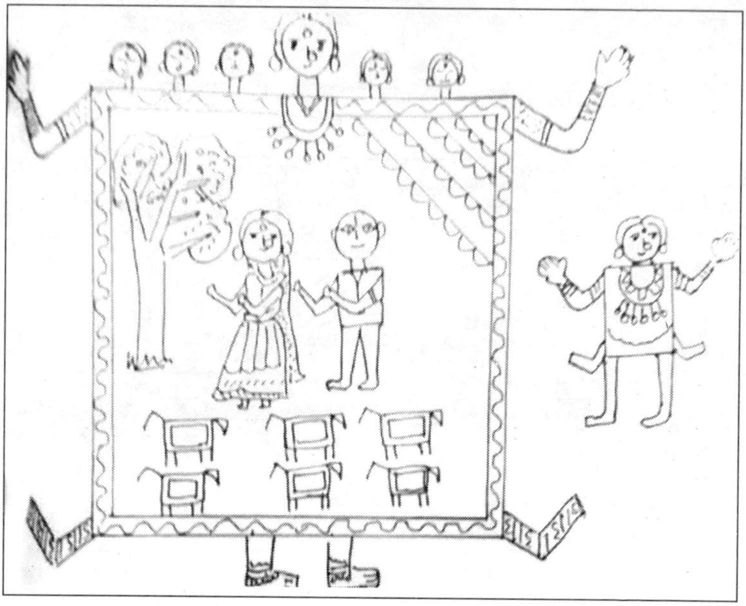

भिति चित्र (हर छठ पूजन)

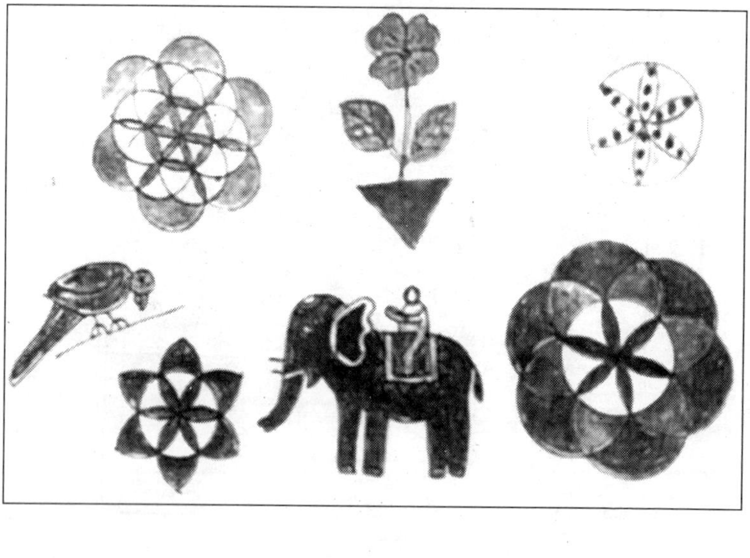

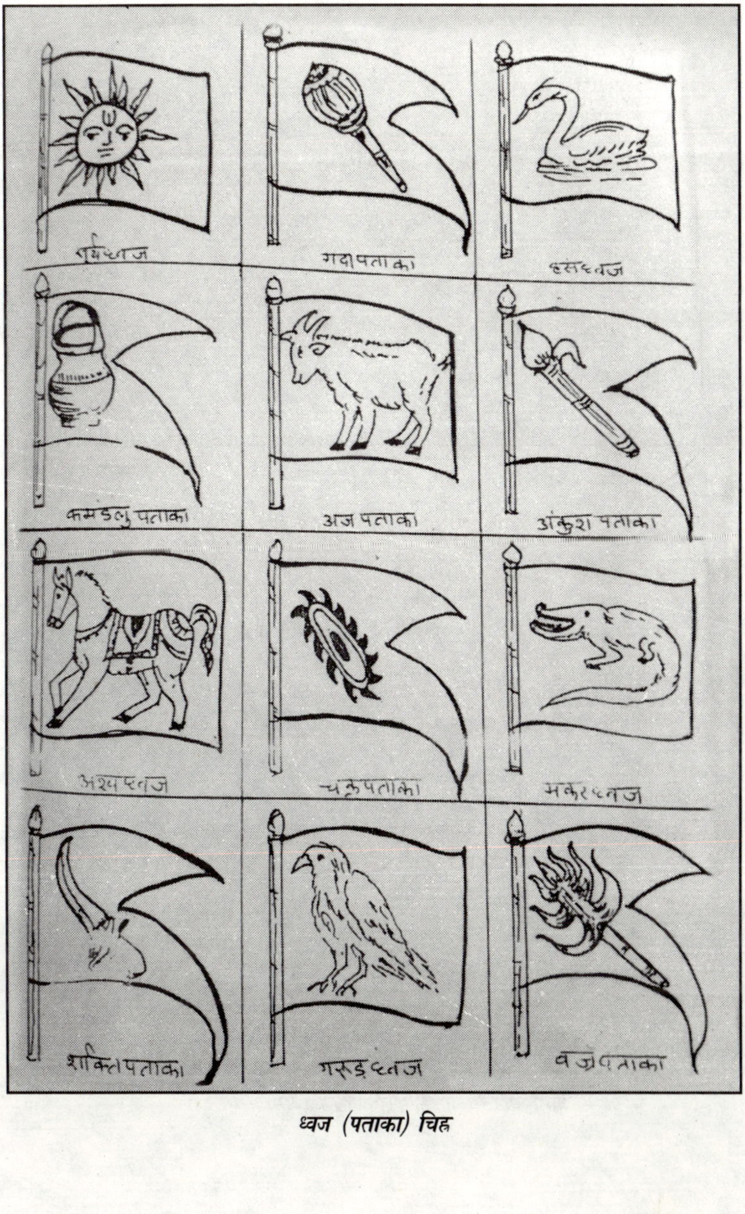

ध्वज (पताका) चिह्न

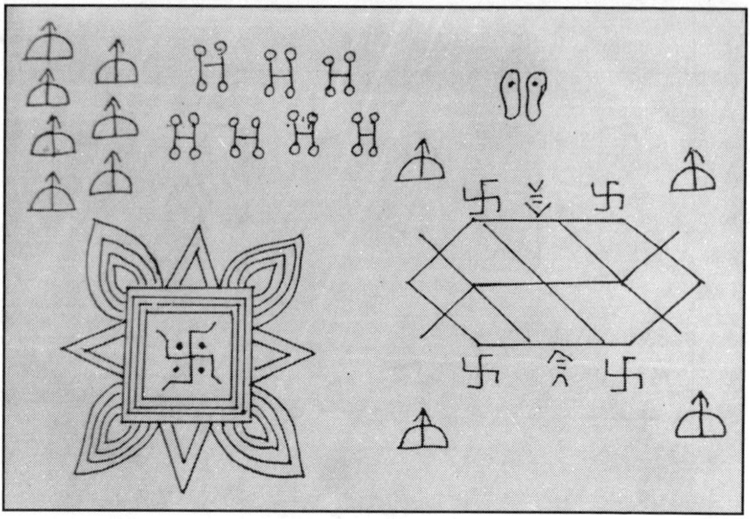

भूमि चित्रण (दशहरा)

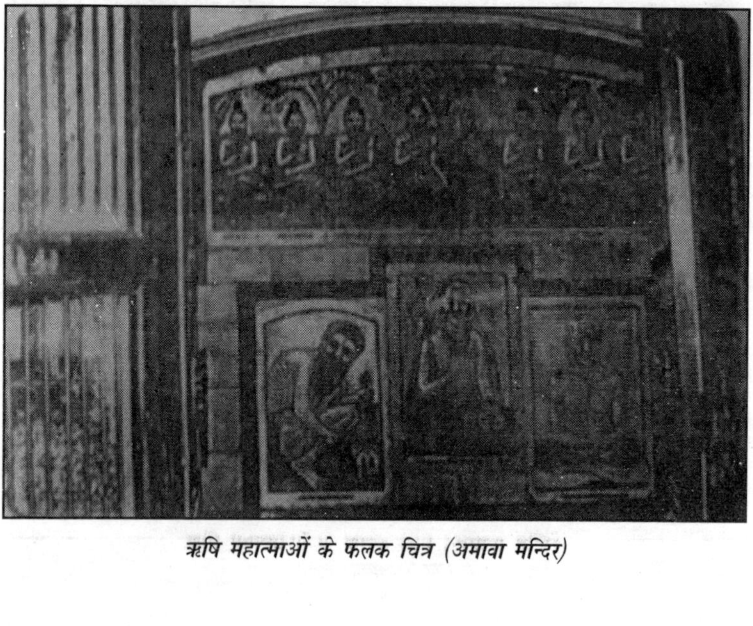

ऋषि महात्माओं के फलक चित्र (अमावा मन्दिर)

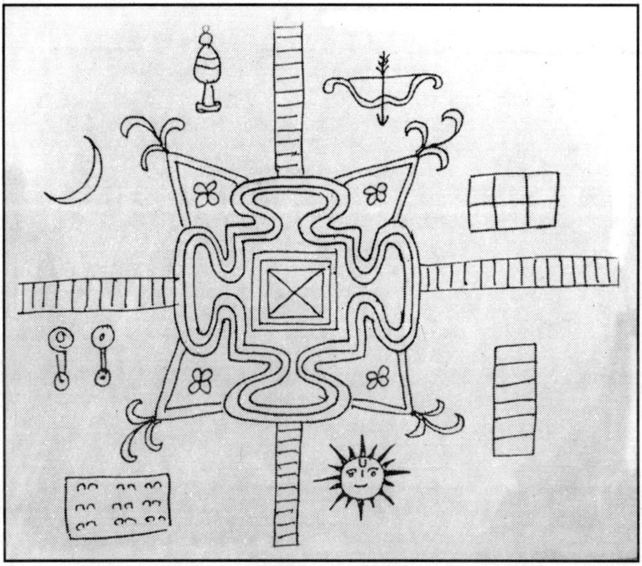

भूमि चित्रण (एकादशी)

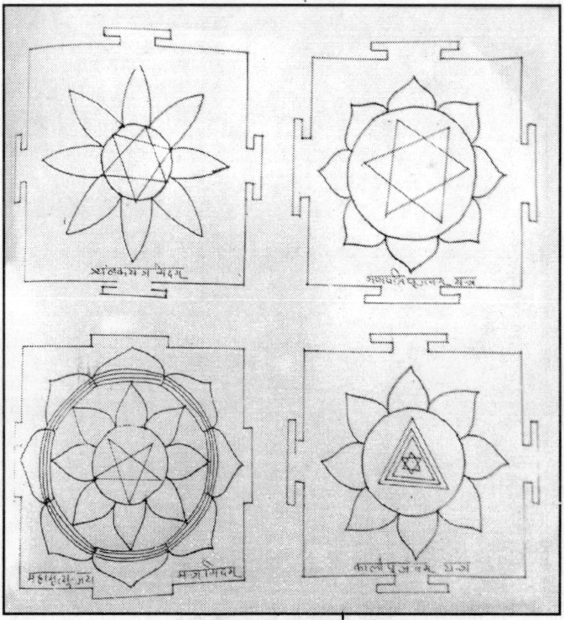

देवी देवताओं के पूजन यन्त्र